U0527946

国家出版基金项目
NATIONAL PUBLICATION FOUNDATION

上海高校服务国家重大战略出版工程

秦汉六朝字形谱

第八卷

臧克和　郭　瑞　主编

华东师范大学出版社

人部

【人】

《説文》：⺅，天地之性最貴者也。此籀文。象臂脛之形。凡人之屬皆从人。

戰晚・新鄭虎符

戰晚・寺工師初壺

漢銘・張君後夫人馬

漢銘・富人大万泉範

漢銘・齊大官畜壘一

漢銘・趙夫人鼎

漢銘・銷鼎

睡・為吏 39

○爲人臣則忠

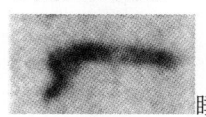

睡・日甲《詰》50

○人毋（無）故一

關・病方 347

○人皆祠泰父我

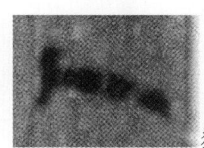

獄・數 72

○六七人分三

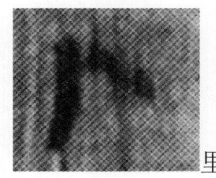

里・第五層 18

○奴一人

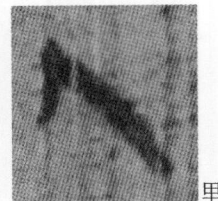

里·第八層 207

○五十人皆食巴葵

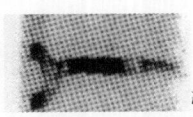

張·捕律 150

張·奏讞書 160

○其一人

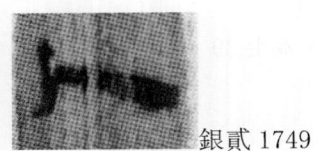

銀貳 1749

○用入人之地勝攻城

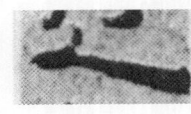

敦煌簡 1676

○知何人發覺

金關 T24:139

○尉外人以

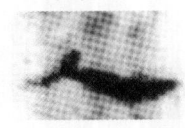

武·甲《有司》14

○主人皆一魚

歷代印匋封泥

○乍（作）人舍

歷代印匋封泥

○匋人攸

歷代印匋封泥

○豆里人

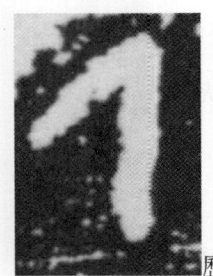

歷代印匋封泥

○南里人

廿世紀璽印三-GP

○募人丞印

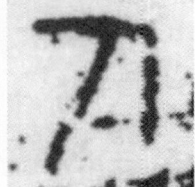

歷代印匋封泥

○募人丞印

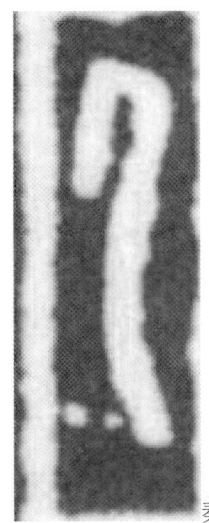

秦代印風

○王毋人

秦代印風

○成□人

秦代印風

○徐非人

廿世紀璽印三-SY

○尹塗人印

廿世紀璽印三-GY

○左夫人印

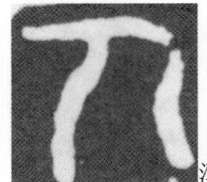

漢晉南北朝印風

○騎千人印

廿世紀璽印三-SY

○應路人

廿世紀璽印三-GY

○章威猥千人

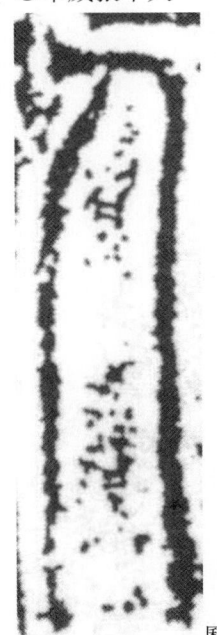

歷代印匋封泥

○渥符子夫人

漢晉南北朝印風

○千人督印

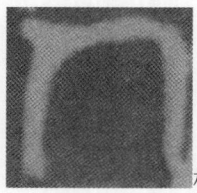

柿葉齋兩漢印萃

○毋人被印

柿葉齋兩漢印萃

○秋路人印

歷代印匋封泥

○中騎千人

漢代官印選

○太子舍人

漢印文字徵

○焦印外人

漢印文字徵

○尹印外人

漢印文字徵

○陷陳募人

漢印文字徵

○廖人私印

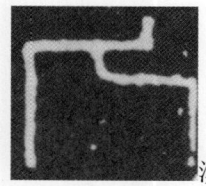

漢晉南北朝印風

○千人督印

漢晉南北朝印風

○成千人印

漢晉南北朝印風

○王郢人

漢晉南北朝印風

○鄭沱人

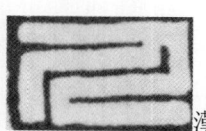

漢晉南北朝印風

○張虞人

漢晉南北朝印風
○范里人印

漢晉南北朝印風
○高道人

漢晉南北朝印風
○孫宋人

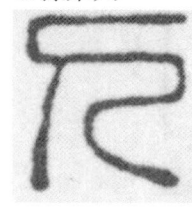

漢晉南北朝印風
○趙吳人

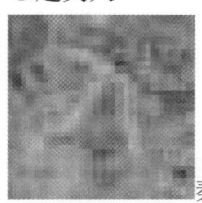

秦駰玉版

石鼓・吳人

新莽・馮孺人題記
○鬱平大尹馮君孺人中大門

東漢・司馬芳殘碑額

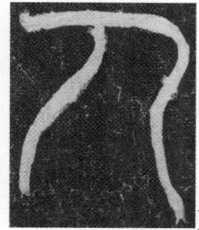

東漢・應遷等字殘碑
○君夫人

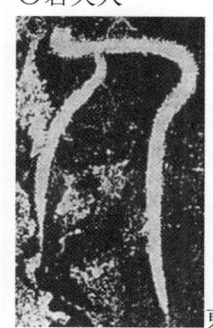

東漢・鄭季宜碑
○尉氏故吏處士人名

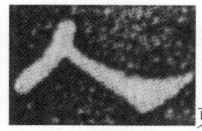

東漢・肥致碑

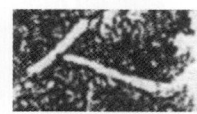

東漢・石門頌

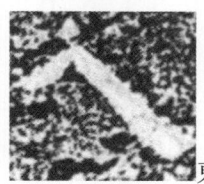

東漢・從事馮君碑
○踰于鄭人

三國魏・三體石經春秋・古文
○秦人于溫

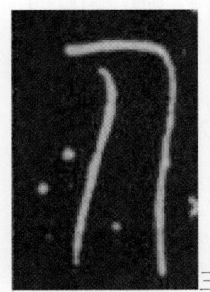

三國魏·三體石經春秋·篆文
○衛人侵

西晉·管洛誌

西晉·徐義誌

北魏·薛慧命誌蓋
○魏故元氏薛夫人墓誌

北魏·鄭君妻誌
○模糊魏故鄭先生夫人墓銘

北魏·孫秋生造像
○曹劉起祖二百人等

北魏·慧靜誌

北魏·元天穆誌

東魏·崔令姿誌蓋
○南陽鄧恭伯夫人崔氏之墓誌銘

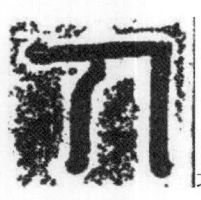

北齊·斛律昭男誌蓋
○齊故庫狄氏武始郡君斛律夫人墓誌銘

北周·董榮暉誌蓋
○周大將軍廣昌公故夫人董氏之墓誌銘

【僮】

《說文》：僮，未冠也。从人童聲。

馬壹127_53下

馬壹36_24上

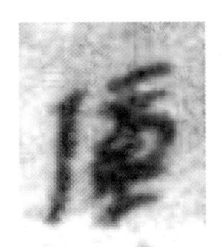

馬貳 10_28

銀壹 513

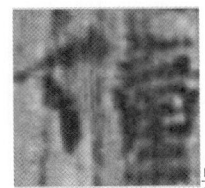

吳簡嘉禾·五·五二

○子文僮佃六町凡廿

廿世紀璽印三-GY

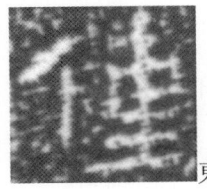

○僮令之印

東漢·許安國墓祠題記

○牧馬牛羊諸僮

東漢·元嘉元年畫像石題記一

西晉·臨辟雍碑

北魏·元維誌

北周·崔宣靖誌

【係（保）】

《説文》：係，養也。从人，从采省。采，古文孚。

【采】

《説文》：采，古文係。

【倸】

《説文》：倸，古文係不省。

春晚·秦公簋

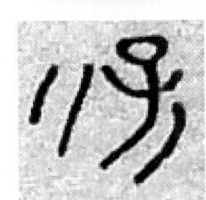

春早·秦子簋蓋

春晚·秦公鎛

漢銘·永元熨斗

睡·封診式 86

獄·為吏 86

獄·為吏 6

馬壹 39_9 下

馬壹 83_74

馬貳 33_13 下

馬貳 36_54 上

敦煌簡 1108A

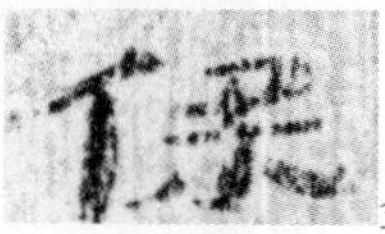

金關 T06:031

廿世紀璽印三-GY
○新保

漢晉南北朝印風
○新保

廿世紀璽印三-GP
○保城都司空

漢晉南北朝印風
○漢保塞烏桓

漢晉南北朝印風

○漢保塞烏桓

歷代印匋封泥

○保城都司空

漢印文字徵

○漢保塞烏桓

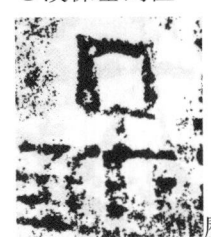

歷代印匋封泥

○有丞

漢代官印選

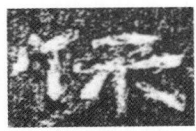

東漢・子游殘碑

東漢・陽嘉殘碑陽

○□貸保此□光

東漢・石祠堂石柱題記

東漢・北海太守爲盧氏婦刻石

東漢・營陵置社碑

三國魏・三體石經尚書・隸書

○胥保惠

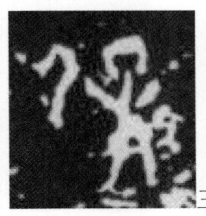

三國魏・三體石經尚書・隸書

○于皇天在大甲時則有若保

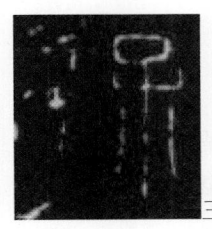

三國魏・三體石經尚書・篆文

○胥訓告胥保惠胥徵□

西晉・臨辟雍碑

西晉・徐義誌

北魏·元簡妃誌蓋

○太保齊郡順王常妃誌銘

北魏·元簡誌

北魏·趙光誌

北魏·慈慶誌

東魏·王僧誌

北齊·徐顯秀誌蓋

○齊故大尉公大保尚書令徐武安王墓誌

北齊·婁黑女誌

北齊·盧脩娥誌

北齊·徐顯秀誌

北周·安伽誌蓋

○大周同州薩保安君之墓誌銘

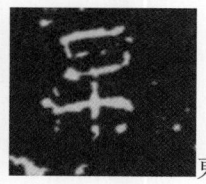

東魏·王惠略造像

○永承（保）常樂

【仁】

《說文》：仁，親也。从人从二。

【𡰥】

《說文》：𡰥，古文仁或从尸。

【忎】

《說文》：忎，古文仁从千、心。

漢銘·宛仁鐺

嶽·田與案 191

○田田仁（認）奸

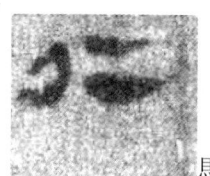

馬壹 136_61 上/138 上

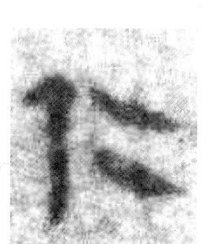

馬壹 108_123\292

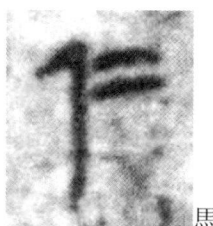

馬壹 82_52

張·蓋盧 50

銀壹 920

銀壹 819

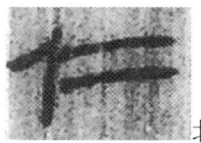

北貳·老子 3

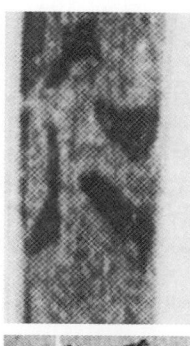

敦煌簡 1987

金關 T04:132

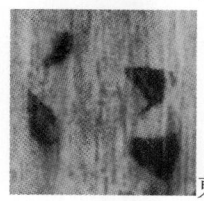

東牌樓 068 正
○愁以仁□□賊曹當

廿世紀璽印二-SY
○審仁言

秦代印風

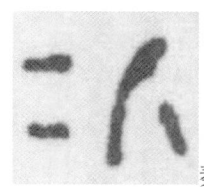

秦代印風
○忠仁忠士

秦代印風

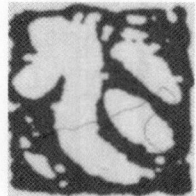

秦代印風

廿世紀璽印三-SY

○王仁

廿世紀璽印三-SY

○木仁之印

廿世紀璽印四-SY

○郝仁私印

柿葉齋兩漢印萃

漢印文字徵

○廖仁印

漢印文字徵

○廣仁印

歷代印匋封泥

漢印文字徵

○寇仁之印

漢晉南北朝印風

○張聖仁印

漢晉南北朝印風

漢晉南北朝印風

漢晉南北朝印風

漢晉南北朝印風

東漢·韓仁銘

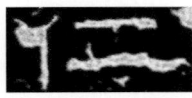

東漢·楊震碑

東漢·孟孝琚碑

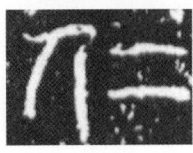

東漢·韓仁銘額

〇悳長韓仁銘

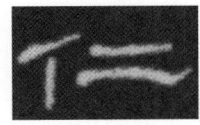

東漢·曹全碑陽

東漢·樊敏碑

東漢·李固殘碑

東漢·禮器碑

西晉·臨辟雍碑

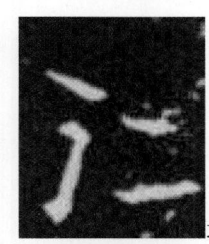

北魏·陶浚誌

北魏·趙謐誌

北魏·王誦妻元氏誌

北魏·于景誌

〇君乃撫之以仁恩

北魏·李暉儀誌

南朝宋·義明塔記

【企】

《說文》：企，舉踵也。从人止聲。

【仐】

《說文》：󰀀，古文企从足。

嶽·為吏 43

嶽·占夢書 8

東牌樓 048 正

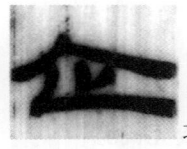

北壹·倉頡篇 69

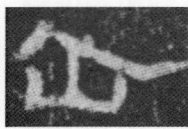

○合冥踝企瘧

東漢·肥致碑

○息仙庭

東漢·楊統碑陽

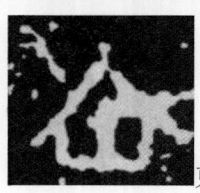

東晉·王企之誌

○南仁里王企之

北魏·于景誌

○企就斷恩之制

東魏·淨智塔銘

【仞】

《說文》：󰀀，伸臂一尋，八尺。从人刃聲。

馬壹 85_141

北貳·老子 75

東魏·元寶建誌

北齊·薛懷儁誌

【仕】

《說文》：󰀀，學也。从人从士。

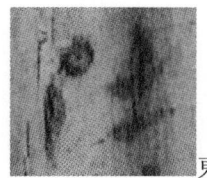

東牌樓 067 正
○作仕□今眾君

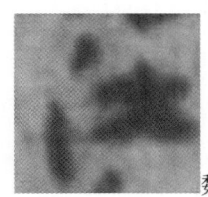

魏晉殘紙
○道斷絕仕

歷代印匋封泥
○七國千仕

東漢·譙敏碑
○既休（仕）在公

東漢·孔德讓碑
○弱冠而仕

東漢·尚博殘碑
○學優則仕

北魏·于纂誌

北魏·謝伯違造像
○仕達日遷，

東魏·司馬韶及妻侯氏誌
○動必仕師

東魏·楊顯叔造像
○仕達日遷

【佼】

《説文》：佼，交也。从人从交。

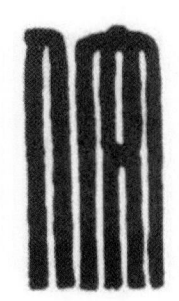

漢印文字徵
○佼審

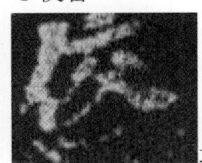

北齊·朱氏邑人等造像
○邑人朱仲和邑人朱佼曷

【僎】

《説文》：僎，具也。从人巽聲。

【俅】

3653

《說文》：俅，冠飾皃。从人求聲。《詩》曰："弁服俅俅。"

【佩】

《說文》：佩，大帶佩也。从人从凡从巾。佩必有巾，巾謂之飾。

睡·日甲《生子》146
○好衣佩而貴

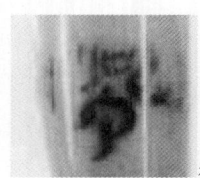

嶽·魏盜案 157

馬壹 226_66

馬貳 141_6
○女佩蠶（簪）耳

張·奏讞書 220
○雅佩鞞刀有

居·EPT50.56A
○聶佩計事邑當不

廿世紀璽印三-GP
○尚佩府印

歷代印匋封泥
○尚佩府印

漢印文字徵
○李子佩印

漢印文字徵

漢印文字徵
○莨佩私印

漢印文字徵

東漢·永壽元年畫像石墓記
○民四佩里歿

【儒】

《說文》：儒，柔也。術士之偁。从

人需聲。

馬貳141_4
○毋使朱（侏）儒

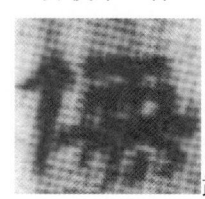

武・儀禮甲《服傳》37
○其文儒（緛）喪

廿世紀璽印三-SY
○李儒私印

漢印文字徵
○笵去儒

東漢・東漢・婁壽碑額

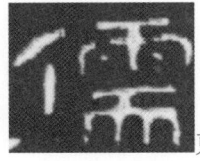

東漢・楊著碑陽

東漢・孔宙碑陽

東漢・曹全碑陽

東漢・曹全碑陰
○徵博士李儒文（彣）優五百

西晉・臨辟雍碑

北魏・元秀誌
○遊息儒術之藪

北魏・元秀誌
○儒訓是膺

北魏・康健誌

北魏・于纂誌

北魏・于纂誌

○優遊儒庠之肆

北魏・高珪誌

北魏・劉阿素誌

○但志心儒質

北齊・高淯誌

北周・崔宣靖誌

○少纂門儒

【俊】

《說文》：俊，材千人也。从人夋聲。

關・病方367

○日出俊食時錢日中

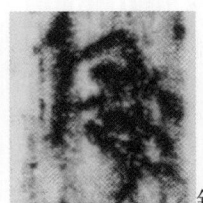

銀壹863

○天下俊雄春秋穀

廿世紀璽印三-SY

○王俊

漢印文字徵

○州俊印信

漢印文字徵

○張俊之印

漢印文字徵

○徐俊私印

漢晉南北朝印風

○趙俊印信

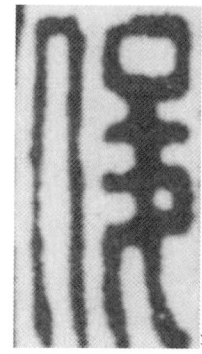

漢晉南北朝印風

○趙俊

東漢·少室石闕銘

○陽冀祕俊

東漢·司馬芳殘碑額

東漢·曹全碑陽

東漢·趙寬碑

東漢·尚博殘碑

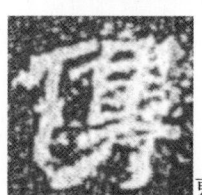

東漢·尚博殘碑

三國魏·王基斷碑

東晉·宋和之誌

○字世儁（俊）

北魏·寇憑誌

○風高儁（俊）上之氣

北魏·元顯俊誌

北魏·席盛誌

北魏·元敷誌

○雲門儁（俊）彥之美

北魏·高貞碑

北魏·元崇業誌

北魏·元茂誌
○英風早俊

北魏·元悛誌

北魏·元繼誌
○開英育儁（俊）

北魏·元頊誌

北魏·張寧誌
○儁（俊）骨早通

北魏·元爽誌

北魏·李林誌

北魏·穆亮誌

北齊·崔宣華誌

北齊·徐顯秀誌

【傑】

《說文》：傑，傲也。从人桀聲。

漢印文字徵
○侯傑之印

東漢·樊敏碑

東漢·景君碑

北魏·元瑱誌

北魏·王誦誌

北魏·元晫誌

北魏·元謐誌

北魏·寇憑誌

○皦然獨傑

北魏·堯遵誌

東魏·廣陽元湛誌

北齊·徐顯秀誌

北齊·高淯誌

北齊·高淯誌

北齊·婁黑女誌

【伲】

《説文》：伲，人姓。从人軍聲。

【仮】

《説文》：仮，人名。从人及聲。

敦煌簡 2180

漢印文字徵
○東門伋印

漢印文字徵
○許伋

北齊·劉忻誌

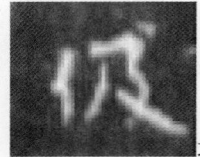

北周·鄭術誌

【伉】

《說文》：伉，人名。从人亢聲。《論語》有陳伉。

敦煌簡 1898
○生萌伉健可爲官士

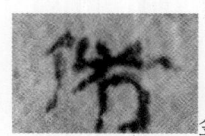

金關 T23∶298
○爲發伉健卒代

廿世紀璽印三-SY
○蘇伉私印

漢印文字徵
○單印仁伉

漢印文字徵
○伉吳

廿世紀璽印四-SY
○李伉名印

東漢·石門頌
○深執忠伉

北魏·薛伯徽誌
○伉儷

3660

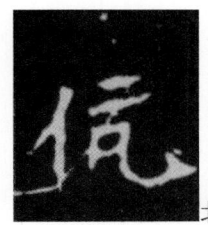

北魏·李元姜誌

〇伉儷

東魏·劉幼妃誌

〇伉儷

北齊·斛律昭男誌

〇伉儷

北齊·王憐妻趙氏誌

〇伉儷

【伯】

《説文》：伯，長也。从人白聲。

漢銘·建武卅二年弩䥫

漢銘·項伯鍾

里·第八層2026

馬壹75_40

〇伯有亦弗芒

馬壹72_4

〇伯父

馬壹86_154

〇知伯之

馬貳32_2上

〇相復伯樂所相君子

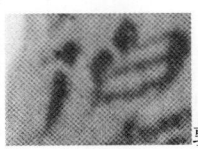

敦煌簡1108A

敦煌簡 0238A

○左伯卒今日已到

金關 T23:878

金關 T23:296B

○竇君伯

武·甲《少牢》2

武·柩銘考釋 2

東牌樓 113

吳簡嘉禾·四·四四三

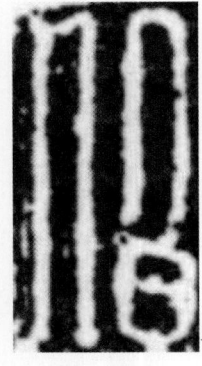

廿世紀璽印三-SY

○張伯

歷代印匋封泥

廿世紀璽印三-SY

廿世紀璽印三-SY

漢印文字徵

○伯臨

漢印文字徵

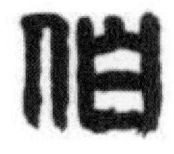

漢印文字徵

漢印文字徵
○陳長伯

漢印文字徵
○淳于長伯

漢代官印選
○宗伯印章

漢晉南北朝印風
○王長伯

漢晉南北朝印風
○河間武趄劉芝字伯行

漢晉南北朝印風

東漢·禮器碑陰

東漢·石祠堂石柱題記

東漢·石門頌

東漢·北海相景君碑陽

東漢·王孝淵碑

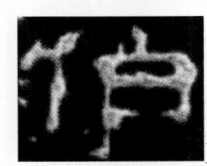

東漢·楊震碑

東漢·三老諱字忌日刻石
○次子提餘曰伯老

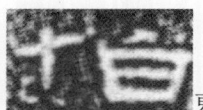

東漢・禮器碑陰
東漢・景君碑 
東漢・任城王墓黄腸石 
東漢・李昭碑 
東漢・楊淮表記 
東漢・營陵置社碑 
東漢・禮器碑陰 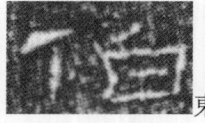

○河間束州齊伯宣二百

東漢・洛陽刑徒磚

○龔伯

東漢・華岳廟殘碑陰

東漢・張遷碑陰
東漢・景君碑 
東漢・楊淮表記 
東漢・西狹頌 
東漢・史晨後碑 
東漢・孔宙碑陰 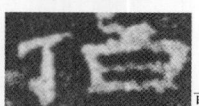

○字伯子

東漢・倉頡廟碑側
東漢・伯興妻殘碑 
晉・劉韜誌

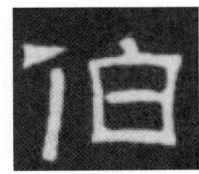

三國魏·三體石經春秋·隸書

三國魏·三體石經春秋·篆文

西晉·王君殘誌

北魏·鄯月光誌
○午前部王故車伯生息

北魏·于纂誌

北魏·范國仁造像
○命過范伯夷命過范世榮

東魏·崔令姿誌蓋

東魏·趙秋唐吳造像
○秋字承伯

北齊·張起誌
○聽訟與邵伯齊倫

北齊·徐顯秀誌

【仲】

《說文》：仲，中也。从人从中，中亦聲。

漢銘·永平十八年鑷

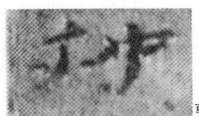

敦煌簡 0532

金關 T30∶136

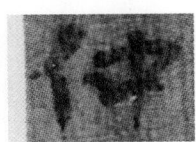

東牌樓 100 正

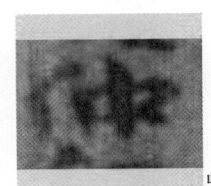

吳簡嘉禾·四·八五
○盧仲佃田七町凡

秦代印風
○和仲印
歷代印匋封泥 
○崔仲
漢印文字徵 
廿世紀璽印四-SP 
漢晉南北朝印風 
漢晉南北朝印風 
東漢・景君碑 
東漢・孔宙碑陰 
○字仲舉

東漢・三老諱字忌日刻石
東漢・張仲有修通利水大道刻石 
東漢・尚博殘碑 
東漢・石門頌 
東漢・桐柏淮源廟碑 
東漢・三老諱字忌日刻石 
東漢・鮮於璜碑陰 
東漢・夏承碑 
東漢・郭季妃畫像石墓題記 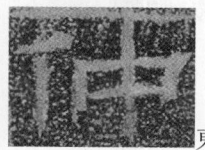
○仲理之㮈（㮈）

東漢・趙寬碑

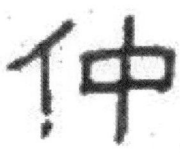

東漢・成陽靈臺碑

東漢・史晨前碑

三國魏・三體石經尚書・篆文

○仲宗及高宗及祖甲及

三國魏・三體石經尚書・隸書

○仲宗

三國魏・何晏磚誌

○仲達題寄

北魏・韓氏誌

北魏・爾朱紹誌

東魏・趙秋唐吳造像

北齊・雲榮誌

○歎嗟仲尼之口

北齊・馬天祥造像

【伊】

《說文》：伊，殷聖人阿衡，尹治天下者。从人从尹。

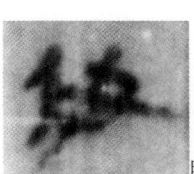

【㐼】

《說文》：㐼，古文伊从古文死。

睡・編年記14

馬壹112_26\377

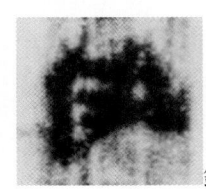

銀壹546

銀貳 1324

金關 T06:092

北壹・倉頡篇 57

○沛洇漳伊雒涇

漢晉南北朝印風

柿葉齋兩漢印萃

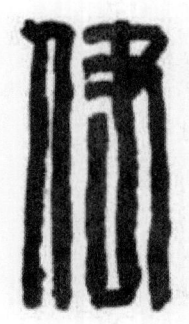

漢印文字徵

○伊壽王

漢印文字徵

漢印文字徵

○伊長孫

漢晉南北朝印風

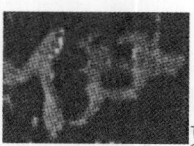

東漢・楊統碑陽

東漢・楊著碑額

西晉・趙氾表

十六國北涼・沮渠安周造像

○豈伊寶蓋

北魏・元瓛誌

北魏·山暉誌

北魏·元諡誌

北魏·于纂誌

北魏·元恩誌

北魏·元馗誌

○豈伊可見

北魏·楊氏誌

東魏·趙紹誌

北周·寇嶠妻誌

○今帝隆平伊洛清謐

【偰】

《說文》：偰，高辛氏之子，堯司徒，殷之先。从人契聲。

【倩】

《說文》：倩，人字。从人青聲。東齊壻謂之倩。

嶽·為吏 48

敦煌簡 1872

○楊君倩□

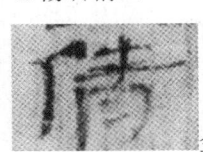

金關 T27:110

○陳長倩□

金關 T21:178

○王倩

里尹庚

廿世紀璽印三-SY

漢印文字徵

漢印文字徵

○訾中倩

漢印文字徵

漢晉南北朝印風

北齊·赫連子悅誌

北周·董榮暉誌

【伃】

《說文》：伃，婦官也。从人予聲。

漢印文字徵

○伃妾娟

漢晉南北朝印風

○緁伃妾娟

【佱】

《說文》：佱，志及眾也。从人公聲。

秦代印風

○范佱子印

【儇】

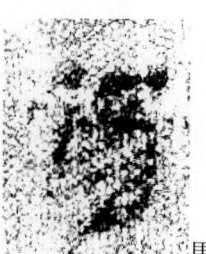

《說文》：儇，慧也。从人睘聲。

馬貳123_63

○儇厭善嘗

3670

第八卷

武·甲《有司》6

北魏·元略誌

〇忠儇未析

【佟】

《說文》：佟，安也。从人炎聲。讀若談。

【倓】

《說文》：倓，佟或从剡。

漢印文字徵

〇魏率善佟邑長

廿世紀璽印四-GY

〇魏率善佟邑長

漢晉南北朝印風

〇魏率善佟邑長

漢晉南北朝印風

〇晉率善佟佰長

【偵】

《說文》：偵，疾也。从人旬聲。

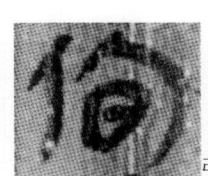

張·蓋盧44

北魏·元懌誌

【傛】

《說文》：傛，不安也。从人容聲。一曰華。

【偞】

《說文》：偞，宋衛之間謂華偞偞。从人葉聲。

【佳】

《説文》：佳，善也。从人圭聲。

漢銘·聖主佐宮中行樂錢

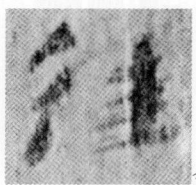

金關 T10:220A

○子真佳君足下毋

漢印文字徵

○郭佳私印

漢印文字徵

○王典佳印

漢印文字徵

○杜印佳君

漢晉南北朝印風

○杜佳君印

東漢·耿勳碑

○賦與寡獨王佳小男楊孝等三百餘戶

晉·洛神十三行

○佳人之信脩兮

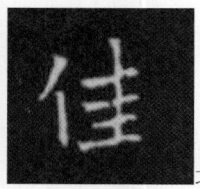

北魏·長孫子澤誌

北齊·高建妻王氏誌

北齊·逢哲誌

○鄉稱佳士

北齊·暴誕誌

北周·安伽誌

○佳城鬱

【佲】

《説文》：佲，奇佲，非常也。从人亥聲。

敦煌簡 1448

○子胡佼自氾滅名

【傀】

《說文》：傀，偉也。从人鬼聲。《周禮》曰："大傀異。"

【瓌】

《說文》：瓌，傀或从玉褱聲。

金關 T24:556
○里史傀大車一

漢印文字徵
○傀襄

漢晉南北朝印風
○傀襄

【偉】

《說文》：偉，奇也。从人韋聲。

敦煌簡 0780A
○君偉所賜死牛肉

金關 T07:131

漢印文字徵
○秦君偉印

漢晉南北朝印風
○劉偉私印

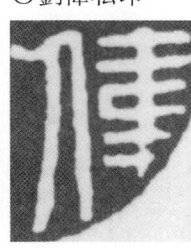

漢晉南北朝印風
○王偉君印

東漢·買田約束石券

西漢·石墻村刻石
○郎吏孫偉君于中郎

3673

北魏・元寶月誌

北魏・侯憎誌

北魏・鮮于仲兒誌

北魏・元崇業誌

北魏・元思誌

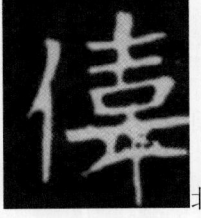

北魏・寇猛誌

東魏・叔孫固誌

北齊・元賢誌

【份】

《說文》：份，文質備也。从人分聲。
《論語》曰："文質份份。"

【彬】

《說文》：彬，古文份从彡、林。
林者，从焚省聲。

東漢・楊統碑陽

〇份士充庭

東漢・譙敏碑

東漢・校官碑

三國魏・孔羨碑

東晉・王丹虎誌

北魏・元舉誌

【僚】

《説文》：僚，好皃。从人尞聲。

東漢・曹全碑陽
○群僚咸曰

東漢・朝侯小子殘碑
○群僚贈送禮賵五百萬

東漢・曹全碑陽
○同僚服德

北魏・元乂誌
○哀慟百僚

北魏・元囧誌

北魏・元廣誌

北魏・吐谷渾璣誌
○朋僚悼惋

北魏・四十一人等造像

北魏・元誘誌

北魏・趙廣者誌

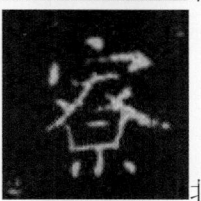

北魏・元廞誌
○百僚哀悼

北魏・爾朱紹誌
○百僚灑淚

北魏・元馗誌
○凡厥府僚

北魏・元顥誌

北魏·元肅誌

北魏·元平誌

東魏·高盛碑

〇百僚掩涕

【佖】

《說文》：佖，威儀也。从人必聲。《詩》曰："威儀佖佖。"

銀貳2169

〇于反佖積

【俸】

《說文》：俸，具也。从人夆聲。讀若汝南潧水。《虞書》曰："旁救俸功。"

【儠】

《說文》：儠，長壯儠鼠也。从人巤聲。《春秋傳》曰："長儠者相之。"

獄·為吏61

〇市魚儠（獵）

【儢】

《說文》：儢，行皃。从人廬聲。《詩》曰："行人儢儢。"

【儺】

《說文》：儺，行人節也。从人難聲。《詩》曰："佩玉之儺。"

【倭】

《說文》：倭，順皃。从人委聲。《詩》曰："周道倭遲。"

東晉·高句麗好太王碑

東晉·高句麗好太王碑

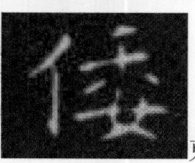

東魏·蕭正表誌

【僓】

《說文》：僓，嫺也。从人貴聲。一曰長皃。

3676

秦代印風
○楊償

廿世紀璽印四-GY
○償府令印

漢印文字徵
○權償信印

【僑】

《說文》：僑，高也。从人喬聲。

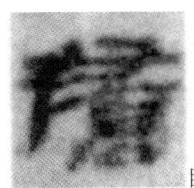

睡·法律答問 55
○僑（矯）丞令

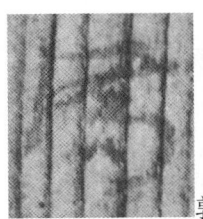

敦煌簡 0228
○豪長僑千

漢印文字徵

漢印文字徵

漢印文字徵

廿世紀璽印四-SY
○民僑

漢晉南北朝印風
○栗僑

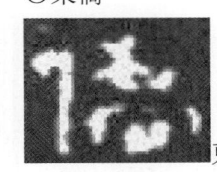

東漢·柳敏碑
○僑俗追歿

東漢·曹全碑陰
○故功曹王吉子僑

北魏·楊濟誌

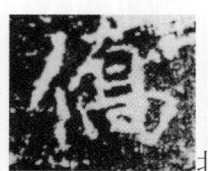

北齊·牛永福造像

【俟】

《說文》：俟，大也。从人矣聲。《詩》曰："伾伾俟俟。"

敦煌簡 0174

○之功俟第達

武·儀禮甲《士相見之禮》13

○飲而俟君命之食然

漢印文字徵

○脩躬德以俟賢世興顯令名存

東漢·成陽靈臺碑

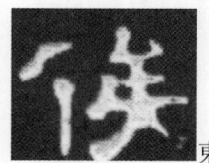

東漢·楊著碑額

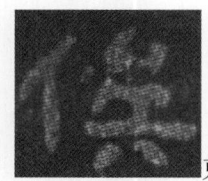

東漢·楊統碑陽

北魏·元天穆誌

北魏·胡明相誌

北魏·元熙誌

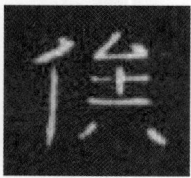

北魏·元子直誌

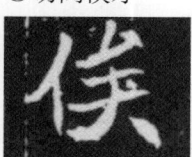

○切問俟才

北魏·叔孫協及妻誌

東魏·程哲碑

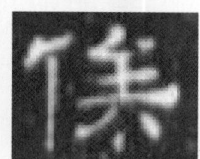

北齊·傅華誌

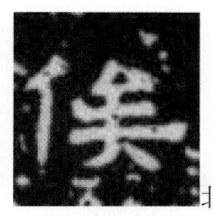

北齊·劉悅誌

北齊·高百年誌

【侗】

《說文》：侗，大皃。从人同聲。《詩》曰："神罔時侗。"

北齊·潘景暉造像

○二侗菩薩

【佶】

《說文》：佶，正也。从人吉聲。《詩》曰："既佶且閑。"

廿世紀璽印三-SP

○佶

【俁】

《說文》：俁，大也。从人吳聲。《詩》曰："碩人俁俁。"

【仜】

《說文》：仜，大腹也。从人工聲。讀若紅。

【僤】

《說文》：僤，疾也。从人單聲。《周禮》曰："句兵欲無僤。"

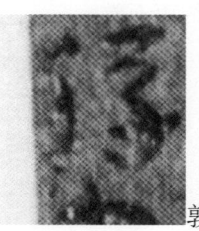

敦煌簡 0364

○張僤君稷米璜升

漢印文字徵

○東僤祭尊

東漢·買田約束石券

○即僤中皆瞀下不中父老

東漢·買田約束石券

○僤中其有瞀次當給為里父老者

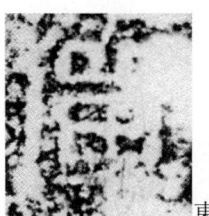

東漢·買田約束石券

○迺以永平十五年六月中造起僤

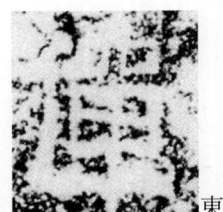

東漢·買田約束石券

○侍廷里父老僤祭尊于季

【健】

《說文》：健，伉也。从人建聲。

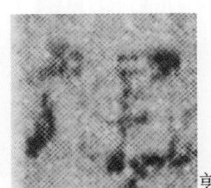

敦煌簡 1898

○萌伉健可爲官士吏

金關 T23∶298

○發伉健卒代

吳簡嘉禾·五·一○一

○蔡健佃田五町凡

魏晉殘紙

北魏·康健誌

○岐陽令康健卒於官五年甲辰

北齊·報德像碑

【倞】

《說文》：倞，彊也。从人京聲。

【傲】

《說文》：傲，倨也。从人敖聲。

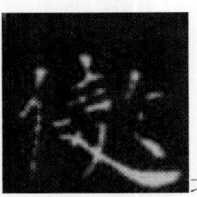

北魏·元緒誌

○故傲（嗷）儓

北齊·吐谷渾靜媚誌

○寧以豪華興傲

【仡】

《說文》：仡，勇壯也。从人气聲。《周書》曰："仡仡勇夫。"

【倨】

《說文》：倨，不遜也。从人居聲。

睡·為吏 38

【儼】

《說文》：儼，昂頭也。从人嚴聲。一曰好皃。

漢印文字徵
○紀儼私印

漢晉南北朝印風
○王儼私印

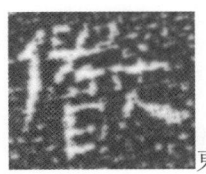

東漢·許安國墓祠題記

北魏·青州元湛誌
○望之儼然

北魏·公孫猗誌

北魏·檀賓誌

東魏·廣陽元湛誌

南朝宋·明曇憘誌

【傪】

《說文》：傪，好皃。从人參聲。

漢印文字徵
○李傪私印

【俚】

《說文》：俚，聊也。从人里聲。

【伴】

《說文》：伴，大皃。从人半聲。

東牌樓 065 正

北齊·狄湛誌

【俺】

《說文》：俺，大也。从人奄聲。

【傄】

《說文》：傄，武皃。从人閒聲。《詩》

曰："瑟兮僴兮。"

漢印文字徵
○栗僴私印

【伾】

《説文》：伾，有力也。从人丕聲。
《詩》曰："以車伾伾。"

北魏·侯剛誌
○至有伾（休）假

北齊·八十人等造像
○孔女伾

【偲】

《説文》：偲，彊力也。从人思聲。
《詩》曰："其人美且偲。"

【倬】

《説文》：倬，箸大也。从人卓聲。
《詩》曰："倬彼雲漢。"

東魏·李祈年誌
○字倬田

【侹】

《説文》：侹，長皃。一曰箸地。一曰代也。从人廷聲。

【倗】

《説文》：倗，輔也。从人朋聲。讀若陪位。

里·第八層980

馬壹6_24下

【傓】

《説文》：傓，熾盛也。从人扇聲。《詩》曰："豔妻傓方處。"

【儆】

《説文》：儆，戒也。从人敬聲。《春秋傳》曰："儆宮。"

【俶】

《説文》：俶，善也。从人叔聲。《詩》曰："令終有俶。"一曰始也。

武·儀禮甲《士相見之禮》9

廿世紀璽印三-SP

○俶

北魏・馮會誌

○俶容天挺

北齊・庫狄迴洛誌

○俶儻難量

【傭】

《說文》：傭，均直也。从人庸聲。

敦煌簡 1462

○寶錢傭

【僾】

《說文》：僾，仿佛也。从人愛聲。《詩》曰："僾而不見。"

東漢・史晨後碑

【仿】

《說文》：仿，相似也。从人方聲。

【俩】

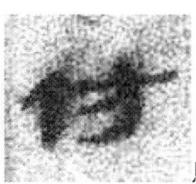

《說文》：俩，籀文仿从丙。

馬壹 48_10 下

東漢・肥致碑

晉・洛神十三行

北齊・崔德誌

○喪於五仿里

【佛】

《說文》：佛，見不審也。从人弗聲。

漢印文字徵

○佛眉

漢印文字徵
〇程佛之印
東漢・肥致碑 
北魏・孫寶憙造像 
〇佛弟子房令
北魏・淨悟浮圖記 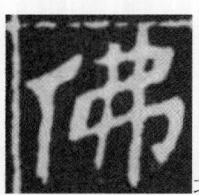
〇萬祀永記西方佛界同
北魏・王神虎造像 
〇值佛聞法
北魏・常文遠造像 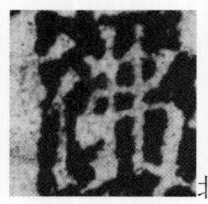
〇佛弟子常道超
北魏・陳天寶造像 
〇佛弟子陳天寶

北魏・道慧造石浮圖記
〇助眾生一時成佛
北魏・常申慶造像 
〇開佛光明
北魏・尉遲氏造像 
東魏・成休祖造像 
北齊・韓永義造像 
北周・李明顯造像 
〇速成佛道
南朝宋・王佛女買地券 
南朝宋・囗熊造像

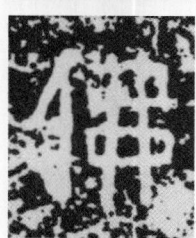

南朝梁·杜僧逸造像

○佛弟子杜僧逸

南朝梁·杜僧逸造像

○佛施敬造育王像

【俰】

《説文》：俰，聲也。从人悉聲。讀若屑。

【僟】

《説文》：僟，精謹也。从人幾聲。《明堂月令》："數將僟終。"

【佗】

《説文》：佗，負何也。从人它聲。

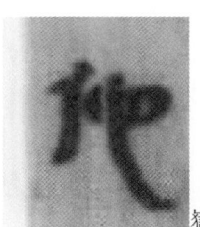

獄·魏盜案 162

○勝盛佗（施）行

里·第八層 2319

○令史佗□

里·第八層背 1435

○佗人孜孜

金關 T07：005

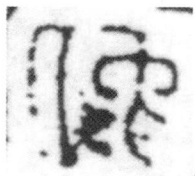

○佗

歷代印匋封泥

○佗

廿世紀璽印二-SY

○郤佗

秦代印風

○耿佗

秦代印風

○呂佗

○檀佗　秦代印風

○諸佗　廿世紀璽印三-SY

○壽佗　漢印文字徵

○梁佗　漢印文字徵

○段干佗　漢印文字徵

○趙佗　漢印文字徵

○馬佗齊　漢印文字徵

○呼佗塞尉　漢印文字徵

漢晉南北朝印風

○壽佗

漢晉南北朝印風

○弡佗私印

北周・叱羅協誌

○佗仁典基

【何】

《說文》：何，儋也。从人可聲。

漢銘・何氏鐵

漢銘・何大万盃

漢銘・楊子贛家銅器蓋

漢銘・何文鍾

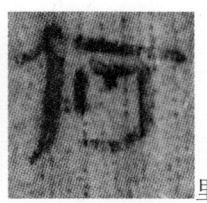

里・第八層 2256

馬壹 48_13 下

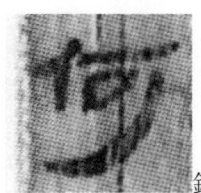

銀貳 1510

北貳・老子 153

敦煌簡 0006A

金關 T01:014A

○欲何應之

武・儀禮甲《服傳》53

武・乙本《服傳》11

○叔母何以基期

東牌樓 100 正

北壹・倉頡篇 3

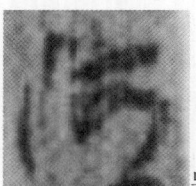

吳簡嘉禾・一六七二
○所備何黑錢二千

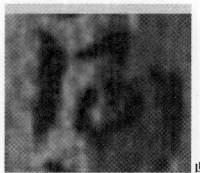

吳簡嘉禾・五・七三七
○男子何林佃田三町

吳簡嘉禾・一四二六

吳簡嘉禾・一七五
○九日何丘由遠關主

歷代印匋封泥
○楚郭囗䣄（鄉）蘆里何

秦代印風

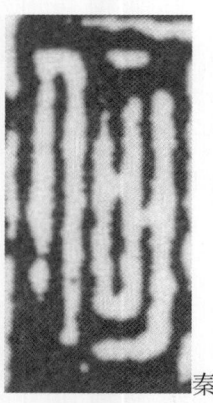

秦代印風

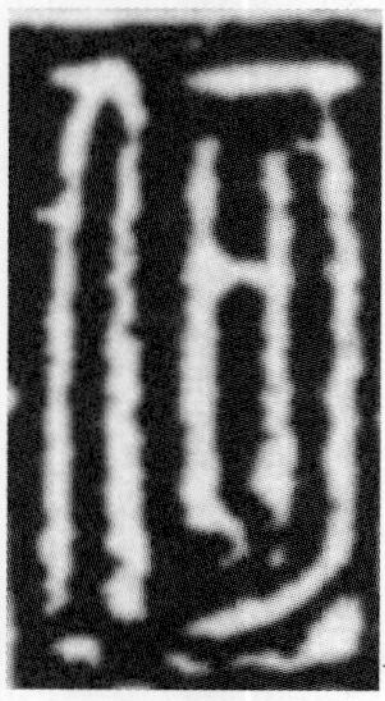

廿世紀璽印三-SY

廿世紀璽印三-SY
○何克

廿世紀璽印三-SY

廿世紀璽印三-SY

漢晉南北朝印風

○趙何之印

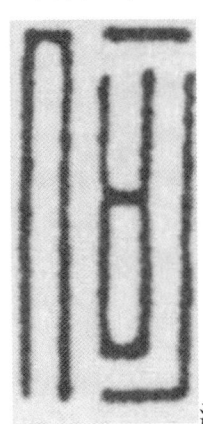

漢晉南北朝印風

○許何

東漢・譙敏碑

東漢・何君閣道銘

○蜀郡太守平陵何君

東漢・石祠堂石柱題記

東漢・浚縣延熹三年畫像石題記

東漢・鮮於璜碑陰

東漢・楊統碑陽

東漢・熹平石經殘石五

東漢・皇女殘碑

東漢・譙敏碑

東漢・許安國墓祠題記

東漢・營陵置社碑

北魏・塔基石函銘刻

北魏・趙廣者誌

北魏・元壽安誌

北魏・元過仁誌

北魏・楊乾誌

北魏・叔孫協及妻誌

○何靈何祐

北魏・元顯俊誌

北周・李綸誌蓋

○周故河陽公徒何墓誌

【儋】

《説文》：儋，何也。从人詹聲。

戰晚・十三年少府矛

漢銘・二年酒鋗

里・第八層 145

○南儋二人上告

張・奏讞書 158

○北以儋（憺）乏

金關 T01:005

○裹呂儋年卌二

廿世紀璽印三-SY

○䀠儋

漢印文字徵

○耳儋

漢印文字徵
○成儋

漢印文字徵
○高儋

漢印文字徵
○共儋

漢晉南北朝印風
○共儋

西晉·臨辟雍碑
○儋事給事中

【供】

《說文》：供，設也。从人共聲。一曰供給。

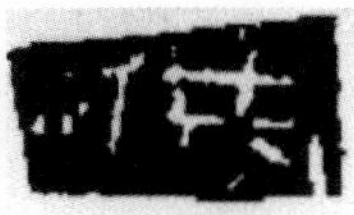

漢銘·綏和鴈足鐙

漢銘·杜陵東園壺

漢銘·元延鈁

漢銘·元延乘輿鼎二

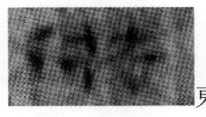

東牌樓005
○昔供喪葬宗訖升

東漢·曹全碑陽

東漢·曹全碑陽

西晉·荀岳誌

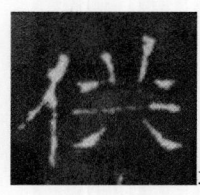

北魏·元哲妻造像
○元哲供養佛

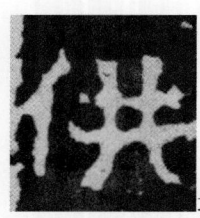

北魏·魯眾題記

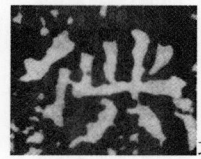

北魏·袁超造像
○合家供養

北魏·韓曳雲造像

北齊·道俗邑人造像
○普同供養

北周·張子開造像

【侔】

《説文》：䀢，待也。从人从待。

東漢·相張壽殘碑
○儲侔非法

【儲】

《説文》：儲，侍也。从人諸聲。

金關 T23∶913

漢印文字徵
○儲宰私印

東漢·相張壽殘碑

東漢·郎中鄭固碑

西晉·臨辟雍碑

北魏·穆亮誌

北魏·元弼誌

【備】

《說文》：㸐，慎也。从人䈇聲。

【俻】

《說文》：俻，古文備。

漢銘·御銅金匜瓠

漢銘·置鼎

漢銘·御銅金匜瓠

睡·秦律十八種 29

睡·效律 41

獄·為吏 17

獄·芮盜案 77

里·第八層 2106

馬壹 122_22 上

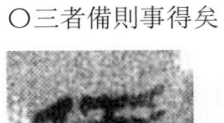

〇三者備則事得矣

馬壹 16_6 下\99 下

〇物備具者

馬壹 112_26\377

〇所以備也

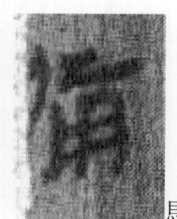

馬貳 219_36/47

馬貳 79_220/207

張·捕律 154

張·奏讞書 75

張·奏讞書 85

○曰備盜賊

張·蓋盧 53

銀壹 913

○外以備禍患

銀貳 1012

○備固不能難

敦煌簡 1378

○中部備月不盡三日

金關 T21:468

○郡費備成里上造

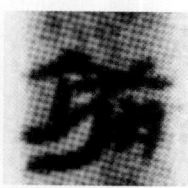

武·甲《少牢》43

武·甲《少牢》7

○人告備乃退

武·甲《燕禮》32

廿世紀璽印三-GP

○備盜賊尉

漢印文字徵

○侯備私印

漢印文字徵
○備盜賊尉

歷代印匋封泥
○備盜賊尉

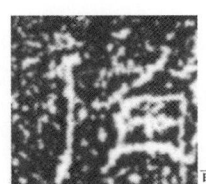

東漢・北海相景君碑陰
○仁綱禮備

東漢・禮器碑
○備而不奢

東漢・白石神君碑
○備其犧牲

北魏・元子正誌

北魏・元潛嬪耿氏誌
○備御東園

北魏・馮迎男誌
○名烈俱備

北魏・元謐誌
○備聞於金經

北魏・胡明相誌

北魏・陳天寶造像
○圖侍備設

北魏・元純陀誌
○備宣婦德

北魏・元維誌
○備宣圖史

北魏・元維誌
○備其僚彩

3695

北魏·元弼誌
○蓋已備龍圖

北魏·楊乾誌
○備著於典

東魏·元均及妻杜氏誌

東魏·盧貴蘭誌
○工容備舉

東魏·廉富等造義井頌
○積仁備以崇基

北齊·斛律昭男誌
○六行備舉

北齊·高建妻王氏誌
○備禮言歸

北齊·高阿難誌

北周·李府君妻祖氏誌
○備於笄日

【位】

《說文》：𠊱，列中庭之左右謂之位。从人、立。

馬壹 107_95\264

馬貳 9_11 上\1

銀貳 992

敦煌簡 1897

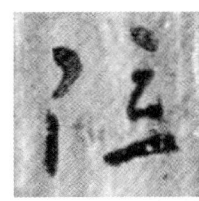

金關 T23:408

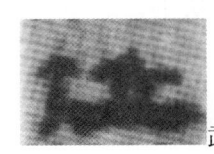

武·儀禮甲《服傳》7

武·甲《特牲》42

武·甲《泰射》34

漢印文字徵
〇高位私印

東漢·石門頌

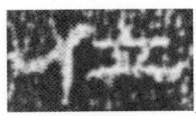

東漢·孔彪碑陽

東漢·建寧三年殘碑
〇悲夫迄終位號

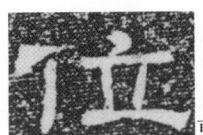

東漢·建寧三年殘碑

東漢·楊著碑額

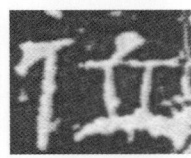

東漢·西岳華山廟碑陽

東漢·熹平石經殘石四

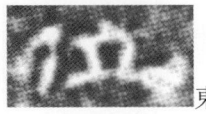

東漢·行事渡君碑

東漢·趙菿殘碑
〇囗位不

東漢·祀三公山碑

東漢·行事渡君碑

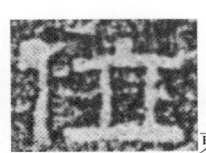

東漢·熹平石經殘石四

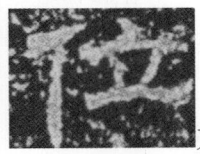

東漢·尹宙碑

東漢·曹全碑陽

東漢・張遷碑陽

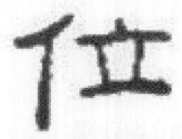

東漢・成陽靈臺碑

東漢・曹全碑陽

三國魏・張君殘碑

北魏・穆亮誌

北魏・元項誌

北齊・韓裔誌

北齊・暴誕誌

北周・宇文儉誌

【儐】

《說文》：儐，導也。从人賓聲。

【擯】

《說文》：擯，儐或从手。

武・儀禮甲《士相見之禮》9
○則使擯者

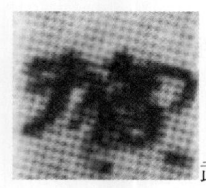

武・甲《特牲》6
○宗人擯曰

武・甲《泰射》27
○告于擯者請旅諸臣

東魏・廉富等造義井頌
○復能濟渴行儐

北齊・傅華誌
○擯落囂塵

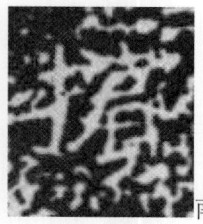

南朝宋・明曇憘誌
○少擯簪緌

【偓】

《說文》：偓，佺也。从人屋聲。

【佺】

《說文》：佺，偓佺，仙人也。从人全聲。

【儡】

《說文》：儡，心服也。从人聶聲。

【仢】

《說文》：仢，約也。从人勺聲。

【儕】

《說文》：儕，等輩也。从人齊聲。《春秋傳》曰："吾儕小人。"

北魏·韓震誌

北魏·元顯魏誌

東魏·元仲英誌

東魏·趙紹誌

○雖處倫儕

北齊·智度等造像

○□儕暫竟也

北周·王榮及妻誌

【倫】

《說文》：倫，輩也。从人侖聲。一曰道也。

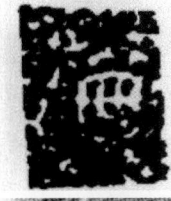

漢銘·永元六年弩鐖

張·蓋盧47

銀壹403

廿世紀璽印三-SY

○郭倫私印

柿葉齋兩漢印萃
○周倫

漢印文字徵
○尹倫

漢晉南北朝印風
○徐倫私印

漢印文字徵

東漢・卓異等字殘碑
○卓異等（苐）倫

漢印文字徵
○季倫

西晉・臨辟雍碑

北魏・趙超宗誌

北魏・元殻誌

漢印文字徵
○李倫

北魏・于纂誌

北魏·元壽安誌

北魏·馮神育造像

東魏·元惊誌

北齊·高百年誌

北齊·張起誌

北齊·赫連子悅誌

北齊·傅華誌

西晉·司馬馗妻誌

○天地相侔

北魏·元天穆誌

北魏·元毓誌

○文侔先識

北魏·和邃誌

○以道侔四能

東魏·馮令華誌

○恩侔許史

北齊·婁黑女誌

【侔】

《說文》：侔，齊等也。从人牟聲。

【偕】

《說文》：偕，彊也。从人皆聲。《詩》曰："偕偕士子。"一曰俱也。

3701

第八卷

睡・法律答問 180

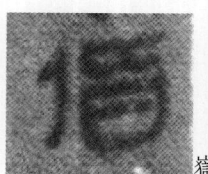

獄・質日 3463

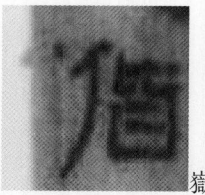

獄・綰等案 241

里・第八層 1558

馬壹 175_51 上

張・奏讞書 18

張・算數書 36

漢印文字徵

○王偕

北魏・元鑽遠誌

北魏・馮會誌

北魏・李端誌

東魏・元季聰誌

東魏・王令媛誌

西魏·韋隆妻梁氏誌

北齊·吐谷渾靜媚誌

【俱】

《説文》：俱，偕也。从人具聲。

里·第八層 898

馬壹 127_52 下

馬壹 82_51

馬貳 207_45

銀壹 809

敦煌簡 0058

金關 T06:052

北壹·倉頡篇 68

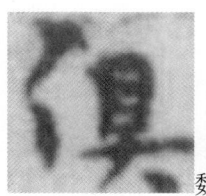

魏晉殘紙

漢印文字徵

漢印文字徵

○鞏俱歸

漢印文字徵
○俱長孫
東漢・營陵置社碑 
○樂俱入奏
東漢・楊淮表記 
東漢・營陵置社碑 
○百廢俱舉
東漢・桓弄食堂畫像石題記 
東漢・許安國墓祠題記 
北魏・張玄誌 

北魏・元暐誌
○卯亦俱剖
北魏・元壽妃麴氏誌 
北魏・張石生造像 
○相好俱備
北魏・元徽誌 
○逸韻共風煙俱上
北齊・唐邕刻經記 
北齊・斛律氏誌 
北周・諸菩薩摩崖 
○他方佛土俱來集會是

北周·大比丘佛經摩崖

○佛土俱來集會

北周·王榮及妻誌

北周·李雄誌

○俱時窆此玄宮共域

【儧】

《說文》：儧，最也。从人贊聲。

【併】

《說文》：併，並也。从人并聲。

北魏·劉賢誌

○併有秦隴

南朝梁·張元造像

○併藉茲功德

【傅】

《說文》：傅，相也。从人專聲。

漢銘·中陵胡傅溫酒樽

漢銘·虢陽陰城胡傅溫酒樽

睡·秦律十八種119

睡·秦律雜抄8

關·病方319

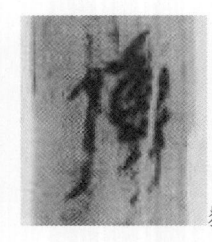

獄·暨過誤失坐官案 97

里·第八層 758

馬壹 76_58

馬貳 112_63/63

馬貳 34_36 上

張·徭律 412

張·奏讞書 216

張·引書 38

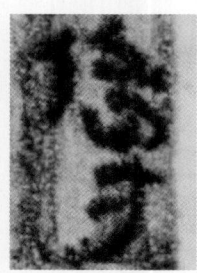

銀壹 777

〇蟻傅（附）之

銀貳 1558

敦煌簡 1108A

金關 T07:135

金關 T01:029

北壹·倉頡篇 60

○眉霸暨傅庚

秦代印風

○傅廣秦

廿世紀璽印三-GP

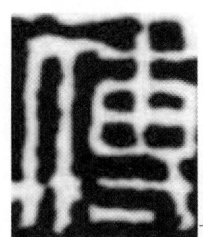

廿世紀璽印三-SY

○傅褒私印

漢印文字徵

柿葉齋兩漢印萃

漢代官印選

○太子少傅

歷代印匋封泥

漢代官印選

○太傅之章

漢印文字徵

漢印文字徵

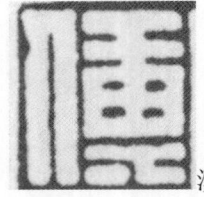

漢晉南北朝印風
○臣傅丘

漢晉南北朝印風
○傅兌

漢晉南北朝印風
○傅賞

東漢・史晨前碑

東漢・孔宙碑陽

東漢・禮器碑

東漢・禮器碑側

東漢・禮器碑側
○東海傅河東臨汾敬謙字季松千

三國魏・曹真殘碑
○□□□□□北地傅均休平

西晉・孫松女誌

北魏・杜法真誌
○杜傅母銘

北魏・王遺女誌

北魏·元乂誌

北魏·杜法真誌

〇杜傅母銘

北魏·韓氏誌

東魏·王令媛誌

東魏·王令媛誌

東魏·馮令華誌

北齊·傅華誌

北周·匹婁歡誌蓋

【弑】

《說文》：弑，惕也。从人式聲。《春秋國語》曰："於其心弑然。"

【俌】

《說文》：俌，輔也。从人甫聲。讀若撫。

【倚】

《說文》：倚，依也。从人奇聲。

馬壹 113_49\400

馬壹 138_13 上/155 上

馬貳 79_217/204

張·引書 38

銀壹 899

北貳·老子 58

金關 T10:367A

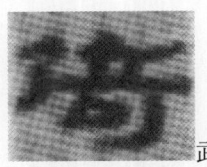

武·儀禮甲《服傳》4

秦代印風

廿世紀璽印三-SY

漢印文字徵

漢印文字徵

漢晉南北朝印風

〇侯倚之印

漢晉南北朝印風

北魏·元子正誌

東魏·元延明妃馮氏誌

北齊·柴季蘭造像

〇邑子柴元倚

【依】

《說文》：依，倚也。从人衣聲。

漢銘·大司農權

漢銘·光和斛一

睡・秦律十八種 198

睡・日甲《盜者》75

馬壹 48_6 下

馬貳 32_16 上

敦煌簡 1780

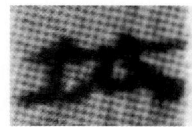

武・儀禮甲《士相見之禮》3

東牌樓 104 正

○府記依

魏晉殘紙

漢印文字徵

漢印文字徵

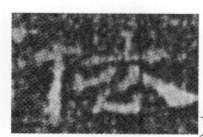

東漢・史晨後碑

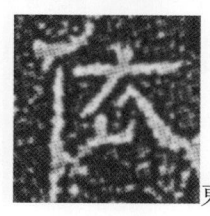

東漢・白石神君碑

東漢・成陽靈臺碑

西晉・郭槐柩記

北魏・緱光姬誌

北魏・李端誌

北魏・元颺妻王氏誌

北魏・慧靜誌

北魏・元煥誌

北魏・元液誌

北魏・元徽誌

北魏・元譚妻司馬氏誌

東魏・元均及妻杜氏誌

北齊・法懃塔銘

【仍】

《說文》：仍，因也。从人乃聲。

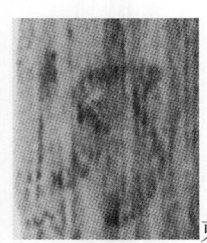

東牌樓 036 正

〇仍以非

東漢・曹全碑陽

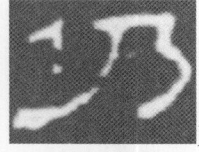

東漢・楊著碑額

北魏・元肅誌

〇仍除太師

北魏・元爽誌

北魏・元恭誌

北魏・元項誌

北魏・元液誌

○英規仍舉

北魏·青州元湛誌

○仍賞文藝

北魏·元壽安誌

○仍除持節

北魏·元子直誌

○仍轉中書侍郎

北魏·元廣誌

北齊·婁黑女誌

北周·尉遲將男誌

【佽】

《説文》：佽，便利也。从人次聲。《詩》曰："決拾旣佽。"一曰遞也。

【佴】

《説文》：佴，佽也。从人耳聲。

秦文字編1283

馬壹77_86

馬壹74_17

張·史律474

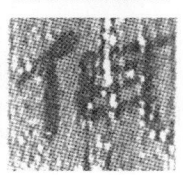

銀貳1455

漢印文字徵

○佴長孺

【倢】

《說文》：健，伉也。从人建聲。

【侍】

《說文》：侍，承也。从人寺聲。

漢銘・建武卅二年弩機

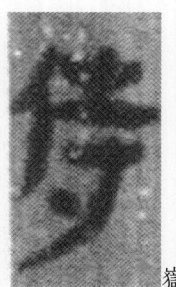

嶽・為吏 43

里・第八層 143

馬壹 126_59 上

馬壹 37_36 下

馬貳 204_16

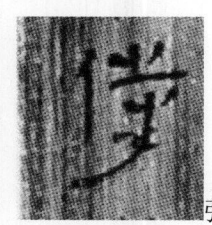

張・蓋廬 39

張・脈書 53

銀壹 110

銀貳 1162

北貳・老子 86

敦煌簡 0195

金關 T25:069

金關 T23:209

魏晉殘紙

魏晉殘紙

廿世紀璽印三-SY

○侍其縣

漢印文字徵

漢代官印選

漢代官印選

漢代官印選

○侍中中郎

東漢・楊震碑

東漢・桐柏淮源廟碑

東漢・營陵置社碑

東漢・趙寬碑

西晉・石尠誌

西晉・臨辟雍碑

北魏·司馬紹誌

北魏·元羽誌

○侍中司徒公廣陵王墓銘誌

北魏·寇猛誌

北魏·王禎誌

北魏·元恩誌

北魏·張整誌

東魏·邸珍碑額

○魏故侍中散騎常侍定州刺史司空邸公之碑

東魏·高盛碑額

○魏侍中黃鉞大師錄尚書事文懿高公碑

東魏·元光基誌蓋

○魏故侍中司空公吳郡王墓銘

【傾】

《説文》：傾，仄也。从人从頃，頃亦聲。

秦文字編 1283

東漢·建寧元年殘碑

北魏·元誨誌

北魏·爾朱襲誌

北魏·王翊誌

北魏·元宥誌
北魏·元暐誌 
北魏·元暐誌 
北魏·元靈曜誌 
北魏·劉華仁誌 
北魏·元緒誌 
北魏·寇臻誌 
北齊·斛律氏誌 

北齊·劉悅誌
北齊·高百年誌 

【側】

《說文》：側，旁也。从人則聲。

馬貳213_19/120

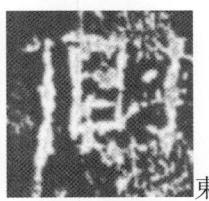

東漢·北海相景君碑陰

北魏·元纂誌

北魏·趙光誌

【侒】

《說文》：侒，宴也。从人安聲。

【佖】

《說文》：侐，靜也。从人血聲。《詩》曰："閟宫有侐。"

【付】

《說文》：付，與也。从寸持物對人。

漢銘・五鳳熨斗

漢銘・陽泉熏鑪

里・第六層 5

里・第八層 1824

馬貳 112_64/64

銀貳 1218

敦煌簡 0563A

金關 T23∶577

東牌樓 066 正

○日付中得草

吳簡嘉禾・五・五八○

○二日付倉吏張曼周

吳簡嘉禾・四・二一六

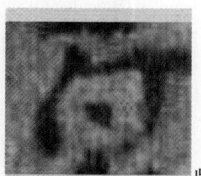

吳簡嘉禾・五・一○九一

○一日付倉吏張曼周

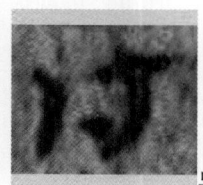

吳簡嘉禾・五・一一

○七日付倉吏張曼周

漢印文字徵

柿葉齋兩漢印萃

北魏·慈慶誌

北齊·柴季蘭造像

【俜】

《説文》：俜，使也。从人甹聲。

北魏·封魔奴誌

○伶俜辛毒

【俠】

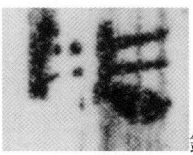

《説文》：俠，俜也。从人夾聲。

銀壹 503

○氣凡俠（挾）議

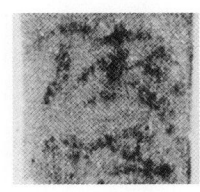

敦煌簡 1850

○厚廣俠好醜長短如

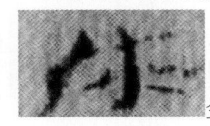

金關 T24:028

○里秦俠君貰買沙頭

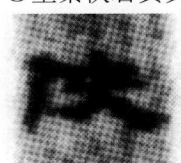

武·甲《燕禮》52

○則俠（夾）爵在大夫

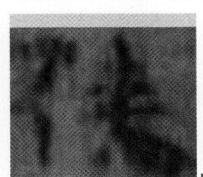

吳簡嘉禾·五·五一六

○俠丘郡吏周柏佃田

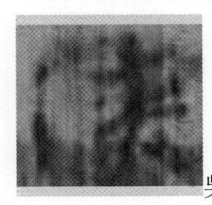

吳簡嘉禾·五·五二二

○俠丘男子鄧惕佃田

漢印文字徵

○彭印君俠

漢印文字徵
〇李俠之印

漢印文字徵
〇五鹿君俠

漢晉南北朝印風
〇大利吳子俠

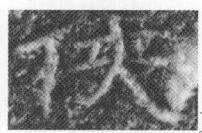

東漢・元嘉三年畫像石題記

東晉・黃庭經

北魏・秦洪誌

東魏・王偃誌
〇雄俠五都

東魏・元悰誌

北齊・吳遷誌

北齊・徐顯秀誌
〇盡慕俠風

北齊・狄湛誌

北齊・高顯國妃敬氏誌
〇月在俠鍾

【僖】

《說文》：僖，僖何也。從人宣聲。

【侁】

《說文》：侁，行皃。從人先聲。

漢印文字徵
〇趙侁

【仰】

《説文》：仰，舉也。从人从卩。

東漢・肥致碑

東漢・肥致碑

東漢・執金吾丞武榮碑

東漢・孔宏碑

○和陰陽以興雨，假而攸仰……

北魏・和醜仁誌

○後生仰以爲模

北魏・元顥誌

北魏・元誨誌

北魏・馮季華誌

北魏・元引誌

○朝庶式仰

北魏・寇憑誌

○將立彌仰

北魏・山暉誌

○俯仰遷登

北魏・萬福榮造像

○安善仰賴

北魏・王神虎造像

東魏・馮令華誌

東魏・馬都愛造像

○像一軀仰爲

【侸】

《說文》：㜔，立也。从人豆聲。讀若樹。

【儽】

《說文》：儽，垂皃。从人纍聲。一曰嬾解。

【侳】

《說文》：侳，安也。从人坐聲。

【俰】

《說文》：俰，揚也。从人爯聲。

【伍】

《說文》：伍，相參伍也。从人从五。

睡·法律答問 156

獄·綰等案 240

里·第八層 23

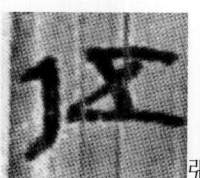

張·市律 260

銀壹 434

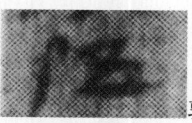

敦煌簡 0214

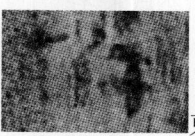

東牌樓 077 背

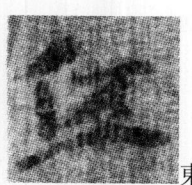

東牌樓 100 正

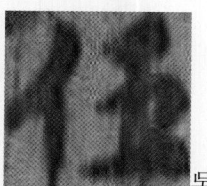

吳簡嘉禾·五·二四五

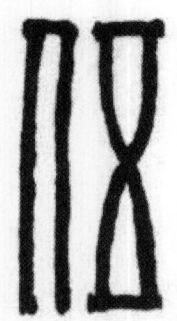

漢印文字徵

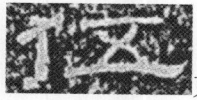

○伍博

東漢·張景造土牛碑

3722

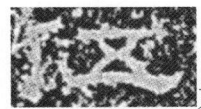

東漢・張景造土牛碑

北魏・鞠彥雲誌

北魏・段峻德誌

東魏・公孫略誌

北齊・元始宗誌

【什】

《說文》：什，相什保也。从人、十。

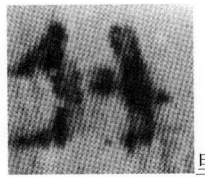

里・第八層 439

馬壹 127_60 下

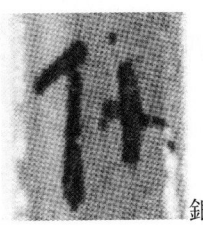

銀貳 1567

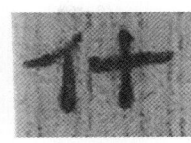

北貳・老子 118

敦煌簡 0135

○物故什五人以食爲

金關 T05：060

東漢・王子移葬誌

東漢・張景造土牛碑

北魏・元暉誌

北齊・堯峻誌

北周・豆盧恩碑

【佰】

《說文》：佰，相什伯也。从人、百。

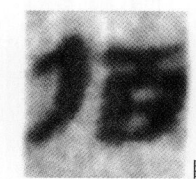

睡·法律答問 64

睡·為吏 14

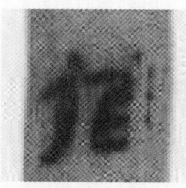

獄·魏盜案 155

張·田律 246

銀壹 806

北貳·老子 118

漢晉南北朝印風

漢晉南北朝印風

柿葉齋兩漢印萃

漢晉南北朝印風

漢晉南北朝印風

廿世紀璽印四-GY

廿世紀璽印四-GY

廿世紀璽印四-GY

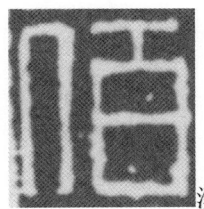

漢晉南北朝印風

漢晉南北朝印風

漢晉南北朝印風

漢晉南北朝印風

東漢·北海相景君碑陰

東漢·北海相景君碑陰

東漢·北海相景君碑陰

北魏·解伯都等造像

東魏·胡佰樂玉枕銘記

○縣汲胡佰樂

北齊·天柱山銘

【佸】

《說文》：佸，會也。从人昏聲。《詩》曰："曷其有佸？"一曰佸佸，力皃。

【佮】

《說文》：佮，合也。从人合聲。

【儝】

《說文》：儝，妙也。从人从攴，豈省聲。

【傆】

《說文》：傆，黠也。从人原聲。

【作】

《說文》：作，起也。从人从乍。

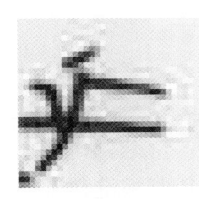

戰晚·二年少府戈

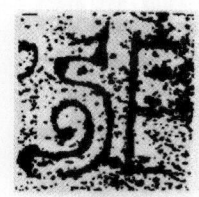

漢銘·嚴氏造作銷

漢銘·嚴氏作洗三

漢銘·堂狼洗

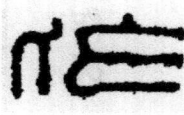

漢銘·永建五年朱梶洗

漢銘·永初三年洗

漢銘·青羊畢少郎葆調

漢銘·元康高鐙

漢銘·大司農權

漢銘·光和斛二

漢銘·延平元年堂狼造作鑒

漢銘·□□作洗

漢銘·建安二年洗

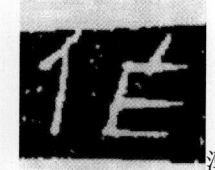

漢銘·尹續有盤

漢銘·光和七年洗

漢銘·左氏洗

漢銘·董氏造作洗

漢銘·蜀郡董是洗

漢銘·嚴氏作洗一

漢銘・嚴氏造作洗

漢銘・蜀郡嚴氏洗二

漢銘・武氏造洗

漢銘・扶侯鍾

敦煌簡 1461A

敦煌簡 1731

魏晉殘紙

漢晉南北朝印風

漢印文字徵

漢代官印選

〇將作大匠

歷代印匋封泥

漢印文字徵

漢印文字徵

漢印文字徵

〇作未央

漢晉南北朝印風

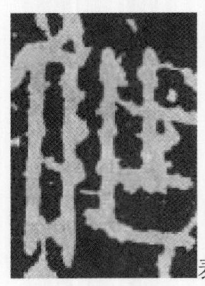

泰山刻石

西漢・楊量買山地記

○作業守子孫

東漢・史晨前碑

東漢・馮緄碑

東漢・楊叔恭殘碑

○聿用作詩

東漢・楊著碑額

東漢・張景造土牛碑

○明檢匠所作

東漢・乙瑛碑

東漢・北海相景君碑陽

東漢・尚博殘碑

東漢・陽嘉二年崖墓題記

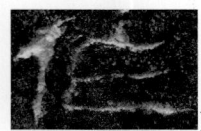

東漢・延平元年刻石

東漢・乙瑛碑

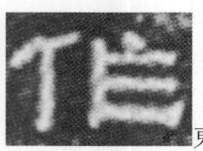

東漢・景君碑

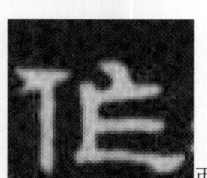

西晉・臨辟雍碑

北魏・張玄誌

北魏・胡明相誌

北魏·李頤誌

北魏·吳子璨妻秦氏誌

北魏·韓顯宗誌蓋

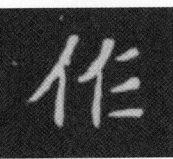

北魏·元懷誌

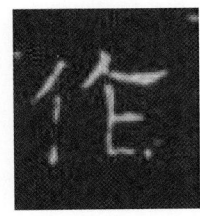

東魏·呂晅誌

○乃作銘曰

東魏·馮令華誌

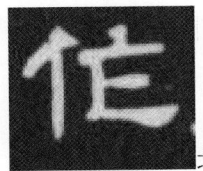

北齊·赫連子悅誌

【假】

《說文》：假，非眞也。从人叚聲。一曰至也。《虞書》曰："假于上下。"

戰晚·四十八年上郡假守冣戈

戰晚·三年相邦矛

里·第六層 4

○陵其假船二艘勿留

里·第八層 1560

馬壹 88_201

張·津關令 489

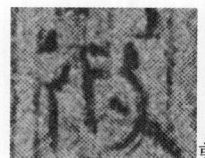

敦煌簡 1649
○耿禹假赤循鳩尾折

敦煌簡 0688

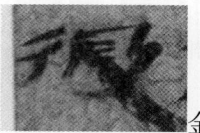

金關 T21:047
○到雜假捕此牒人毋

武·甲《少牢》38
○禮不假（嘏）卒

魏晉殘紙
○今假貸市買

漢晉南北朝印風

廿世紀璽印三-GY

漢晉南北朝印風

廿世紀璽印三-GY

廿世紀璽印三-GY

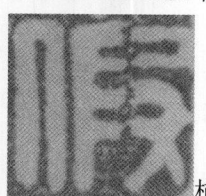

柿葉齋兩漢印萃

柿葉齋兩漢印萃

漢代官印選

柿葉齋兩漢印萃

廿世紀璽印四-GY

東漢・趙寬碑

東漢・北海相景君碑陽
○假階司農

東漢・石祠堂石柱題記
○假錢二萬五千

東漢・倉頡廟碑側

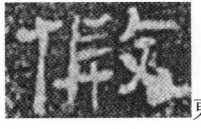

東漢・史晨後碑
○假夫子冢

東漢・鮮於璜碑陽

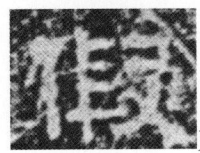

東漢・熹平石經殘石五
○享王假之

東晉・謝鯤誌
○假葬建康縣石子崗

北魏・于纂誌
○魏故假節征虜將軍

北魏・寇臻誌
○遷假節建威將軍

北魏・元襲誌
○不假色於朱藍

北魏・元茂誌
○豈假劉趙爲節

北魏・李媛華誌

北魏・元子直誌

北魏・元譓誌

北魏・寇憑誌
○假節龍驤將軍

北魏·元文誌

○假黃鉞陳留王之第三子

東魏·廣陽元湛誌蓋

○魏故假黃鉞廣陽文獻王之銘

東魏·高湛誌

○假龍驤將軍

北齊·婁叡誌蓋

○齊故假黃鉞右丞相東安婁王墓誌之銘

北齊·高潤誌蓋

○齊故侍中假黃鉞左丞相文昭王墓銘

北齊·高阿難誌

北齊·高淯誌

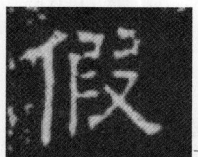

北齊·暴誕誌

北齊·劉悅誌

北周·高妙儀誌

【借】

《說文》：借，假也。从人昔聲。

敦煌簡 0177

金關 T24:015B

廿世紀璽印三-GY

漢晉南北朝印風

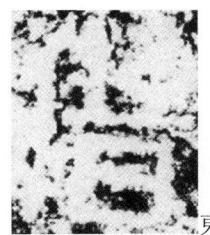

東漢・買田約束石券

○共以客田借與

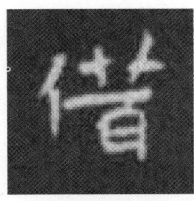

北魏・元暐誌

北魏・李璧誌

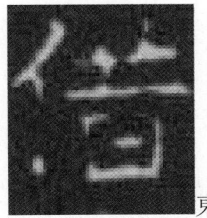

東魏・蕭正表誌

東魏・叔孫固誌

北齊・韓山剛造像

北周・李府君妻祖氏誌

馬壹 112_37\388

張・田律 245

張・奏讞書 194

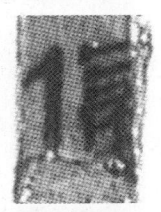

銀貳 2088

敦煌簡 0083

金關 T28:026

【侵】

《說文》：侵，漸進也。从人、又持帚，若埽之進。又，手也。

武·王杖 2

北壹·倉頡篇 11

〇圖奪侵試

秦文字編 1286

廿世紀璽印三-SY

〇田不侵印

漢晉南北朝印風

漢印文字徵

〇趙印不侵

漢印文字徵

漢印文字徵

〇孫印不侵

漢印文字徵

〇召侵私印

漢印文字徵

秦文字編 1286

東漢·史晨後碑

東漢·尹宙碑

東漢·成陽靈臺碑

東漢・營陵置社碑

三國魏・三體石經春秋・古文
○衛人侵

三國魏・三體石經春秋・篆文
○衛人侵

北魏・元子永誌

北魏・元詮誌
○南寇侵境

北魏・長孫瑱誌

北魏・元懷誌
○市朝或侵

北魏・檀賓誌
○于時朔馬南侵

北魏・乞伏寶誌

北魏・元爽誌
○屬大盜侵國

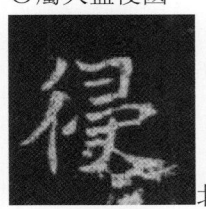

北魏・王誦妻元妃誌
○朝市之侵逼

東魏・陸順華誌
○終同侵毀

北齊・元洪敬誌
○屬梁師侵棱

北齊・吳遷誌

北齊·吳遷誌

○侵淫王室

【價】

《說文》：價，賣也。从人賈聲。

【俟（候）】

《說文》：俟，伺望也。从人矣聲。

張·秩律446
○中候郡候騎千人

張·奏讞書132
○弗先候視

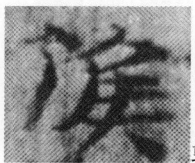

敦煌簡0624A
○門關候詣龍勒居攝

金關 T10:141
○肩水候官

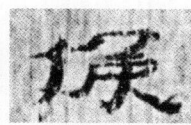

金關 T07:021

○北部候（侯）長明友等

北壹·倉頡篇44
○梧域邸造

秦代印風
○邦侯

秦代印風
○邦侯

漢晉南北朝印風
○軍假侯印

漢晉南北朝印風
○蒼梧侯丞

廿世紀璽印三-GY
○膠西侯印

漢晉南北朝印風
○侯印

漢晉南北朝印風
○橫海侯印

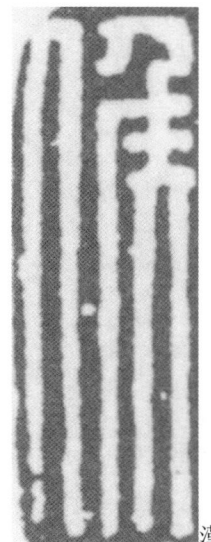

漢晉南北朝印風
○得降郜胡侯

漢晉南北朝印風
○強弩假候

廿世紀璽印三-GY
○軍假候印

廿世紀璽印三-GY
○軍假候印

柿葉齋兩漢印萃
○軍曲侯印

漢代官印選
○敦煌漁澤障候

漢印文字徵
○邦候

漢代官印選
○車假候丞

柿葉齋兩漢印萃
○軍曲侯印

第八卷

歷代印匋封泥
○橫海侯丞

柿葉齋兩漢印萃
○軍曲侯印

漢印文字徵
○候印

柿葉齋兩漢印萃
○軍曲侯印

東漢・元嘉元年畫像石題記一
○游徼候見謝自便

東漢・司馬芳殘碑
○字伯候（侯）

東漢・沈府君神道闕
○都候（侯）沈府

北魏・元天穆誌
○烽候相望

北魏・高珪誌
○占候吉凶

北魏・元鑽遠誌
○河濟止烽火之候

北魏・元仙誌
○金雞候晨

北魏・馮邕妻元氏誌
○卒於艾澗之候庭

北魏・元緒誌
○諸王遣候

北魏・郭顯誌
○迺作中候

3738

東魏·元惊誌

○躍竹候反

北周·豆盧恩碑

○外□雷超候（侯）

【償】

《説文》：償，還也。从人賞聲。

漢銘·元初二年鐱

里·第八層 644

馬壹 126_62 上

○黨以償危不朕（勝）

張·具律 95

敦煌簡 2011

○參分償和令少仲出

金關 T22:152

漢印文字徵

○朱償

東晉·黃庭經

【僅】

《説文》：僅，材能也。从人堇聲。

北貳·老子 41

漢印文字徵

東魏·元寶建誌

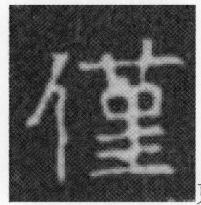

東魏·高盛碑

【代】

《説文》：㐱，更也。从人弋聲。

漢銘·代大夫人家壺

漢銘·代食官糟鍾

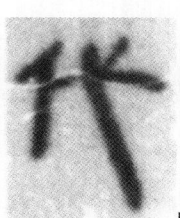

睡·效律 19

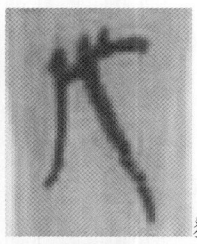

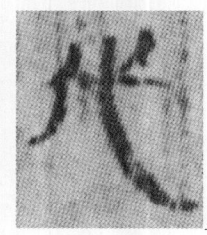

獄·識劫案 132

里·第八層 197

馬壹 145_38/212 下

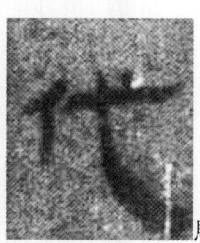

馬壹 139_8 下/150 下

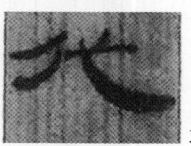

北貳·老子 102

○夫代司殺者

敦煌簡 0084

○朔當代

金關 T10:320

廿世紀璽印三-GP

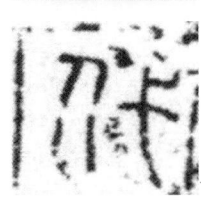

廿世紀璽印三-GP

秦代印風

歷代印匈封泥

漢晉南北朝印風

○代馬丞印

漢印文字徵

○王印代客

漢代官印選

○代郡太守章

漢印文字徵

○董代

漢印文字徵

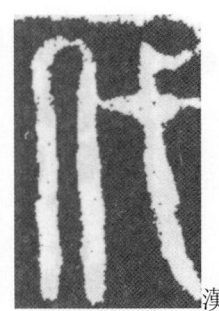

漢代官印選

漢晉南北朝印風

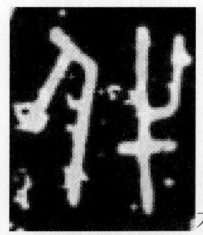

石鼓・吳人

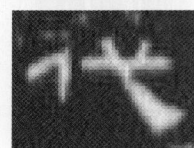

東漢・營陵置社碑

東漢・禮器碑

東漢・西岳華山廟碑陽

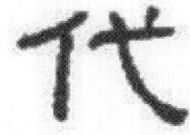

東漢・成陽靈臺碑

東漢・武氏左石室畫像題字
○求代考軀兄

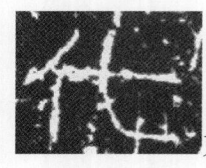

東漢・洛陽刑徒磚
○福代胡非永初

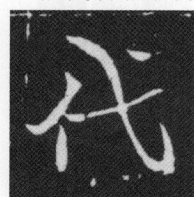

北魏・康健誌

北魏・秦洪誌

北魏・元洛神誌

東魏・趙秋唐吳造像
○社民散將代郡菜生字玄茂……

西魏・杜照賢造像

北齊・婁黑女誌
○代郡平城人也

北周・馬龜誌

【儀】

《說文》：儀，度也。从人義聲。

漢銘・建武泉範二

漢銘・建武泉範一

敦煌簡 1903

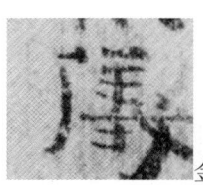

金關 T23：091

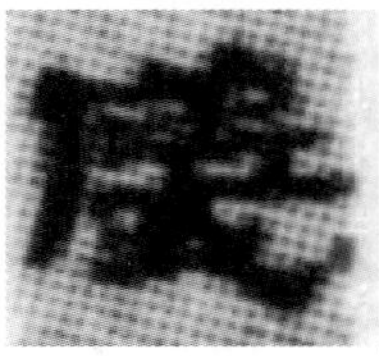

武・儀禮甲《士相見之禮》2

武・甲《有司》49

吳簡嘉禾・五・一〇六七

吳簡嘉禾・五・五九〇

〇孫儀凡爲布二丈

吳簡嘉禾・五・七八八

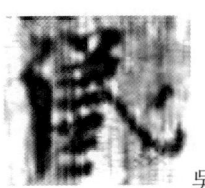

吳簡嘉禾・五・五九五

東漢・三老諱字忌日刻石

〇字子儀

東漢・譙敏碑

東漢・成陽靈臺碑

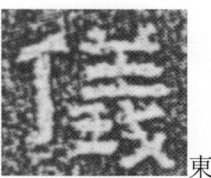

東漢・鮮於璜碑陰

東漢・禮器碑

東漢・禮器碑陰

西晉・臨辟雍碑

北魏・趙謐誌

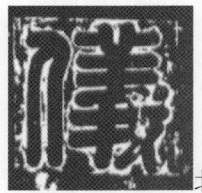

北魏·筍景誌蓋
○魏故儀同筍使君墓銘

北魏·爾朱襲誌蓋
○魏故儀同爾朱君墓誌

北魏·奚真誌

北魏·元保洛誌
○儀同三司

北魏·給事君妻韓氏誌
○燕儀同三司武邑公波之六世孫

北魏·元溶嬪耿氏誌
○上以母儀聿顯

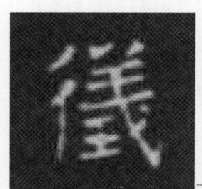

北魏·元融誌
○征南大將軍開府儀同三司雍州刺史南安惠王之孫

北魏·胡明相誌

北魏·元譚誌

北魏·元文誌
○儀同三司

北魏·趙充華誌
○女儀婉娩

東魏·馮令華誌

東魏·鄭氏誌

西魏·陳神姜造像
○自真儀隱影

北齊·堯峻誌蓋

○齊故儀同堯公墓誌銘

北齊·斛律氏誌

【傍】

《說文》：傍，近也。从人旁聲。

北魏·元彧誌

北魏·元顥誌

北魏·蘭將誌

北魏·趙光誌

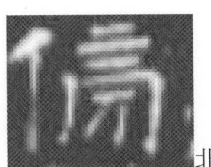

北齊·傅華誌

北齊·感孝頌

北齊·韓裔誌

北齊·劉碑造像

南朝宋·王佛女買地券

【佀（似）】

《說文》：佀，象也。从人㠯聲。

馬壹146_47/221上

○佀(似)萬物之宗

馬壹93_320

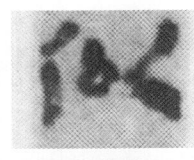

敦煌簡2173

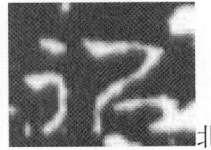

北魏·常岳等造像

○又似地中涌出

北魏·盧令媛誌

北魏·元彥誌

東魏·南宗和尚塔銘

北齊·斛律氏誌

北齊·赫連子悅誌

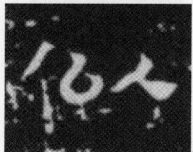

北齊·唐邕刻經記

北齊·徐顯秀誌

北齊·房周陁誌

里·第八層141

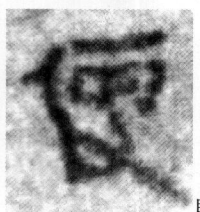

馬壹211_19

馬壹81_29

馬貳294_407/407

張·遣策29

銀壹947

【便】

《說文》：㑛，安也。人有不便，更之。从人、更。

銀貳 1059

敦煌簡 1684B

金關 T08:034

北壹·倉頡篇 5

魏晉殘紙

漢印文字徵

漢印文字徵

○左印便

柿葉齋兩漢印萃

漢印文字徵

漢印文字徵

○闒便

漢印文字徵

漢印文字徵

漢印文字徵

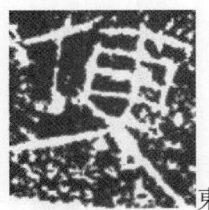

東漢・洛陽刑徒磚

○南陽宛陳便

東漢・洛陽刑徒磚

東漢・肥致碑

東漢・元嘉元年畫像石題記一

東漢・元嘉元年畫像石題記一

東漢・元嘉元年畫像石題記一

東漢・洛陽刑徒磚

○宛髠鉗陳便

北魏・張玄誌

○鹿太守便是瑰寶相映

北魏・宋虎誌

○便任將作曹掾

北魏・元顥誌

北魏・元瞻誌

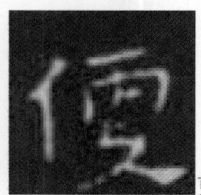

東魏・李挺誌

○期在便民

【任】

《説文》：仼，符也。从人壬聲。

漢銘・成山宮渠斗

漢銘・任壺

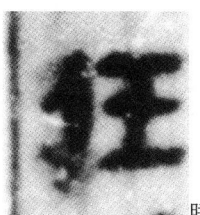

睡・語書 6

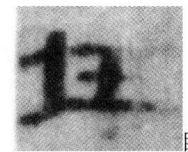

睡・法律答問 145

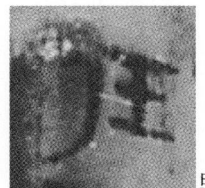

里・第八層 75

馬壹 81_37

張・置後律 390

銀壹 435

金關 T07:097

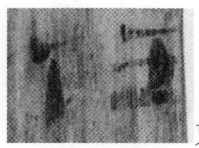

東牌樓 068 背

北壹・倉頡篇 27

○獻請謁任辜禮

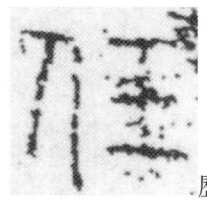

歷代印匋封泥

秦代印風

○任廣

廿世紀璽印三-SY

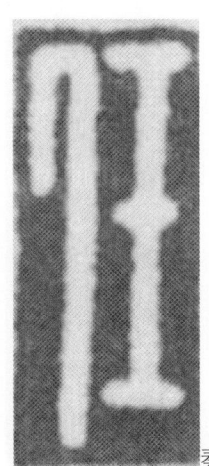

秦代印風

○任說

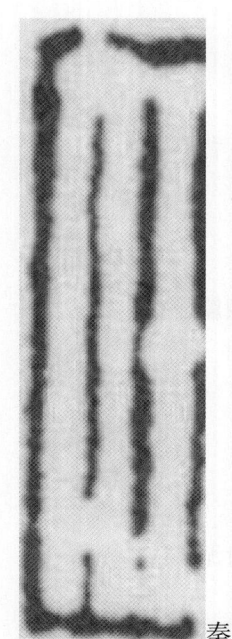

秦代印風

○任狷

秦代印風

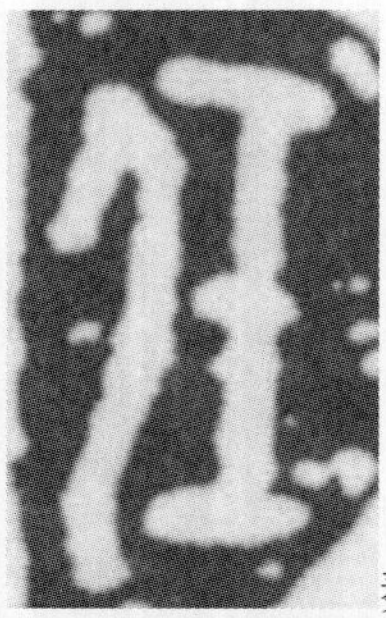

秦代印風

秦代印風

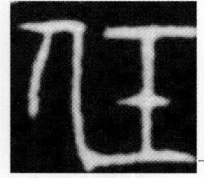

秦代印風

廿世紀璽印三-SY

秦代印風

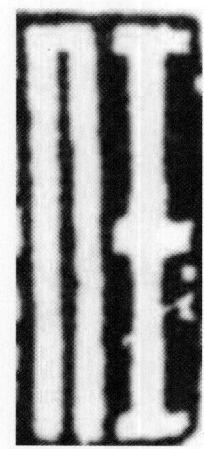

廿世紀璽印三-SY

廿世紀璽印三-SY

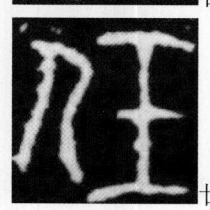

廿世紀璽印三-SY

歷代印匋封泥

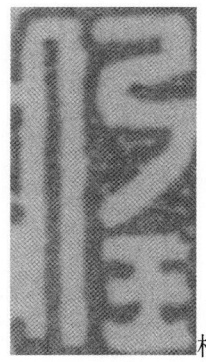

柿葉齋兩漢印萃

漢晉南北朝印風

○蔡弓任

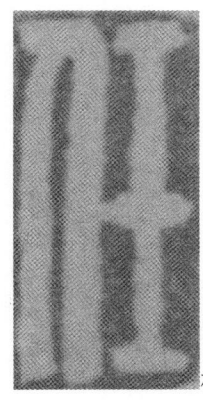

漢晉南北朝印風

柿葉齋兩漢印萃

漢晉南北朝印風

○任賀

漢晉南北朝印風

漢印文字徵

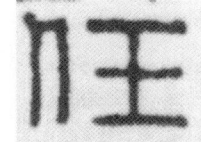

漢晉南北朝印風

○任讜印信

漢晉南北朝印風

柿葉齋兩漢印萃

漢晉南北朝印風

○任云私印

漢晉南北朝印風

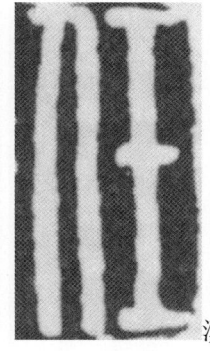

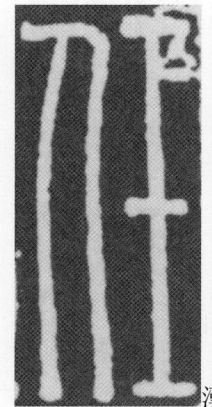

漢晉南北朝印風

東漢・延平元年刻石
○任掾書時有六十高

東漢・洛陽刑徒磚
○右部五任汝南瞿

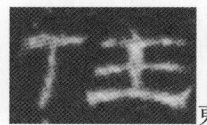

東漢・曹全碑陰
○故功曹任午子流

東漢・夏承碑

東漢・禮器碑陰
○任城高伯世二百

西晉・孫氏碑額
○晉任城太守夫人孫氏之碑

北魏・檀賓誌

北魏・吳子璨妻秦氏誌

東魏・元延明妃馮氏誌

北魏・法險造像
○願女體任（妊）

北齊・吳遷誌

北周・張僧妙法師碑
○才任綱維

北周・若干雲誌蓋
○上開府儀同三司任城郡公若干公墓誌

北周・王榮及妻誌

【俔】

《説文》：俔，譬諭也。一曰閒見。从人从見。《詩》曰："俔天之妹。"

馬壹 13_1 上\94 上
○于帝俔神聖之德也

漢印文字徵

北魏・高猛妻元瑛誌
○雖俔天爲妹

北魏・高慶碑
○俔天之□

【優】

《説文》：優，饒也。从人憂聲。一曰倡也。

秦文字編 1289

馬壹 131_12 下\89 下

東漢・譙敏碑

東漢・冠軍城石柱題名
○故吏□□□□譙郡□優伯□

東漢・圉令趙君碑

北魏・和醜仁誌

北魏・宋虎誌

北魏・于纂誌

北魏·李超誌

北魏·元暉誌

北魏·元平誌

○優游華僚

北魏·元譚妻司馬氏誌

北魏·王□奴誌

○優寵下臨

北魏·韓曳雲造像

北齊·暴誕誌

【僖】

《說文》：僖，樂也。从人喜聲。

北魏·李璧誌

東魏·元顯誌

北周·乙弗紹誌

【偆】

《說文》：偆，富也。从人春聲。

【俒】

《說文》：俒，完也。《逸周書》曰："朕實不明，以俒伯父。"从人从完。

【儉】

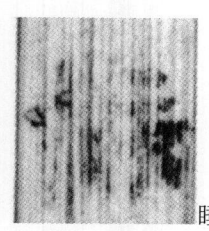

《說文》：儉，約也。从人僉聲。

睡·封診式 27

○山儉（險）

3754

第八卷

○虞儉
漢印文字徵 

○涼儉印信
漢印文字徵

東漢·永壽元年畫像石墓記

東漢·孔宙碑陽

東漢·鮮於璜碑陽

東漢·析里橋郙閣頌

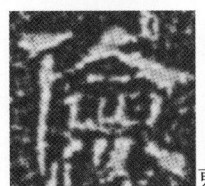

東漢·白石神君碑

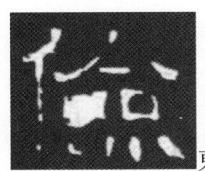

東漢·圉令趙君碑

東漢·朝侯小子殘碑

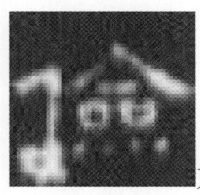

東漢·營陵置社碑

三國魏·王基斷碑

○亡則令儉

北魏·李榘蘭誌

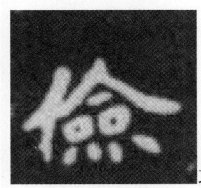

北魏·元新成妃李氏誌

北魏·元茂誌

○君性好素儉

北魏·元順誌

北魏·元順誌

3755

北魏·陸孟暉誌

北魏·和醜仁誌

北魏·馮會誌

東魏·吕貶誌

○性儉貞淳

東魏·元延明妃馮氏誌

北齊·高百年誌

北齊·傅華誌

北周·宇文儉誌

【偭】

《說文》：偭，鄉也。从人面聲。《少儀》曰：「尊壺者偭其鼻。」

【俗】

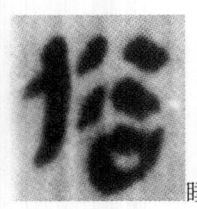

《說文》：俗，習也。从人谷聲。

睡·語書 5

睡·為吏 12

里·第八層 355

馬壹 121_14 下

馬壹 144_31/205 上

銀壹 622

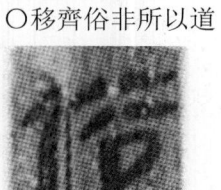

○移齊俗非所以道

銀貳 1455

北貳・老子 119
敦煌簡 2348A 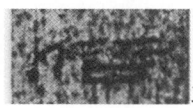
北壹・倉頡篇 2 
○係孫褒俗狠鷔
吳簡嘉禾・五・一〇四
○上俗丘大女劉妾佃
吳簡嘉禾・五・一〇三 
○上俗丘男鄧即佃田
秦代印風 
漢代官印選 
漢印文字徵 

東漢・楊統碑陽
東漢・肥致碑 
○上俗丘男鄧即佃田
東漢・夏承碑 
三國魏・張君殘碑 
○爲俗所仇
北魏・論經書詩 
○与道俗□人
北魏・元舉誌 
○研精出俗
北魏・王神虎造像 
○邑儀道俗敬造佛像一區

北魏·李端誌

北魏·奚智誌

○爲夷之俗

北魏·元悅誌

○清賞絕俗

北魏·劉璿等造像

○同悼浮俗性醨

北魏·高英誌

北魏·尉氏誌

○儀形風俗

北魏·元敷誌

○敷善政於汝俗

北魏·元暐誌

○風移俗化

北魏·元襲誌

○康王弘道以濟俗

北魏·楊乾誌

○道俗齊酸

北齊·婁黑女誌

北齊·張海翼誌

北齊·斛律氏誌

【俾】

《說文》：俾，益也。从人卑聲。一曰俾，門侍人。

秦文字編 1289

銀壹 296

○以當俾埡也

東漢・西狹頌

東漢・史晨後碑

東漢・楊統碑陽

○俾永不滅

東漢・簿書殘碑

三國魏・孔羨碑

西晉・石尠誌

○俾示來世

西晉・石定誌

○俾示來世

北魏・元誨誌

北魏・于纂誌

北魏・元彬誌

○俾傳來聞

【倪】

《説文》：倪，俾也。从人兒聲。

北魏・元倪誌

北周・寇嶠妻誌

【億】

《説文》：億，安也。从人意聲。

漢銘・新嘉量二

漢銘・新嘉量一

漢銘・新衡杆

漢銘・新銅丈

漢印文字徵

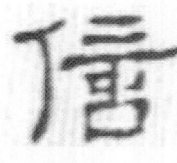

東漢・譙敏碑

○曷億遷罹

東漢・成陽靈臺碑

東漢・張遷碑陽

東漢・景君碑

東漢・西狹頌

○倉庾惟億

東漢・石門頌

北魏・元天穆誌

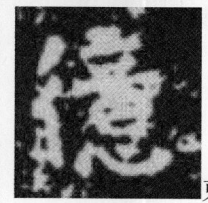

東魏・道穎等造像

○億慶響集

北周・華岳廟碑

【使】

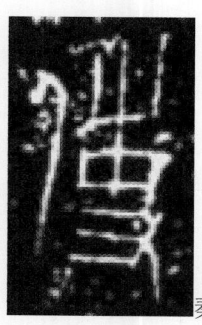

《說文》：使，伶也。从人吏聲。

秦代・元年詔版五

秦代・元年詔版二

漢銘・陽泉熏鑪

漢銘・漢永建書刀

漢銘・漢使者盌

睡・語書 14

睡・秦律十八種 179

睡・法律答問 180

睡・為吏 7

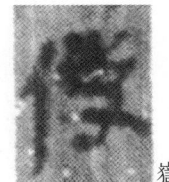

獄・為吏 49

里・第八層 448

馬壹 81_32

馬壹 80_11

馬壹 78_91

馬壹 43_36 上

馬貳 216_1/12

馬貳 130_42

張·傳食律 232

張·津關令 500

張·奏讞書 189

張·蓋盧 51

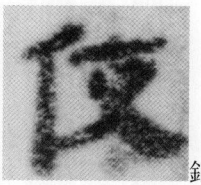

銀壹 298

銀壹 900

○嘗試使三人

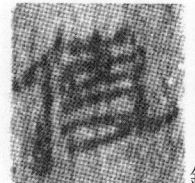

銀貳 1682

銀貳 1157

北貳·老子 43

金關 T23:345

金關 T30:028A

○物謹使使再拜受幸

武·儀禮甲《士相見之禮》7

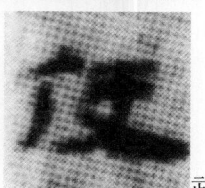

武·甲《少牢》33

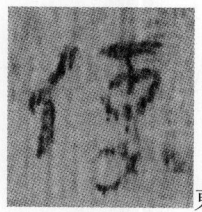

東牌樓 055 正

○兒勿使行虧合作□

廿世紀璽印三-GP

○使馬

廿世紀鉨印三-GP

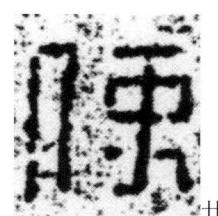

○天帝使者

漢印文字徵

柿葉齋兩漢印萃

漢代官印選

詛楚文・沈湫

○使其宗祝邵䜱

詛楚文・亞駝

○瑄璧使其宗祝邵

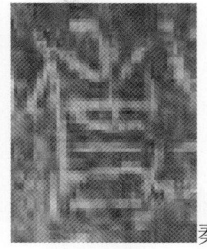

秦駰玉版

新莽・萊子侯刻石

東漢・西岳華山廟碑陽

東漢・馮緄碑

東漢・肥致碑

東漢・石祠堂石柱題記

晉・劉韜誌

○晉故使持節都督青徐諸軍事征

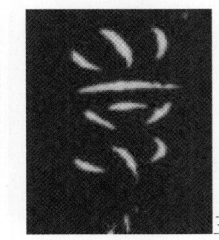

三國魏・三體石經春秋・古文

○齊侯使國歸父來聘夏

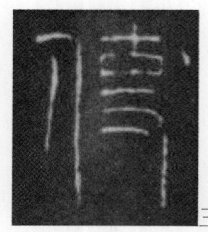

三國魏・三體石經春秋・篆文

○齊侯使國歸父來聘夏

三國魏・三體石經春秋・隸書

西晉・華芳誌

北魏・元過仁誌

北魏・笱景誌蓋

○魏故儀同笱使君墓銘

北魏・楊無醜誌蓋

○魏故使持節

北魏・元偃誌

北魏・寇猛誌

北魏・司馬紹誌

北魏・司馬紹誌

○贈使持節

北魏・元仙誌

北魏・寇治誌

○故使金城留美

北魏・元毓誌

○侍中使持節征南將軍

北魏・元爽誌

北魏·元仙誌

東魏·元悰誌

○乃除使持節

北齊·封子繪誌蓋

○齊故尚書右僕射冀州使君封公墓誌銘

北齊·賀拔昌誌

北周·王鈞誌蓋

○太原王使君墓誌之銘

【僕】

《說文》：僕，僕，左右兩視。从人癸聲。

【伶】

《說文》：伶，弄也。从人令聲。益州有建伶縣。

漢印文字徵

○建伶道宰印

北魏·封魔奴誌

北魏·王僧男誌

【儷】

《說文》：儷，棽儷也。从人麗聲。

北魏·宋靈妃誌

北魏·馮會誌

東魏·閻叱地連誌

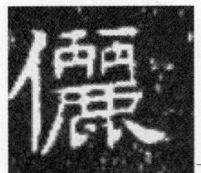

北齊・斛律昭男誌

北齊・王憐妻趙氏誌

【傳】

《説文》：傳，遽也。从人專聲。

漢銘・嚴氏造作洗

漢銘・富貴昌宜侯王傳子洗

漢銘・傳子孫洗

漢銘・新嘉量二

漢銘・蜀郡嚴氏富昌洗

漢銘・陽泉熏鑪

睡・語書 8

睡・秦律十八種 182

睡・法律答問 184

睡・封診式 48

○徒將傳及恒書一封

獄・為吏 62

第八卷

里·第八層 2492

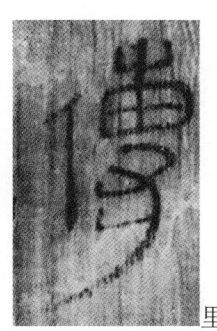

里·第八層 54

馬壹 127_58 下

馬壹 87_181

張·置吏律 216

張·奏讞書 156

銀壹 410

銀貳 2021

敦煌簡 0521

敦煌簡 2325

金關 T10:147

金關 T30:026

○言封傳上計吏它如

東牌樓 070 背

北壹・倉頡篇 6

○臣僕發傳約載

秦代印風

○傳舍之印

廿世紀璽印三-GY

○斜傳

廿世紀璽印三-GP

○傳亭

歷代印匋封泥

○傳舍

漢印文字徵

○傳亭

歷代印匋封泥

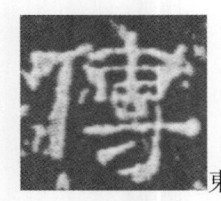

○傳舍

東漢・西岳華山廟碑陽

東漢・買田約束石券

東漢・成都永元六年闕題記

東漢・永和二年畫像石題記

○傳孫子

東漢・尚博殘碑

東漢・乙瑛碑

○傳于罔極

東漢・郎中鄭固碑

○傳宣孔業

東漢・張景造土牛碑

東漢・桐柏淮源廟碑

東漢・夏承碑

○是故寵祿傳于歷世

東漢・趙寬碑

東漢・東漢・婁壽碑額

東漢・譙敏碑

東漢・譙敏碑

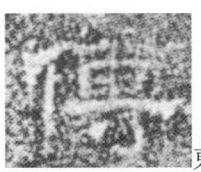

東漢・東漢・魯峻碑陽

○永傳億齡

東漢・桐柏淮源廟碑

西晉・臨辟雍碑

北魏・元詮誌

○馳傳往代

北魏・元廣誌

○襲紫傳金

北魏・王誦妻元妃誌

北魏・高珪誌

北魏・穆亮誌

東魏・王令媛誌

東魏・劉幼妃誌

北齊・高渚誌

北齊・劉悅誌

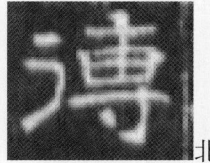

北齊・雲榮誌

○傳於來世者

北周・寇嶠妻誌

【倌】

《説文》：倌，小臣也。从人从官。《詩》曰："命彼倌人。"

【价】

《説文》：价，善也。从人介聲。《詩》曰："价人惟藩。"

【仔】

《説文》：仔，克也。从人子聲。

【俙】

《説文》：俙，送也。从人弅聲。呂不韋曰：有佹氏以伊尹俙女。古文以爲訓字。

【徐】

《説文》：徐，緩也。从人余聲。

漢印文字徵

○公徐丘

【俾】

《説文》：俾，僻寠也。从人屏聲。

金關 T22:110

○驛騎俜受稽落驛騎

【伸】

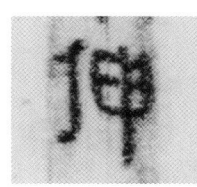

《説文》：伸，屈伸。从人申聲。

銀壹 972

銀貳 2127

○□不伸髮敝

東漢・成陽靈臺碑

東漢・趙寬碑

東漢・孟孝琚碑

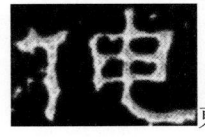

東漢・楊震碑

【伹】

《説文》：伹，拙也。从人且聲。

北魏・元詮誌

○楚挽西伹（徂）

【㒥】

《説文》：㒥，意㒥也。从人然聲。

【僕】

《説文》：僕，弱也。从人从耎。

【倍】

《説文》：倍，反也。从人咅聲。

漢銘・東海宮司空盤

關・日書 264

嶽・數 97

馬壹 89_213

馬壹 176_42 下

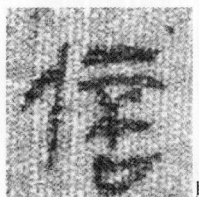

馬貳 69_30/30

張·蓋盧 23

張·算數書 27

張·引書 100

銀壹 176

○順術倍（背）衝

銀貳 1020

廿世紀璽印三-SY

漢印文字徵

詛楚文·巫咸

○而兼倍十八世之盟

東漢·譙敏碑

西晉·臨辟雍碑

北魏·嚴震誌

北魏·元靈曜誌

北魏·元融誌

北魏·元舉誌

北齊·高百年誌

【傿】

《說文》：傿，引爲賈也。从人焉聲。

里·第八層1263

金關T07:096

漢印文字徵
○傿陵丞印

歷代印匋封泥
○傿陵丞印

東漢·尹宙碑

【僭】

《說文》：僭，假也。从人朁聲。

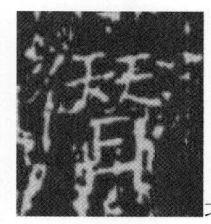

北魏·高廣誌
○多非彼僭

北齊·西門豹祠堂碑
○□言僭跡

【儗】

《說文》：儗，僭也。一曰相疑。从人从疑。

東漢·析里橋郙閣頌
○亦其儗象

北魏·于景誌
○實儗忠節

【偏】

《說文》：偏，頗也。从人扁聲。

漢銘・酈偏鼎

里・第八層 2169

馬壹 148_73/247 上

馬貳 118_169/168

張・盜律 68

張・算數書 42

北貳・老子 187

敦煌簡 0003

居・EPF22.65A

北壹・倉頡篇 13

○幅芒陳偏有泫

秦代印風

漢晉南北朝印風

○偏將軍印章

廿世紀璽印三-GY

廿世紀璽印三-GY

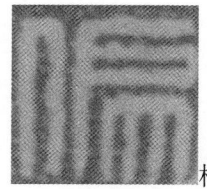

柿葉齋兩漢印萃

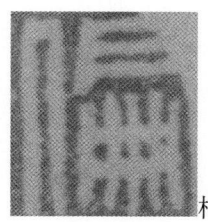

柿葉齋兩漢印萃

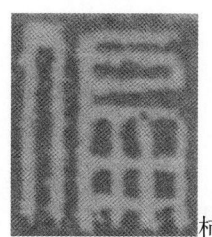

柿葉齋兩漢印萃

漢印文字徵

漢印文字徵

漢印文字徵

漢印文字徵

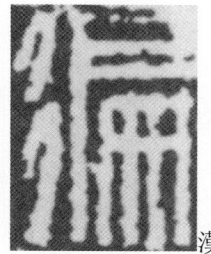

漢晉南北朝印風
○偏將軍印章

漢晉南北朝印風
○兼偏將軍司馬

東漢・石門頌

東漢・王孝淵碑
○偏羨維將

北朝・千佛造像碑
○如日月之光不可偏廢

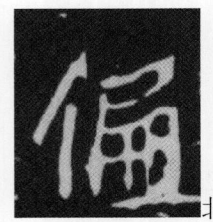

北魏·奚智誌

○干受任偏威

北魏·笞景誌

北齊·竇泰誌

北齊·張起誌

【倀】

《説文》：倀，狂也。从人長聲。一曰仆也。

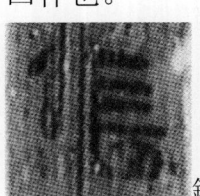

銀貳 1534

○所以倀固也

【儓】

《説文》：儓，憎也。从人薹聲。

【儔】

《説文》：儔，翳也。从人壽聲。

東漢·北海太守爲盧氏婦刻石

北魏·元憎誌

北魏·伏君妻咎雙仁誌

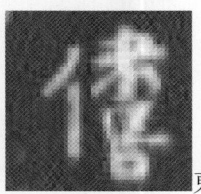

東魏·公孫略誌

○量未能儔

東魏·陸順華誌

北齊·狄湛誌

○舉世無儔

北齊·高百年誌

【俯】

《說文》：侜，有廱蔽也。从人舟聲。《詩》曰："誰侜予美？"

【俴】

《說文》：俴，淺也。从人戔聲。

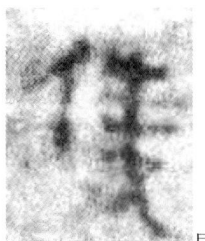

馬壹 93_324

○邯鄲俴（殘）楚人

【佃】

《說文》：佃，中也。从人田聲。《春秋傳》曰："乘中佃。"一轅車。

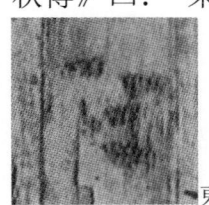

東牌樓 101

○□田佃

吳簡嘉禾·四·二二六

○佃田十八町凡

吳簡嘉禾·五·一〇七九

○鄧莨佃田二町合五

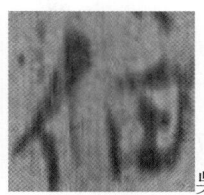

吳簡嘉禾·五·一〇二五

○谷漢佃田廿六町凡

三國魏·三體石經尚書·古文

○人罔不秉德明恤少臣并（屏）侯佃（甸）

【侚】

《說文》：侚，小兒。从人囟聲。《詩》曰："侚侚彼有屋。"

【侊】

《說文》：侊，小兒。从人光聲。《春秋國語》曰："侊飯不及一食。"

【佻】

《說文》：佻，愉也。从人兆聲。《詩》曰："視民不佻。"

銀壹 503

北貳·老子 172

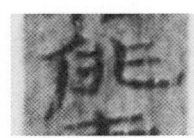

敦煌簡 0774

○丁壯相佻

金關 T21:337

【僻】

《說文》：僻，避也。从人辟聲。《詩》曰："宛如左僻。"一曰从旁牽也。

北魏·元徽誌

北魏·陶浚誌

北周·韋彪誌

【伭】

《說文》：伭，很也。从人，弦省聲。

【伎】

《說文》：伎，與也。从人支聲。《詩》曰："籧人伎忒。"

東漢·禮器碑

北齊·狄湛誌

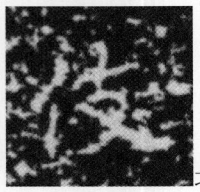

北齊·鄭子尚誌

北齊·梁子彥誌

北齊·庫狄業誌

【侈】

《說文》：侈，掩脅也。从人多聲。一曰奢也。

東牌樓 035 正

秦代印風

○王侈

3778

漢印文字徵

○攺佟

漢印文字徵

○逢佟私印

西晉·張朗誌

北魏·元壽安誌

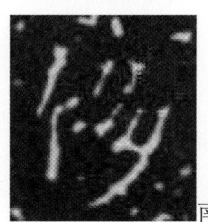

南朝宋·明曇憘誌

【佁】

《説文》：佁，癡皃。从人台聲。讀若駭。

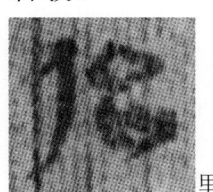

里·第八層 2210

馬壹 16_5 下\98 下

北貳·老子 134

【佋】

《説文》：佋，佋，驕也。从人蚤聲。

【僞】

《説文》：僞，詐也。从人爲聲。

睡·秦律十八種 174

睡·法律答問 180

睡·日甲《詰》25

獄·占夢書 6

獄・學為偽書案 230

馬壹 126_56 上

馬壹 112_20\371

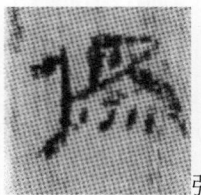

張・賊律 10

張・奏讞書 60

銀貳 1908

北貳・老子 167

北壹・倉頡篇 39

○膩偏檄

漢印文字徵

○偽奴

東漢・北海相景君碑陽

北魏・嚴震誌

東魏・高湛誌

北齊・雲榮誌

北齊・赫連子悅誌

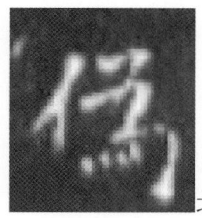

北周·若干雲誌

北周·王德衡誌

【伿】

《說文》：伿，隋也。从人只聲。

【佝】

《說文》：佝，務也。从人句聲。

秦文字編 1293

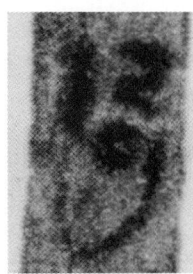

銀壹 740
○之佝（拘）凡

【僄】

《說文》：僄，輕也。从人票聲。

【倡】

《說文》：倡，樂也。从人昌聲。

張·奏讞書 175

東漢·仙人唐公房碑陽

東漢·樊敏碑
○不顧倡獥

東漢·元嘉元年畫像石題記一

西漢·石墻村刻石
○道倡其身

【俳】

《說文》：俳，戲也。从人非聲。

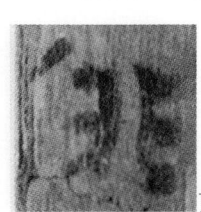

東牌樓 149 背
○栗俳時主布夫

晉·黃庭內景經
○俳徊

[北魏·緱光姬誌]

○俳(徘)佪(徊)

[北魏·元暐誌]

○俳(徘)佪(徊)

【僐】

《說文》：𠌥，作姿也。从人善聲。

【儀】

《說文》：儀，儀互，不齊也。从人巂聲。

【佚】

《說文》：佚，佚民也。从人失聲。一曰佚，忽也。

銀壹 913

銀貳 1052

東漢·東漢·婁壽碑陽

[北魏·元舉誌]

[北魏·元融誌]

【俄】

《說文》：俄，行頃也。从人我聲。《詩》曰："仄弁之俄。"

晉·大中正殘石

○舉俄而有間

北魏·緱靜誌

北魏·元融誌

○俄陟中台

北魏·元融誌

○俄而假征虜將軍

北魏·元固誌

北魏·元引誌

北魏·堯遵誌

北周·寇熾誌

【儋】

《說文》：儋，喜也。从人詹聲。自關以西，物大小不同謂之儋。

東漢·許安國墓祠題記

○其色若儋

【俗】

《說文》：俗，徼俗受屈也。从人卻聲。

【傞】

《說文》：傞，醉舞皃。从人差聲。《詩》曰："屢舞傞傞。"

【僛】

《說文》：僛，醉舞皃。从人欺聲。《詩》曰："屢舞僛僛。"

【侮】

《說文》：侮，傷也。从人每聲。

【㑄】

《說文》：㑄，古文从母。

馬貳 112_60/60

北魏·乞伏寶誌

北魏·元悌誌

北魏·高衡造像

北魏·元珍誌

北齊·梁子彥誌

北齊·婁叡誌

【倲】

《說文》：倲，妎也。从人疾聲。一曰毒也。

【嫉】

《說文》：嫉，倲或从女。

東漢·楊震碑
○而青蠅嫉正

北魏·元昭誌
○時縉紳嫉君能

【偒】

《說文》：偒，輕也。从人易聲。一曰交偒。

睡·為吏29
○則民偒指

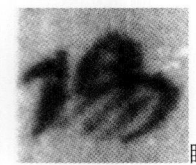

睡·日甲《詰》36
○宋（聳）傷（偒）人

睡·日乙《入官》230
○入官偒（遏）去

【俙】

《說文》：俙，訟面相是。从人希聲。

【僨】

《說文》：僨，僵也。从人賁聲。

睡·封診式84

張·奏讞書198

張·脈書15

【僵】

《說文》：僵，債也。从人畺聲。

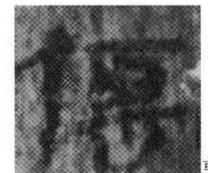

敦煌簡 0137

○達僵尺浮部六黍

【仆】

《說文》：仆，頓也。从人卜聲。

【偃】

《說文》：偃，僵也。从人匽聲。

漢銘·偃鼎

獄·暨過案 99

里·第八層 1496

馬壹 175_42 上

馬貳 37_58 下

張·秩律 458

張·引書 67

敦煌簡 1580

敦煌簡 639D

○難李偃田

金關 T23:780

北壹·倉頡篇 62

○歔豎偃黽運

秦代印風

○中郭偃

秦代印風

○張偃

廿世紀璽印三-SY

廿世紀璽印三-SY

廿世紀璽印三-SY

○芏偃之印 
漢印文字徵

○藉偃之印 
漢印文字徵

○辛偃 
漢印文字徵

漢晉南北朝印風

漢晉南北朝印風

漢晉南北朝印風

○衛偃

北魏・奚真誌

○威偃邊夷

北魏・侯剛誌

○所加必偃

東魏・廣陽元湛誌

○化如風偃

東魏・王偃誌

○君諱偃字槃虎

北齊・張忻誌

○危峰偃蹇

北齊・李稚廉誌

○偃蹇桂枝

北齊・斛律氏誌

【傷】

《説文》：傷，創也。从人，𥏻省聲。

漢銘・莒陽銅斧

睡・秦律雜抄 27

睡・法律答問 108

睡·日甲《詰》57

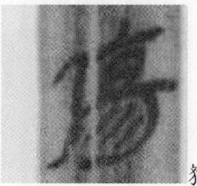

獄·為吏71

獄·尸等案31

里·第八層297

馬壹257_5下\11

馬壹178_72下

馬壹82_58

馬壹76_58

馬貳216_2/13

馬貳69_23/23

張·賊律20

張·奏讞書199

銀壹899

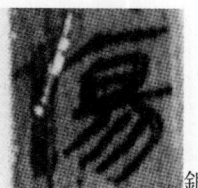

銀貳1702

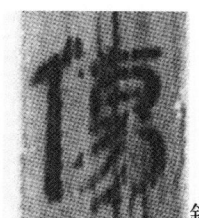

第八卷

銀貳 1205

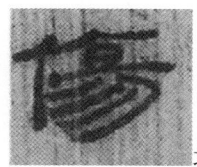

北貳・老子 64

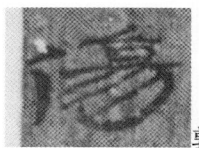

敦煌簡 0177

金關 T27:077

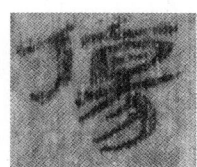

金關 T31:043

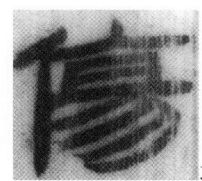

北壹・倉頡篇 51

○齮齕痍傷殹伐

廿世紀璽印三-SY

○胡傷

廿世紀璽印三-SY

○傷士次印

漢晉南北朝印風

○烏傷空丞印

漢印文字徵

○臣何傷

漢印文字徵

○長毋傷

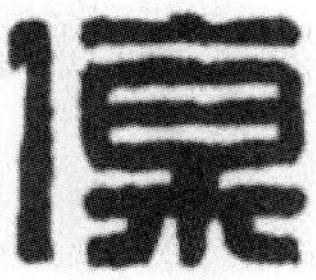

漢印文字徵

○肥奚傷

3789

漢印文字徵
〇攸何傷
漢印文字徵 
漢印文字徵 
漢印文字徵 
漢印文字徵 

漢晉南北朝印風
〇胡何傷印
新莽・襄盜刻石 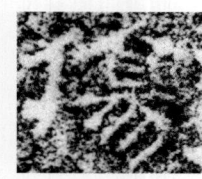
〇毀傷
東漢・朝侯小子殘碑 
東漢・建寧三年殘碑 
東漢・楊著碑額 
東漢・石祠堂石柱題記 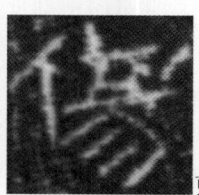
西晉・趙氾表 
西晉・成晃碑

北魏·張玄誌

北魏·元颺妻王氏誌

○尋往多傷

北魏·吳光誌

○嗚呼悲傷

北魏·慈慶誌

北魏·鮮于仲兒誌

○傷母道之中摧

北魏·李頤誌

北魏·元純陀誌

北魏·鄭黑誌

北魏·元寶月誌

北魏·元彝誌

北周·寇嶠妻誌

【偦】

《說文》：偦，刺也。从人肴聲。一曰痛聲。

【侉】

《說文》：侉，憛詞。从人夸聲。

三國魏·張君殘碑

○君恥侉比

【催】

《說文》：催，相儔也。从人崔聲。《詩》曰：“室人交徧催我。”

東牌樓 070 背

○爲數催勿忘大小改

北魏・元鑽遠誌

北魏・元誨誌

北齊・赫連子悅誌

【俑】

《說文》：俑，痛也。从人甬聲。

【伏】

《說文》：伏，司也。从人从犬。

漢銘・伏地鼎蓋

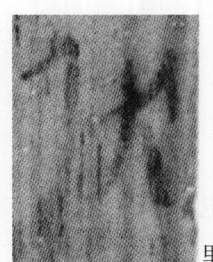

里・第八層 707

馬壹 182_120 下

馬壹 175_45 上

○西方伏廿

馬貳 32_10 上

張・戶律 306

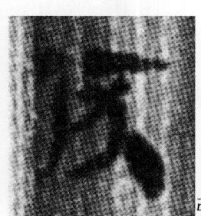

張・奏讞書 128

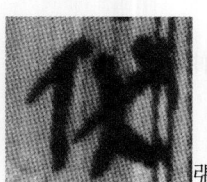

張・蓋盧 38

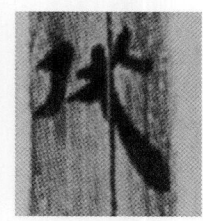

張・引書 49

銀壹 686

銀貳 1576

金關 T06:178

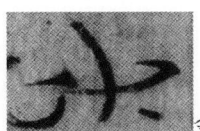

金關 T30:028A

廿世紀璽印四-GY
○伏波將軍章

漢印文字徵
○伏治之印

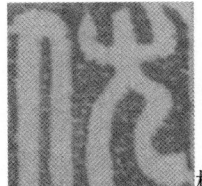

柿葉齋兩漢印萃
○伏波將軍

歷代印匋封泥
○王伏

漢代官印選
○伏波將軍章

漢印文字徵
○伏農私印

漢印文字徵
○伏昌之印

漢印文字徵
○伏侵私印

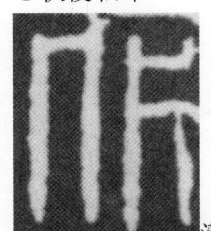

漢晉南北朝印風
○伏波將軍章

漢晉南北朝印風
○伏波將軍

東漢・武氏左石室畫像題字

東漢・楊震碑
○姦佞伏辜

東漢・北海相景君碑陽

東漢・史晨前碑

東漢・白石神君碑
○故天無伏陰

東漢・史晨前碑

北魏・堯遵誌

北魏・源延伯誌
○但爲乞伏熾槃所滅

北齊・乞伏保達誌蓋
○齊故鎮將乞伏君墓誌

【促】

《説文》：促，迫也。从人足聲。

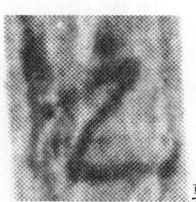

敦煌簡 0148
○促信第一輩兵天滅

東牌樓 048 正
○收前促迫

東漢・西狹頌

北魏・和遂誌
○齡命短促

北魏・封魔奴誌
○道悠運促

北魏・給事君妻韓氏誌

○促淪陰教

北齊·盧脩娥誌

【例】

《說文》：例，比也。从人剡聲。

東牌樓005

○李永例督盜賊殷何

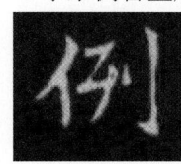

北魏·于景誌

北魏·元琮誌

【係】

《說文》：係，絜束也。从人从系，系亦聲。

戰晚·廿二年臨汾守戈

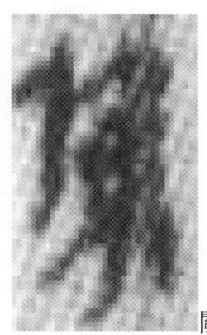

關·病方309

馬貳113_77/77

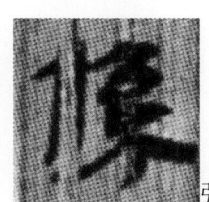

張·引書41

金關T26:007

北壹·倉頡篇2

○奕青北係孫褒

廿世紀璽印二-SP

○係

秦代印風

○趙系

秦代印風

廿世紀璽印三-SY

漢印文字徵

○王係

漢印文字徵

漢印文字徵

漢印文字徵

○王係

漢印文字徵

○陰係

漢晉南北朝印風

東漢・張遷碑陽

○牧守相係

北魏・常季繁誌

○係美媯任者已

東魏·嵩陽寺碑
○秉常樂以係軌

【伐】

《説文》：伐，擊也。从人持戈。一曰敗也。

西晚·不其簋

西晚·不其簋

嶽·占夢書4

嶽·□盜殺安、宜等案163

里·第八層2146

馬壹82_69

馬貳9_12下\4

張·田律249

張·奏讞書115

張·算數書129

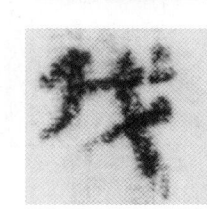

銀壹251

銀貳 1213

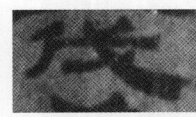

敦煌簡 1151

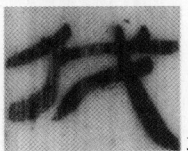

北壹・倉頡篇 51

○痍傷殿伐疢痏

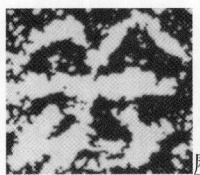

歷代印匋封泥

○右宮馬伐

漢印文字徵

詛楚文・沈湫

○欲剗伐我社稷

東漢・圉令趙君碑

○紀伐

東漢・曹全碑陽

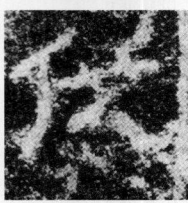

西漢・石墻村刻石

三國魏・三體石經春秋・篆文

○率師伐邾晉人敗狄于

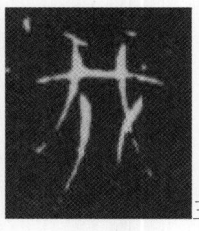

三國魏・三體石經春秋・古文

○晉侯伐衛

西晉・石尠誌

北魏・長孫子澤誌

北魏・元詳造像

北魏・元朗誌

○動必窮伐

北魏·元徽誌

北魏·元譚誌

北齊·張起誌

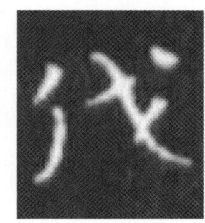

○執固栻（伐）檀

北周·尉遲將男誌

【俘】

《説文》：俘，軍所獲也。从人孚聲。《春秋傳》曰：“以爲俘馘。”

北魏·元端誌

○獲將獻俘

北魏·和遼誌

北魏·楊舒誌

【但】

《説文》：但，裼也。从人旦聲。

戰晚·廿一年寺工車軎

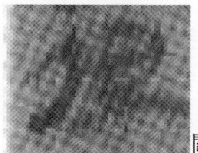

關·曆譜 28

馬壹 43_34 上

○以但之私心論之

張·奏讞書 198

敦煌簡 0043

東牌樓 055 正

北壹・倉頡篇 3
〇啟久嬰但掐援

吳簡嘉禾・四・五四九

廿世紀璽印三-SY

漢印文字徵
〇但譚之印

柿葉齋兩漢印萃
〇但羌私印

漢晉南北朝印風

東漢・西岳華山廟碑陽

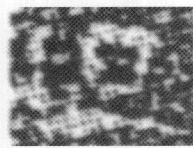

東漢・許安國墓祠題記
〇但觀耳

東漢・三老諱字忌日刻石
〇次子但

北魏・元均之誌

北魏・石婉誌
〇但見遺經

東魏・司馬韶及妻侯氏誌

北齊・張道貴誌
〇但與善無徵

北周・安伽誌
〇但陵谷易徙

【傴】

《說文》：傴，僂也。从人區聲。

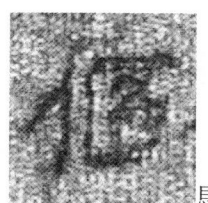

馬貳 80_236/223

漢印文字徵

○綦母傴

東漢·肥致碑

北魏·魏文朗造像

○佛道像一傴供養

北齊·吳紹貴造像

【僂】

《說文》：僂，尫也。从人婁聲。周公韈僂，或言背僂。

睡·為吏 22

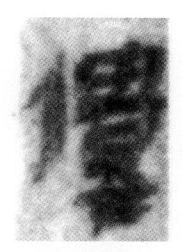

睡·日甲《盜者》70

嶽·為吏 22

馬壹 36_30 上

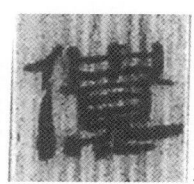

北貳·老子 205

北壹·倉頡篇 68

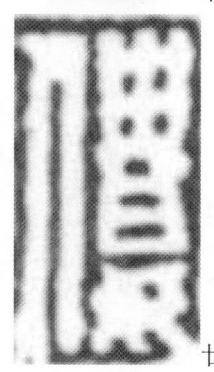

廿世紀璽印三-SY

○僂瞕

3801

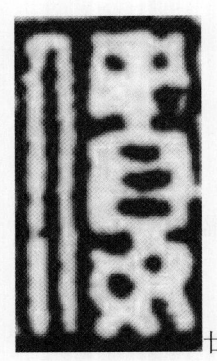

廿世紀璽印三-SY
〇僂翁叔

漢印文字徵

漢印文字徵

漢印文字徵

【僇】

《說文》：僇，癡行僇僇也。从人翏聲。讀若雡。一曰且也。

馬壹 133_25 下\102 下

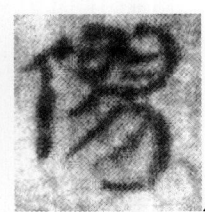

馬壹 113_43\394

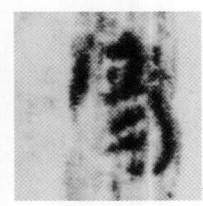

銀壹 722

【仇】

《說文》：仇，讎也。从人九聲。

馬壹 86_150

金關 T09:053

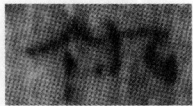

東牌樓 005

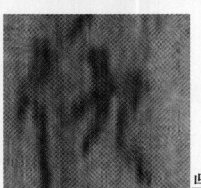

吳簡嘉禾·四·三三

廿世紀璽印三-SY
〇仇中翁印

漢印文字徵

○仇印翁壹

東漢・析里橋郙閣頌

東漢・西狹頌

東漢・史晨後碑

東漢・倉頡廟碑側

北魏・和醜仁誌

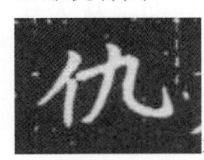

○雖仇有國

北魏・馮季華誌

北魏・楊大眼造像

東魏・王令媛誌

○成好仇於哲王

【儡】

《説文》：儡，相敗也。从人畾聲。讀若雷。

【咎】

《説文》：咎，災也。从人从各。各者，相違也。

睡・日甲 88

睡・日甲《除》6

嶽・為吏 86

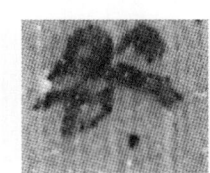

里・第八層 918

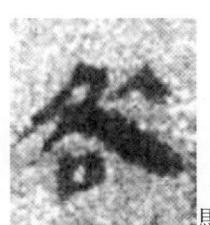

馬壹 174_21 下

馬壹 4_9 下

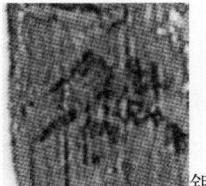

銀貳 1902

○咎民多腸（瘍）

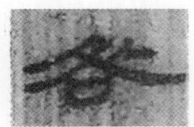

北貳・老子26

武・儀禮・甲本《服傳》26

漢印文字徵

〇行毋咎

秦駰玉版

東漢・譙敏碑

東漢・成陽靈臺碑

東漢・正直殘碑

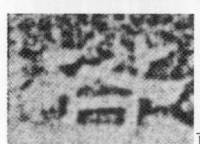

東漢・熹平石經殘石五

〇厲無（无）咎

北魏・寇霄誌

【仳】

《說文》：仳，別也。从人比聲。《詩》曰："有女仳離。"

東漢・元嘉元年畫像石題記一

【俗】

《說文》：俗，毀也。从人咎聲。

【傕】

《說文》：傕，仳傕，醜面。从人隹聲。

【值】

《說文》：值，措也。从人直聲。

敦煌簡2014

〇付備值官兵守衛至

金關T24:028

魏晉殘紙

西晉·石尠誌

北魏·慈慶誌

北魏·趙超宗誌

北魏·高思雍造像

東魏·朱舍捨宅造寺記

○恒值佛聞法

東魏·馬都愛造像

○願值生西

北齊·狄湛誌

北齊·赫連子悅誌

北齊·王憐妻趙氏誌

【侘】

《説文》：侂，寄也。从人乇聲。乇，古文宅。

【僔】

《説文》：僔，聚也。从人尊聲。《詩》曰："僔沓背憎。"

北魏·元乂誌

○而流言僔沓

【像】

《説文》：像，象也。从人从象，象亦聲。讀若養。

敦煌簡 1457A

吳簡嘉禾·四·一四八

漢印文字徵

〇徐像之印

漢印文字徵

東漢·從事馮君碑

東漢·五瑞圖摩崖

北魏·陳天寶造像

北魏·始平公造像

北魏·韓曳雲造像

北魏·張石生造像

〇北像莫教道籍

北魏·尉遲氏造像

〇造此彌勒像一軀

北魏·姚伯多碑

〇像帝先人

北魏·薛法紹造像

北魏·孫秋生造像

〇邑子像

北魏·劉阿素誌

北魏·陳天寶造像

〇並建石像一區

北魏·慈香慧政造像

○應像營微福形且往

東魏·高歸彥造像

○白玉釋迦像一區

東魏·義橋石像碑

○像之碑

東魏·杜文雅造像

○敬造石像一區

東魏·義橋石像碑額

○武德于府君等義橋石像之碑

東魏·成休祖造像

西魏·杜照賢造像

北齊·道明誌

○脩祇桓以安尊像

北齊·許儁卅人造像

○敬造盧舍那像一軀

北齊·姜纂造像

○官姜纂爲亡息元略敬造石像壹軀

北周·祁令和造像

【倦】

《說文》：倦，罷也。从人卷聲。

第八卷

馬貳208_58

○不力倦□

東漢・尚博殘碑

北魏・元秀誌

東魏・元延明妃馮氏誌

北齊・高潤誌

【傮】

《說文》：傮，終也。从人曹聲。

北魏・元緒誌

○嗷傮者奇其器

【偶】

《說文》：偶，桐人也。从人禺聲。

馬壹140_3上/170上

馬貳258_7/7

金關T01:115

武・甲《泰射》55

漢印文字徵

○偶塗人印

北魏・元熙誌

北齊・斛律氏誌

北齊・傅華誌

【弔】

3808

《說文》：弔，問終也。古之葬者，厚衣之以薪。从人持弓，會敺禽。

東漢·衛尉卿衡方碑

三國魏·三體石經春秋·古文
○弔（叔）服來𠫵（會）葬

北魏·元潛嬪耿氏誌

北魏·囗伯超誌

北魏·元緒誌
○弔險民勃

北魏·元弘嬪侯氏誌
○昊天不弔

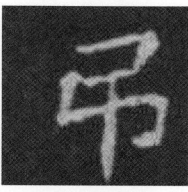

北魏·元彬誌

北魏·元弼誌

北魏·元理誌

北魏·弔比干文
○皇帝弔殷比干文

【佋】

《說文》：佋，廟佋穆。父爲佋，南面。子爲穆，北面。从人召聲。

關·病方及其它369
○浴佋（蠶）必以日

關·病方及其它 368

○今日庚午利浴侶（蠶）

【侽】

《說文》：侽，神也。从人身聲。

【僊】

《說文》：僊，長生僊去。从人从䙴，䙴亦聲。

金關 T01∶064

○僊巳小女盛

漢印文字徵

○神僊

東漢·成陽靈臺碑

東漢·尹宙碑

○支判流僊

東漢·西岳華山廟碑陽

○曰望僊門

北魏·宋靈妃誌

○如何上僊

北魏·楊胤誌

○華陰潼鄉習僊里人也

北魏·楊穎誌

北魏·楊範誌

【僰】

《說文》：僰，犍爲蠻夷。从人棘聲。

里·第八層 60

○公士僰道西里亭貲

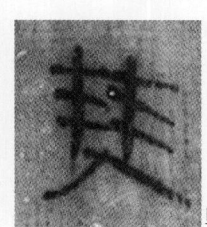

里·第八層背 60

○己卯僰道

廿世紀璽印三-GP
○樊道右尉

漢印文字徵
○樊道右尉

歷代印匋封泥
○樊道右尉

北周・須蜜多誌
○楊旌樊道

【仚（仙）】

《說文》：仚，人在山上。从人从山。

吳簡嘉禾・五・六一
○子黃仙佃田五町凡

東漢・元嘉元年畫像石題記一
○朱爵對游奚仙人

東漢・肥致碑

東漢・肥致碑

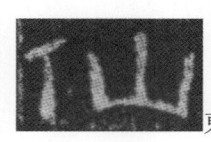

東漢・肥致碑

東漢・肥致碑

東漢・肥致碑

東漢・會仙友題刻
○十八日會仙友

晉・黃庭內景經

東晉・夏金虎誌
○夫人男仚之

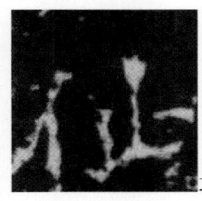

北魏・元爕造像
○雲仙煥

北魏・元仙誌

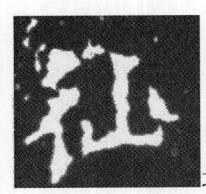

北魏·楊順妻呂氏誌

○習仙里家宅之西庚地

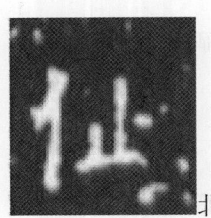

北魏·楊侃誌

北魏·王溫誌

○構緒仙蹤

北魏·寇臻誌

東魏·杜文雅造像

○真仙捨逝

北齊·韓裔誌

【僥】

《説文》：僥，南方有焦僥。人長三尺，短之極。从人堯聲。

馬壹141_3下/170下

馬壹140_2上/169上

北貳·老子125

北魏·王基誌

【儓】

《説文》：儓，币也。从人對聲。

【征】

《説文》：征，遠行也。从人狂聲。

【件】

《説文》：件，分也。从人从牛。牛大物，故可分。

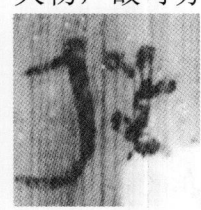

里·第八層2112

○各一件□

里·第八層背529

北壹·倉頡篇42

○齋齋購件妖羕

漢印文字徵

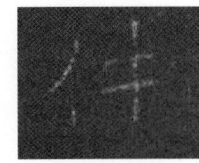

○件罷

北魏·孫遼浮圖銘記

北魏·張安姬誌

【侶】

《說文》：侶，徒侶也。从人呂聲。

金關 T21:142

東漢·北海太守爲盧氏婦刻石

晉·洛神十三行

○命疇嘯侶戲清流或翔神者

北魏·元子正誌

北魏·馮迎男誌

北魏·元顯俊誌

北魏·曹天度造像

○侶登蕤賓五日辛□

東魏·侯海誌

○資南侶之禎祥

北齊·赫連子悅誌

【㑣】

《說文》：㑣，僮子也。从人辰聲。

【倅】

《說文》：倅，副也。从人卒聲。

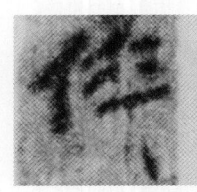

銀壹 278
〇有倅（萃）險

銀貳 2136
〇以天倅（猝）發

【傔】

《說文》：傔，從也。从人兼聲。

漢印文字徵
〇枸傔印信

漢印文字徵
〇持傔里附城

【倜】

《說文》：倜，倜儻，不羈也。从人从周。未詳。

北魏・元鑽遠誌

北魏・崔隆誌

東魏・元玕誌

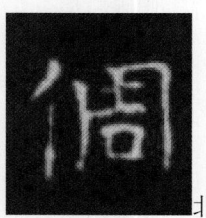

北齊・吳遷誌

【儻】

《說文》：儻，倜儻也。从人黨聲。

北魏・元秀誌

北魏・元尚之誌

北魏·崔隆誌

○自幼倜儻有大志

東魏·元均及妻杜氏誌

東魏·元玤誌

北齊·雲榮誌

北周·賀屯植誌

○而存倜儻之節

【佾】

《說文》：佾，舞行列也。从人肙聲。

【倒】

《說文》：倒，仆也。从人到聲。

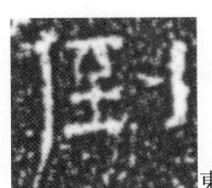

東漢·北海相景君碑陽

北魏·穆纂誌

北齊·刁翔誌

【儈】

《說文》：儈，合市也。从人、會，會亦聲。

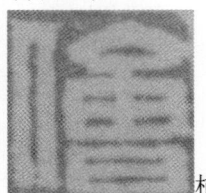

柿葉齋兩漢印萃

○儈賢私印

【低】

《說文》：低，下也。从人、氐，氐亦聲。

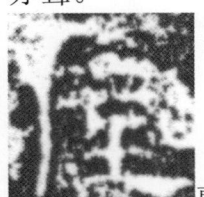

東漢·北海相景君碑陽

○歔欷低佪

【債】

《說文》：債，債負也。从人、責，責亦聲。

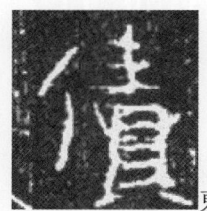

東晉·潘氏衣物券

【價】

《說文》：價，物直也。从人、賈，賈亦聲。

東漢·孫仲陽建石闕題記

北魏·元爽誌

北魏·元瞻誌

北魏·緱光姬誌

東魏·廉富等造像側

北齊·斛律氏誌

北齊·高建妻王氏誌

北齊·張海翼誌

北齊·高百年誌

北齊·高淯誌

北周·安伽誌

【停】

《說文》：停，止也。从人亭聲。

北魏·于纂誌

北魏·慈慶誌

停 東魏·元顯誌

停 東魏·元惊誌

停 北齊·柴季蘭造像

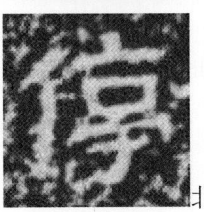

停 北齊·天柱山銘

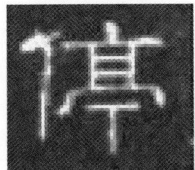

停 北齊·徐顯秀誌

停 北周·華岳廟碑

【僦】

《說文》：僦，賃也。从人、就，就亦聲。

敦煌簡 1960

○五日僦人張季元付

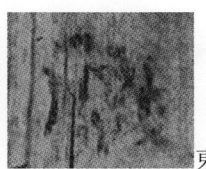

東牌樓 101

○新忠僦

【伺】

《說文》：伺，俟望也。从人司聲。自低已下六字，从人，皆後人所加。

漢印文字徵

伺 北魏·元瞻誌

伺 北魏·元仙誌

伺 北齊·法懃塔銘

【僧】

《說文》：僧，浮屠道人也。从人曾聲。

歷代印匋封泥
○僧
北魏・薛慧命誌 
○門師釋僧澤書
北魏・劉璿等造像 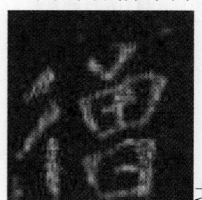
○師僧父母
東魏・王蓋周造像 
○光明主僧烋
東魏・惠朗造像
○寺比丘僧惠朗
北齊・張思文造像 
○願師僧父母

北齊・曹臺造像
○曹僧嬉
北齊・逢遷造像 
○母王僧婢
北齊・張僧顯銘聞 
○平昌縣人張僧顯銘聞
北齊・許儁卅人造像 
○師僧父母
北齊・劉碑造像 
○宰輔顯上以此果緣福鍾師僧七
北齊・諸維那等四十人造像 
○比丘僧靜
北齊・諸維那等四十人造像

○比丘僧曇隆

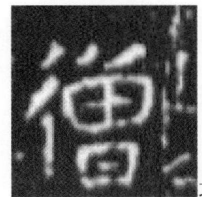

北周·觀世音像題記

○比丘僧榮

南朝宋·義明塔記

○僧昌仁

【佇】

《說文》：佇，久立也。从人从宁。

東漢·析里橋郙閣頌

○經用㣥（佇）沮

東漢·孔彪碑陽

東漢·陽嘉殘碑陽

○佇立

北魏·吐谷渾氏誌

○雙娥佇映

北魏·慈慶誌

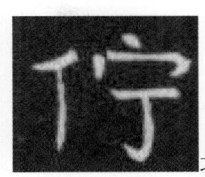

北魏·元子直誌

北魏·元進誌

○煙禽跻（佇）愠

北魏·元嵩誌

○楊門佇馴

東魏·元悰誌

北齊·斛律氏誌

北齊·高百年誌

【偵】

《說文》：偵，問也。从人貞聲。

〖亿〗

秦文字編 1298

〖仃〗

北魏・長孫忻誌
○度仃鎮將

〖仨〗

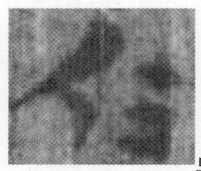

吳簡嘉禾・五・八一五
○男子謝仨

吳簡嘉禾・五・六五〇
○軍吏烝仨

〖㐌〗

馬壹 139_14 下/156 下
○後將反㐌（施）

〖仗〗

睡・秦律十八種 147

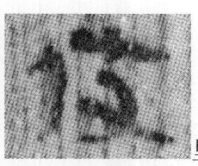

里・第八層 801

馬壹 47_5 上
○古之仗（伎）

張・傅律 355
○皆受仗（杖）

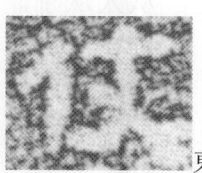

東漢・許阿瞿畫像石題記

北魏・韓震誌

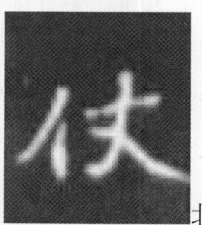

北魏・張宜誌

北魏・長孫瑱誌

〖仟〗

廿世紀璽印三-GY

漢晉南北朝印風

漢印文字徵

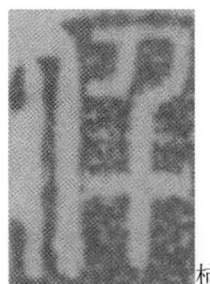

柿葉齋兩漢印萃

柿葉齋兩漢印萃

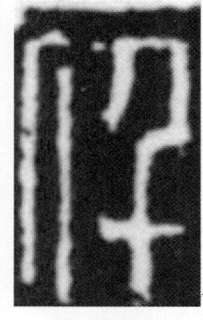

柿葉齋兩漢印萃

廿世紀璽印四-GY

漢晉南北朝印風

廿世紀璽印四-GY

廿世紀璽印四-GY

漢晉南北朝印風

漢晉南北朝印風

東漢・向壽碑

東魏・□仟造像

〖他〗

敦煌簡 2066

○尉史官橐他

敦煌簡 0235

○橐他

金關 T32:033

○橐他候官行者走

金關 T15:025

○午橐他候

金關 T24:019

○橐他候官與肩水金

金關 T21:109A

○移橐他就人載穀名

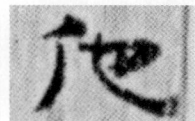

金關 T02:078

○□橐他候福爲致□

金關 T24:634B

○封橐他候印詣◇

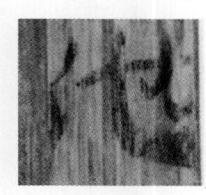

東牌樓 068 背

○內他復設

東牌樓 049 正

○頃復他異

吳簡嘉禾・五・四六一

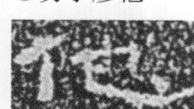

○男子廖他

東漢・張景造土牛碑

○他如府記律令

東漢・乙瑛碑

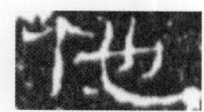

○他如故事

東漢・北海太守爲盧氏婦刻石

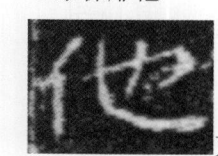

○永保靡他

東漢・薌他君石柱題記額

○薌他君

3822

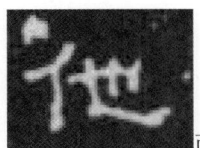

西晉·郭休碑
○武當李他

十六國後秦·呂他表
○略陽呂他

北魏·元純陀誌
○不興他族

北魏·元純陀誌
○令別葬他

北魏·劉華仁誌
○蹇步他鄉

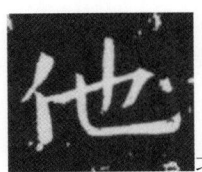

北齊·無量義經二
○非因非緣非自他

北周·李明顯造像
○亡女阿他

北周·諸菩薩摩崖
○他方佛土

北周·李明顯造像
○亡女阿他

〖伱〗

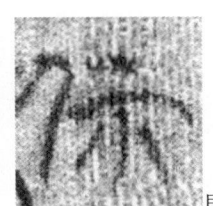

馬壹272_4下
○祭伱大兇

〖伕〗

漢印文字徵
○伕憲私印

〖伓〗

馬壹245_2下\10下
○伓（背）天逆地死

馬壹 124_40 上

北貳・老子 199

武・甲《少牢》19

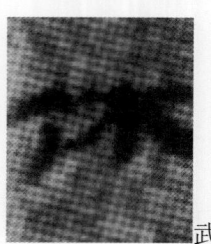

武・甲《泰射》38

漢印文字徵
〇救怀

漢印文字徵
〇怀堪私印

〖佢〗

金關 T08:085
〇第莊佢

〖佤〗

秦代印風
〇斨募學佤

〖伯〗

吳簡嘉禾・四・一六九
〇伯田一町

〖仵〗

北魏・高伏德造像

東魏・齊仵龍造像
〇高陽縣齊仵龍

〖仮〗

漢印文字徵

○王仮之印

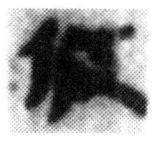

秦文字編 1298

〖仪〗

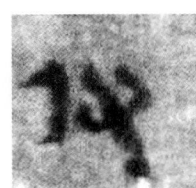

馬壹 101_134

○以順衆仪（父）

〖佉〗

北齊・郭顯邕造經記

○祈壤佉之早遇

〖佐〗

漢銘・昆陽乘輿銅鼎

漢銘・永始乘輿鼎一

漢銘・聖主佐宮中行樂錢

漢銘・平都犁斛

漢銘・成山宮渠斗

漢銘・建昭鴈足鐙一

睡・秦律雜抄 13

睡・封診式 39

嶽・芮盜案 66

里・第八層 163

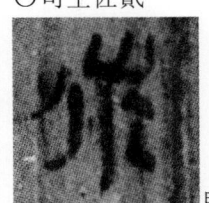

○司空佐貳

里・第八層 497

○令佐□

里·第八層 173

里·第八層 63

里·第八層背 142

馬壹 149_70/244 下

張·奏讞書 176
○今佐丁盜一斗粟

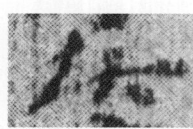

敦煌簡 2109

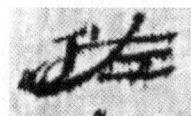

金關 T09：092A

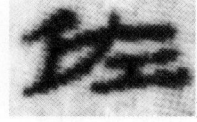

武·甲《特牲》42

武·甲《少牢》15

吳簡嘉禾·八二三四

歷代印匋封泥

漢印文字徵

漢晉南北朝印風

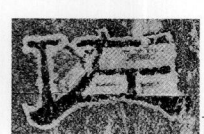

東漢·秦君神道石闕

東漢·子游殘碑

東漢·佐孟機崖墓題記
○佐孟機爲子

東漢·北海相景君碑陰

東漢・北海相景君碑陰
東漢・楊震碑 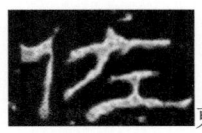
東漢・少室石闕銘 

○廟佐

東漢・司馬芳殘碑額

○故吏賊曹佐新豐縣

北魏・元茂誌
北魏・李伯欽誌 
北魏・穆亮誌 
北魏・元寧誌 

○槐佐驚顏

北魏・楊乾誌
北魏・元繼誌 
北魏・元襲誌 
北魏・寇憑誌 
東魏・元顯誌 
北齊・赫連子悅誌 

〖佑〗

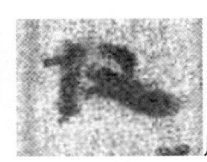

馬壹 133_24 下\101 下

○勿言佑交爲之備

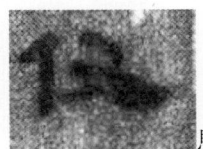

馬壹 133_24 下\101 下

○天佑

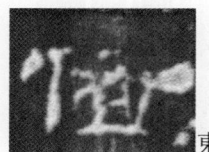

東漢・西岳華山廟碑陽
○左尉唐佑

〖佈〗

漢印文字徵
○李子佈

〖伻〗

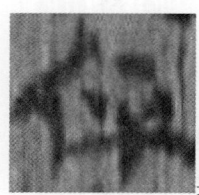

吳簡嘉禾・五・二五六
○伻丘男子

〖佔〗

金關 T09∶104
○俱乘佔用馬輅車一

〖伹〗

銀貳 1459
○伹（冒）白刃

〖佁〗

廿世紀璽印四-SY

○殷佁之印

〖使〗

漢印文字徵
○使賢之印

〖倪〗

歷代印匋封泥
○程倪之印

〖住〗

里・第八層 2259
○□曰住□

金關 T23∶265B

魏晉殘紙

北魏・弔比干文

東魏・劉雙周造塔記

東魏・趙紹誌

○昔住都廛

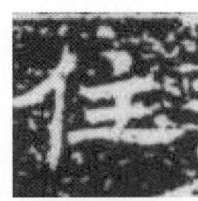

北齊・崔宣華誌

北齊・員度門徒等造像

北齊・維摩經碑

北齊・僧澄造玉像

〖伿〗

馬壹114_22\425

○務敬（橄）弓伿（弩）

馬壹81_44

○以伿（孥）自信可

〖伽〗

北周・如是我聞摩崖

北周・張僧妙法師碑

北周・祁令和造像

〖佊〗

張・盜律65

廿世紀璽印三-GP

○官佊

北魏・劉阿素誌

北魏·李榘蘭誌

北魏·元新成妃李氏誌

〖佘〗

廿世紀璽印三-SY

○宋佘信印

〖伴〗

銀貳 1116

○伴（背）丘而戰

敦煌簡 1015A

○安處里孫伴

〖佢〗

漢印文字徵

○佢段

漢印文字徵

○佢乙信印

〖㑚〗

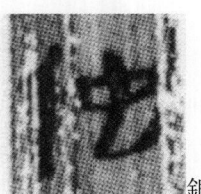

銀貳 2094

○反景倍㑚（僑）

〖佪〗

東漢·許安國墓祠題記

東漢·北海相景君碑陽

晉·黃庭內景經

北魏·元徽誌

北魏·爾朱紹誌

北魏·盧令媛誌

北魏·元乂誌

北魏·縱光姬誌

北魏·元晫誌

北魏·元誘妻馮氏誌

北齊·李買造像

〖侏〗

北魏·元彧誌

〖佹〗

漢印文字徵

○劉佹之印

〖佫〗

銀貳 1647

○宜佫年冬

〖伴〗

北齊·韓山剛造像

○僧徒伴伴

北齊·元賢誌

○相伴蕃岳

〖侂〗

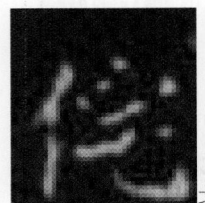

北魏·弔比干文

○佗儕而趾故鄉

〖佷〗

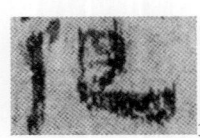

金關 T01:002

○掾佷守卒史禹置

北魏·元略誌

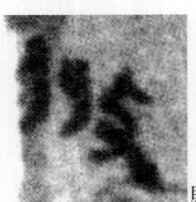

○有佷無求取勝

〖佟〗

馬壹 100_117

○上不佟

〖伀〗

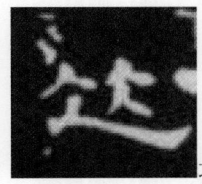

北周·華岳廟碑

○惟伀（華）山者

〖俆〗

漢印文字徵

○徐俆

漢印文字徵

○俆戎私印

漢晉南北朝印風

○俆志

〖佛〗

張·引書 16

○佛（俛）而反鉤之

張·引書 84

○以佛（俛）據坨（地）

〖徒〗

3832

第八卷

銀貳 1569

〖俉〗

里·第八層背 140

○俉手

〖侅〗

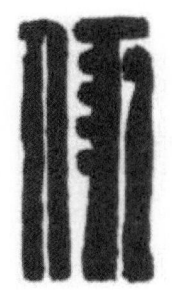

漢印文字徵

○涫于侅

〖俊〗

秦文字編 1300

〖俏〗

北魏·寇霄誌

北魏·寇霄誌

〖俉〗

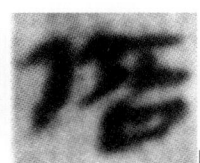

睡·日甲《稷叢辰》34

○是胃（謂）三昌俉

〖俍〗

居·EPT51.523

○卒李俍迹盡

〖俸〗

東魏·蕭正表誌

○尊官厚俸

〖偖〗

銀壹 729

3833

○其氣偖王姑脩

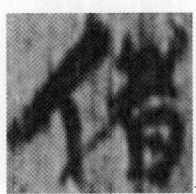

吳簡嘉禾・五・八〇八

○男子馬偖

〖倰〗

北貳・老子 107

〖倆〗

漢銘・御銅拈錠

〖俿〗

秦文字編 1298

〖倕〗

秦文字編 1298

〖伫〗

銀壹 868

○苦俴（瓬）

〖俖〗

北齊・道□造像

○俖那

〖俛〗

漢印文字徵

○衛俛

漢印文字徵

○孫俛齊

漢印文字徵

○趙伇

〖俯〗

東漢・夏承碑

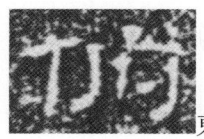

東漢・史晨前碑

東漢・郎中鄭固碑

三國魏・曹真殘碑

北魏・元欽誌

北魏・山暉誌

北齊・唐邕刻經記

〖俹〗

東漢・北海相景君碑陰

○字孟俹

〖偛〗

漢印文字徵

○徐偛

〖俴〗

銀貳 1071

○俴（侵）民者

〖區〗

馬壹 86_165

○區（挾）韓之質

〖偞〗

里·第八層背 1442

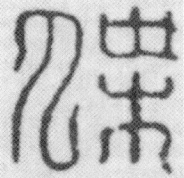

漢晉南北朝印風
○田傑君

〖餬〗

廿世紀璽印三-SY
○審餬名印

〖偪〗

詛楚文·沈湫
○以偪我邊境

〖偒〗

秦文字編 1298

〖偈〗

馬貳 33_17 下

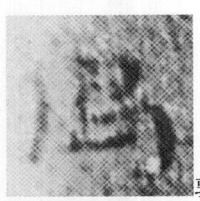

敦煌簡 2046

北齊·柴季蘭造像

北齊·鏤石班經記
○華嚴經偈讚

北齊·無常偈出涅槃經

北齊·唐邕刻經記

〖偗〗

北魏·元珍誌
○少以忠偗爲稱

北魏・嚴震誌

○忠僴乃其秉尚

〖佰〗

敦煌簡 2255A

○頭言佰一

〖僮〗

東漢・肥致碑

○啟勸僮蒙

東漢・石祠堂石柱題記

○結僮在郡

〖伬〗

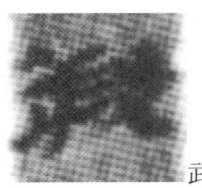

武・甲《少牢》2

○伬（假）女大筮

〖偟〗

晉・洛神十三行

○從倚仿偟

〖偷〗

漢銘・安定郡庫鼎

漢銘・安定郡庫鼎

銀貳 1001

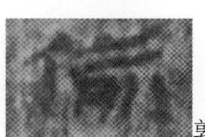

敦煌簡 1256

金關 T30:028A

廿世紀璽印三-SY

○妾瘞偷

漢印文字徵

○鄭偷私印

漢晉南北朝印風

○張偷之印

3837

第八卷

北魏·元朗誌

北齊·刁翔誌

〖傊〗

漢印文字徵
○新興傊長

〖偑〗

馬壹 211_8

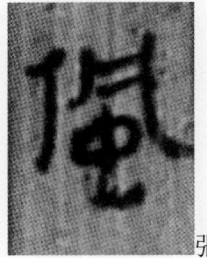

張·奏讞書 218
○孔雅佩（偑）刀

秦文字編 1298

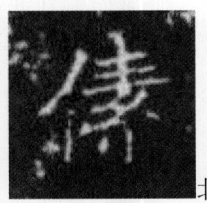

〖傃〗

北魏·高貞碑
○傃驎閣而來儀

〖偁〗

張·引書 51
○奉尻偁

〖偵〗

馬壹 95_16
○身與偵（貨）孰多

〖傽〗

北魏·長孫季誌
○字傽但

〖倒〗

漢印文字徵
○丁倒私印

〖傶〗

3838

漢銘·慮儠尺

〖傒〗

張·奏讞書 215
○鞞傒絹曰公士

北魏·奚真誌

〖傖〗

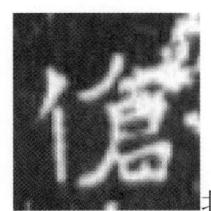

北魏·石育及妻戴氏誌

〖傡〗

漢印文字徵
○傡承青印

〖偞〗

漢印文字徵
○郭偞

漢印文字徵
○杜偞私印

〖備〗

張·奏讞書 171
○備（俛）視席端

銀壹 478
○備（俛）者不得迎（仰）

〖僸〗

馬壹 39_15 下
○不忘（妄）僸（漸）人

〖傻〗

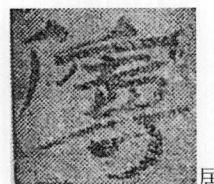

居・EPF22.281

〖偑〗

銀貳2092
○日倍偑（僑）智氏亡

〖倗〗

里・第八層140
○尉守倗敢言之遷陵

馬壹90_238
○倗（朋）張義

馬壹13_92上
○倗（朋）之龜弗克

馬壹8_34下
○倗（朋）甲（盍）

馬壹90_257
○仲倗（佣）將使

馬壹4_13下
○倗（朋）之龜弗克

馬貳37_51下
○毋倗

金關T10:315A
○宛丞倗移

秦文字編1299

〖僞〗

北周・時珍誌
○壹朝僞逐

〖傺〗

北魏・弔比干文

○佗儌而趾故鄉

〖傪〗

漢印文字徵
○苦成胡傪

漢晉南北朝印風
○苦成胡傪

〖倜〗

銀貳 1611
○則勝倜（敵）國之力

〖儨〗

漢印文字徵
○單儨私印

〖僫〗

居·EPT52.469
○弩僫一

〖僕〗

廿世紀璽印三-SY
○祝僕印信

〖傘〗

廿世紀璽印三-SP
○傘狾

〖傁〗

北周·乙弗紹誌
○傁俛從事

〖儘〗

金關 T21:340
○代張儘

〖儂〗

北魏·扈氏造像
○扈儂祖

〖傲〗

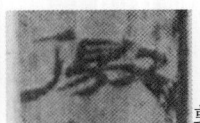

敦煌簡 0983

敦煌簡 1392B

金關 T28:107

○齊春靡儌

金關 T23:443

○所以儌迹

武·王杖 7

東漢·西狹頌

北魏·法生造像

○今法生儌逢孝文皇帝專心於三

〖儤〗

里·第八層 839

○儤（稟）人中

〖龠〗

戰晚·四年呂不韋矛

○高工龠丞

〖儈〗

廿世紀璽印二-SP

○里儈

〖儍〗

漢印文字徵

○賈儍

〖僅〗

東牌樓 035 正

○僅憘幸甚

〖儴〗

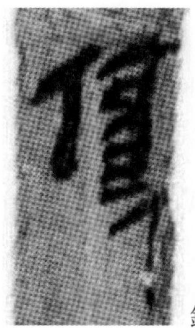

銀貳 1506

七部

【七】

《說文》：㇃，變也。从到人。凡七之屬皆从七。

【㲋】

《說文》：㲋，未定也。从七矢聲。吳，古文矢字。

【眞】

《說文》：眞，僊人變形而登天也。从七从目从乚；八，所乘載也。

【𠤎】

《說文》：𠤎，古文眞。

漢銘·新嘉量二

漢銘·壽成室鼎一

漢銘·真定高鐙二

漢銘·新嘉量一

漢銘·新衡杆

漢銘·壽成室鼎二

睡·法律答問 113

睡·為吏 3

里・第八層 133

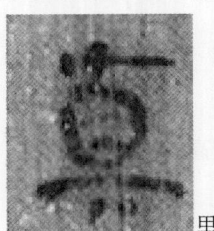

里・第八層 60

馬壹 101_133

○其精甚真

馬貳 73_117/117

馬貳 7_2 下\12

張・具律 105

北貳・老子 45

敦煌簡 2348A

金關 T08：008

○候事真官到

金關 T10：223

○里尹真如年卅

吳簡嘉禾・二八七二

吳簡嘉禾・四・一一○

吳簡嘉禾・五・八三七

○吏廖真佃田廿一町

秦代印風

〇半真

廿世紀璽印三-SP

廿世紀璽印三-SP

〇真

漢印文字徵

漢印文字徵

漢印文字徵

歷代印匋封泥

〇真定相印章

漢印文字徵

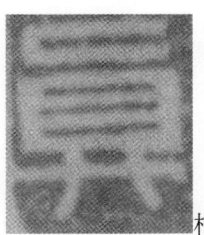

柿葉齋兩漢印萃

〇行另真印

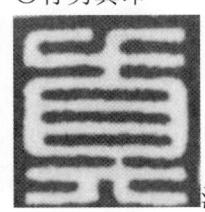

漢晉南北朝印風

〇原子真印

石鼓・鑾車

東漢・朝侯小子殘碑

東漢・肥致碑
東漢・禮器碑 
○潁川長社王玄君真二百
東漢・禮器碑側 
晉・黃庭內景經 
北魏・元子直誌 
北魏・淨悟浮圖記 
○藏師真骸
北魏・楊範誌 
○曾祖父諱仲真

北魏・爾朱紹誌
北魏・元恭誌 
北魏・和醜仁誌 
北魏・司馬金龍墓表 
○真司空
東魏・元悰誌 
北齊・張世寶造塔記 
北齊・高阿難誌

北齊·法懃塔銘

北齊·朱曇思等造塔記

北周·張子開造像

【化】

《說文》：𠤎，教行也。从七从人，七亦聲。

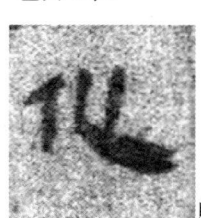

馬壹 139_14 下/156 下

馬壹 105_56\225

馬貳 210_88

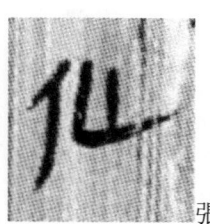

張·脈書 8

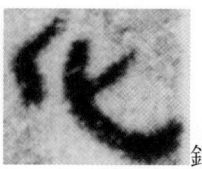

銀壹 67

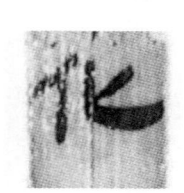

銀貳 1025

北貳·老子 220

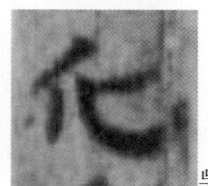

吳簡嘉禾·二八七二

漢印文字徵

漢印文字徵

漢印文字徵

泰山刻石

東漢・衛尉卿衡方碑

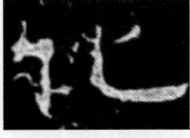

東漢・楊震碑

東漢・鮮於璜碑陽

東漢・李固殘碑

東漢・劉熊碑

東漢・趙寬碑

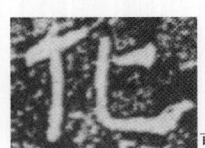

東漢・西狹頌

東漢・夏承碑

東漢・三老諱字忌日刻石

三國魏・曹真殘碑

北魏・吐谷渾璣誌

北魏・于仙姬誌

北魏・元悌誌

北魏・淨悟浮圖記
○施化力主花之僧

北齊・唐邕刻經記

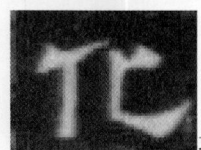

北周・王榮及妻誌

匕部

【匕】

《説文》：匕，相與比敘也。从反人。匕，亦所以用比取飯，一名柶。凡匕之屬皆从匕。

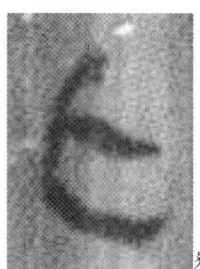

獄·占夢書 8

馬貳 70_53/53

張·遣策 15

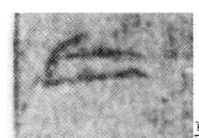

敦煌簡 2370

○甲戌匕多

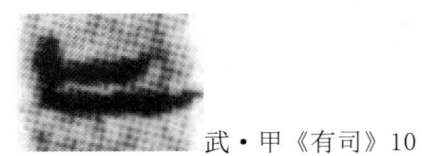

武·甲《有司》10

【匙】

《説文》：匙，匕也。从匕是聲。

【卓】

《説文》：卓，相次也。从匕从十。鵯从此。

【𠤎】

《説文》：𠤎，頃也。从匕支聲。匕，頭頃也。《詩》曰："𠤎彼織女。"

【頃】

《説文》：頃，頭不正也。从匕从頁。

漢銘·陽平頃侯石鼎

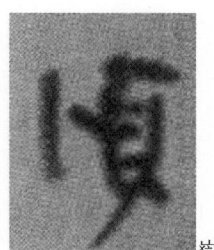

獄·數 62

里·第八層背 1519

馬壹 132_30 上/107 上

馬貳 204_18

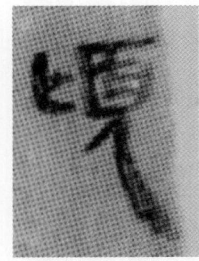

張·田律 240

張·奏讞書 198

北貳·老子 128

敦煌簡 0236A

○坐前頃久不相見閑

金關 T24:011

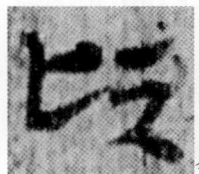

金關 T10:221A

○復關頃留意謹

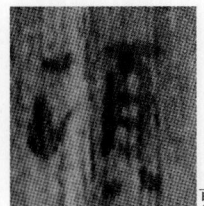

東牌樓 036 背

吳簡嘉禾·四·一

魏晉殘紙

廿世紀璽印三-GY

○長沙頃廟

漢印文字徵

○頃丘唯印

漢印文字徵

○頃園長印

歷代印匋封泥

○頃園長印

東漢·肥致碑

東漢・簿書殘碑

北魏・元恭誌

北魏・元秀誌

北魏・元仙誌

北魏・元詮誌

東魏・元寶建誌

西魏・四十人造像

北齊・刁翔誌

○景以乾蔭夙頃

北齊・逢哲誌

北周・時珍誌

○才逾萬頃

【𡿺（腦）】

《説文》：𡿺，頭髓也。从匕；匕，相匕著也。巛象髮，囟象𡿺形。

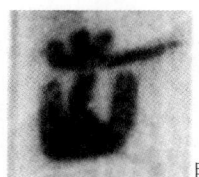

睡・封診式 57

○中類斧腦角

馬貳 208_63

○以充腦

張・引書 99

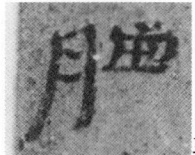

○距腦梟沃以利

敦煌簡 0667

○身肝腦塗地□

北齊·無量義經二
○頭目髓腦悉施人

【卬（印）】

《說文》：卬，望，欲有所庶及也。从匕从卪。《詩》曰："高山卬止。"

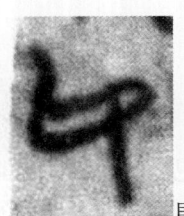

馬壹 84_121

馬壹 83_92

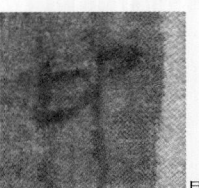

馬貳 109_17/17

張·脈書 37

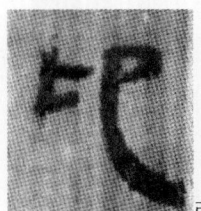

張·引書 17

銀壹 545
○有間卬（仰）而

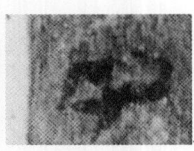

敦煌簡 0290A

北壹·倉頡篇 65
○顥卬（印）

秦代印風
○虎印

秦代印風
○司馬印

漢印文字徵

○工師印印

漢印文字徵

○臣印

漢印文字徵

○王印

漢印文字徵

○卬之印

漢印文字徵

○王印之印

漢印文字徵

○印爰

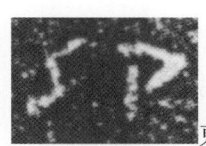

東漢・趙寬碑

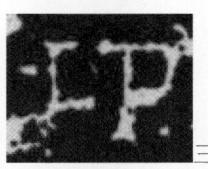

三國魏・孔羡碑

北魏・元繼誌

北齊・劉雙仁誌

南朝梁・程虔誌

【皁（卓）】

《說文》：皁，高也。早匕爲皁，匕

卪爲印，皆同義。

【皁】

《說文》：𭆼，古文皁。

馬壹 110_165\334

漢印文字徵
○卓印安平

東漢·李固殘碑

東漢·景君碑

東漢·石門頌

北魏·王悅及妻郭氏誌

北魏·寇慰誌

北魏·元暐誌

北魏·元誘誌
○含章卓出

北魏·元璨誌
○卓然峻遠

北魏·元彥誌

北魏·吳光誌

北齊·狄湛誌

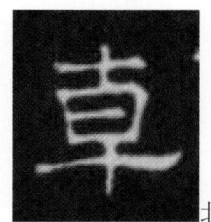

北齊·吳遷誌

○卓爾群不

北齊·張忻誌

【艮】

《說文》：艮，很也。从匕、目。匕目，猶目相匕，不相下也。《易》曰："艮其限。"匕目爲艮，七目爲眞也。

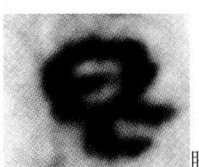

睡·日甲《玄戈》47

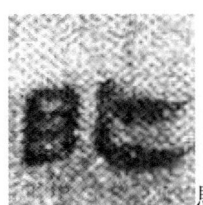

馬貳 35_36 下

張·脈書 13

○身痛艮（眼）蚤

銀貳 2150

柿葉齋兩漢印萃

○陳艮私印

東漢·熹平石經殘石五

北魏·侯剛誌

○紫宮連艮

从部

【从】

《說文》：从，相聽也。从二人。凡从之屬皆从从。

漢印文字徵

○呂从印

柿葉齋兩漢印萃

○曹从私印

東晉·朱曼妻薛氏買地券

第八卷

○从地買宅

東晉・朱曼妻薛氏買地券

○从天買地

【從】

《說文》：䢏，隨行也。从辵、从，从亦聲。

西晚・不其簋

漢銘・陽信溫酒樽

漢銘・張君後夫人馬

漢銘・內者行鐙

漢銘・十六年錍

漢銘・上林鐙

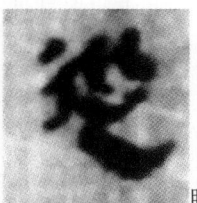

睡・秦律十八種 49

睡・為吏 41

關・日書 132

嶽・數 171

嶽・猩敞案 52

里・第八層 2209

馬壹 111_6\357

第八卷

馬壹 82_58

馬壹 13_2 上\95 上

馬壹 177_66 上

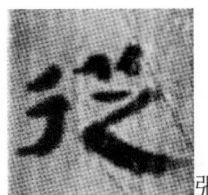

張・傳食律 233

張・奏讞書 77

張・算數書 145

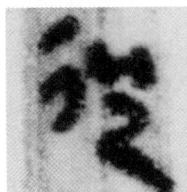

銀壹 765

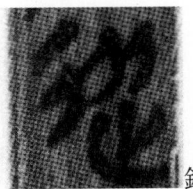

銀貳 1978

北貳・老子 183

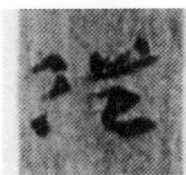

敦煌簡 0484

金關 T01:066

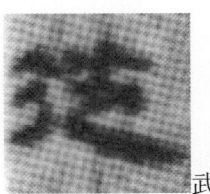

武・儀禮甲《服傳》25

武・甲《特牲》13

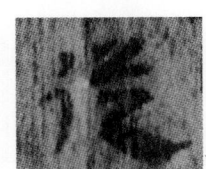

東牌樓 036 背

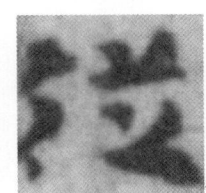

魏晉殘紙

○有人從郡

秦代印風

○縱志

歷代印匋封泥

○寺從丞印

秦代印風

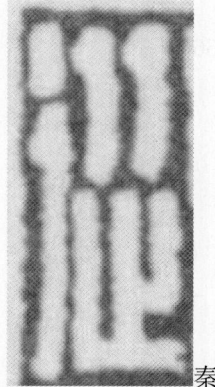

秦代印風

秦代印風

○從志

廿世紀璽印三-SY

廿世紀璽印三-SY

漢印文字徵

○寺從市府

漢印文字徵

○馬從

漢代官印選

漢印文字徵

○王從容

3858

第八卷

漢印文字徵
○從利

漢印文字徵
○郭從

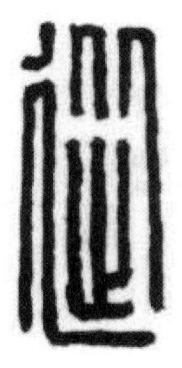

漢印文字徵
○曹從

漢印文字徵
○綦母從印

漢晉南北朝印風

漢晉南北朝印風

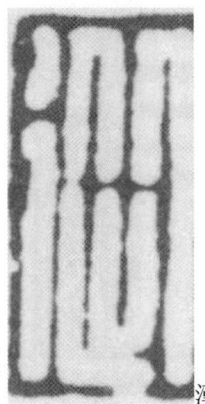

漢晉南北朝印風
○陳從

詛楚文・沈湫
○淫侈競從刑刺不辜

泰山刻石

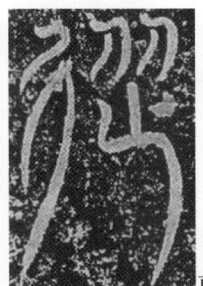

東漢・尹宙碑額

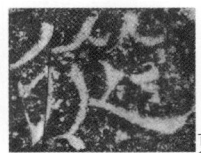

東漢・高頤闕銘東

3859

○諸部從

東漢・北海太守爲盧氏婦刻石

東漢・夏承碑

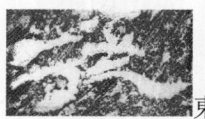

東漢・咸陽田界石

○從此北

東漢・從事馮君碑

○冀州從事馮君碑

東漢・尹宙碑

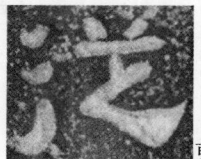

東漢・孫仲隱墓刻石

東漢・楊統碑陽

東漢・郎中鄭固碑

東漢・從事馮君碑

東漢・從事馮君碑

東漢・從事馮君碑

東漢・從事馮君碑

東漢・譙敏碑

北魏・魏文朗造像

○所願從心眷屬

北魏・元楨誌

北魏・元弘嬪侯氏誌

北魏・寇臻誌

○春秋甫履從心

[從] 北魏·劉氏誌

[從] 北魏·元乂誌

【幷（并）】

《說文》：幷，相從也。从从幵聲。一曰从持二爲幷。

[幷] 秦代·大騩銅權

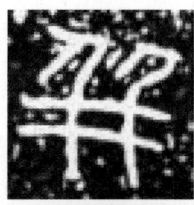

[幷] 秦代·始皇詔銅權十

[幷] 秦代·始皇十六斤銅權三

[幷] 漢銘·陽泉熏鑪

[幷] 漢銘·長信宮鐙

[幷] 漢銘·綏和鴈足鐙

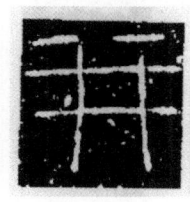

[幷] 漢銘·陶陵鼎二

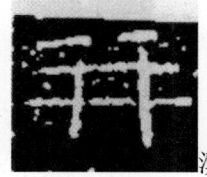

[幷] 漢銘·雝棫陽鼎

[幷] 漢銘·菑川鼎二

[幷] 漢銘·張氏鼎

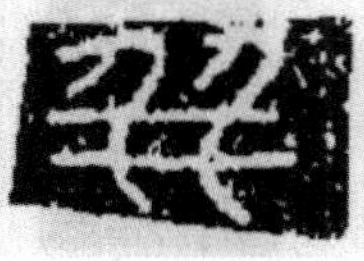

[幷] 漢銘·壽成室鼎二

[幷] 漢銘·右丞宮鼎

[幷] 漢銘·泰山宮鼎

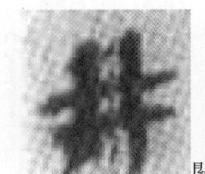

關·曆譜 58

嶽·數 137

里·第八層 1221

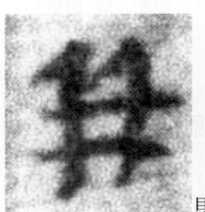

馬壹 111_13\364

馬貳 3_15

張·戶律 328

○移不并封

張·算數書 186

張·引書 9

○胻直蹱踵并

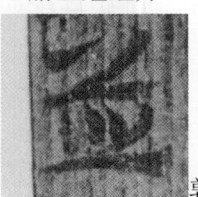

敦煌簡 0064

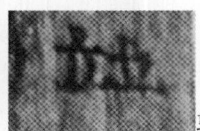

敦煌簡 1162B

金關 T05:008A

○并直千八百

東牌樓 015 背

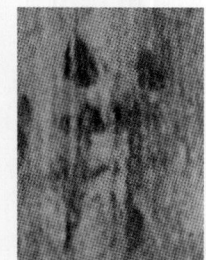

東牌樓 054 背

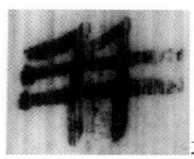

北壹・倉頡篇8

○海內并廁

廿世紀璽印三-GP

○皇帝盡并兼

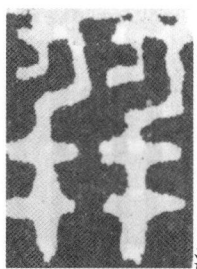

漢代官印選

○並州刺史章

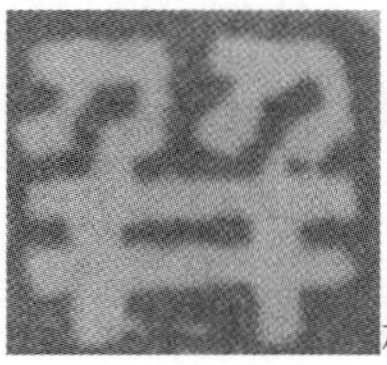

柿葉齋兩漢印萃

○并官武

漢印文字徵

○并官武

泰山刻石

東漢・史晨後碑

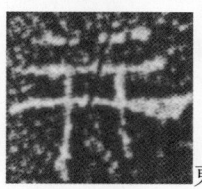

東漢・趙寬碑

東漢・許安國墓祠題記

東漢・朝侯小子殘碑

東漢・開通褒斜道摩崖刻石

東漢・史晨後碑

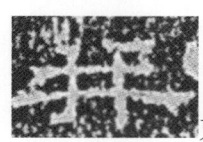

東漢・張景造土牛碑

東漢・禮器碑

東漢・禮器碑

東漢・石堂畫像石題記

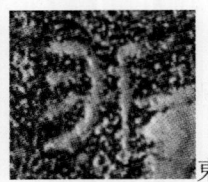

東漢・簿書殘碑

東漢・簿書殘碑

晉・鄭舒妻劉氏殘誌

三國魏・曹真殘碑

三國魏・三體石經尚書・古文
〇少臣并（屛）侯佃（畝）

北魏・王遵敬葬甎

北魏・張盧誌

北魏・李媛華誌

北魏・郭顯誌

比部

【比】

《説文》：𠀤，密也。二人爲从，反从爲比。凡比之屬皆从比。

【𠤎】

《説文》：𠤎，古文比。

漢銘・山陽邸鴈足長鐙

漢銘・山陽邸鐙

睡・秦律十八種 21

第八卷

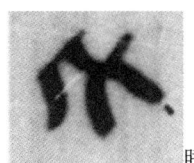

睡・效律 27

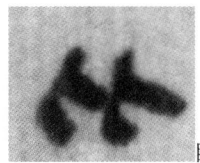

睡・秦律雜抄 22

睡・法律答問 126

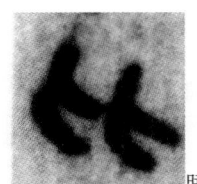

睡・封診式 75

睡・為吏 31

睡・為吏 24

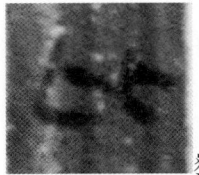

嶽・為吏 51

里・第八層 1047

馬壹 5_23 上

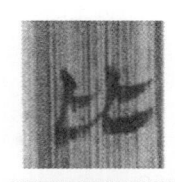

馬貳 242_236

張・賜律 292

張・奏讞書 90

張・引書 99

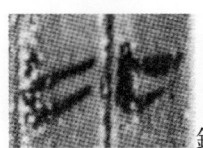

銀貳 1930

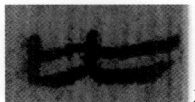

北貳・老子 48

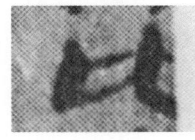

敦煌簡 0782

金關 T03:004

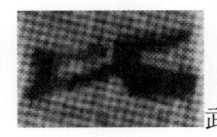

武・儀禮甲《士相見之禮》14

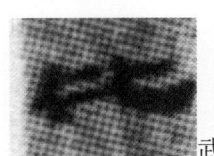

武・甲《特牲》14

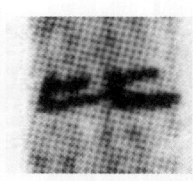

武·甲《泰射》56

武·王杖5

東牌樓059

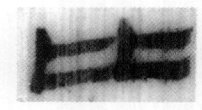

北壹·倉頡篇35

〇膏鏡籡比疏

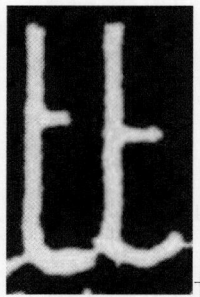

廿世紀璽印三-SY

漢印文字徵

〇江印比干

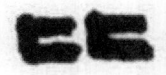

漢印文字徵

漢印文字徵

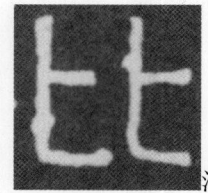

漢晉南北朝印風

東漢·成陽靈臺碑

北魏·元懷誌

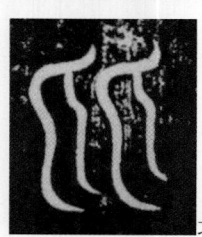

北魏·弔比干文

〇皇帝吊殷比干文

北齊·殷恭安等造像

北齊·僧道建造象

北周・任延智造像

【毖】

《說文》：𣬉，慎也。从比必聲。《周書》曰："無毖于卹。"

東漢・馮緄碑
○以毖來世

東漢・圉令趙君碑
○以毖後昆其

東漢・曹全碑陽

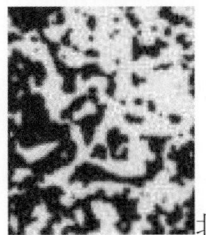

北魏・常季繁誌
○毖水流淇

北部

【北】

《說文》：𠨱，菲也。从二人相背。凡北之屬皆从北。

戰晚・寺工師初壺

戰晚・三十二年相邦冉戈

戰晚・雍工壺

漢銘・市北匕

漢銘・楚私官量

漢銘・齊大官匕

漢銘・齊食官畜鼎

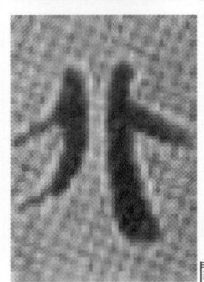

關・日書151

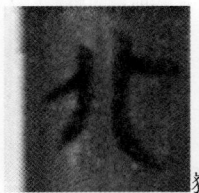

嶽・質日 348

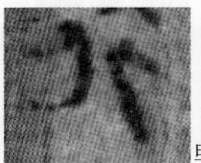

里・第八層 487

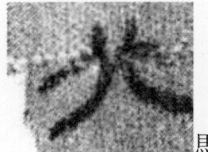

馬壹 244_1 上\2 上

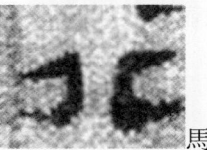

馬壹 175_57 上

馬貳 73_104/104

馬貳 21_29 下

張・秩律 448

張・奏讞書 154

張・蓋盧 42

銀壹 963

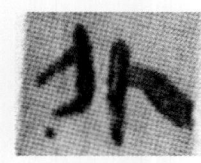

銀貳 1578

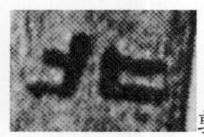

敦煌簡 2062

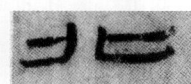

金關 T31:149

武・儀禮甲《服傳》16

武・甲《特牲》15

武・甲《少牢》38

武・甲《有司》20

武・甲《燕禮》17

武·甲《泰射》44

東牌樓 070 正

北壹·倉頡篇 2

○馮奕青北係孫

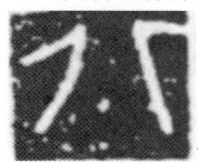

廿世紀璽印二-SY

○城北

廿世紀璽印二-GP

○北司

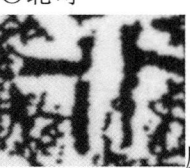

歷代印匋封泥

○昌梼陳固北左里敀亭豆

廿世紀璽印三-GP

○北宮

秦代印風

○北私庫印

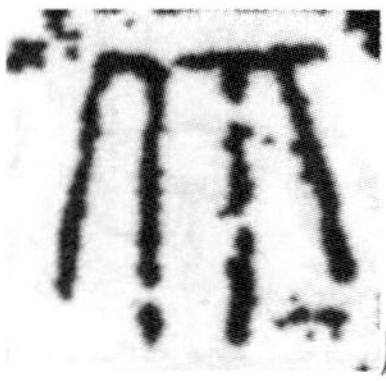

歷代印匋封泥

○北宮弋丞

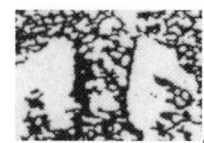

歷代印匋封泥

○北司

歷代印匋封泥

○北司

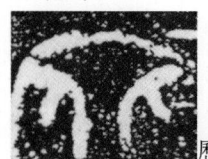

歷代印匋封泥

○北司

廿世紀璽印三-SY

○北宮晏印

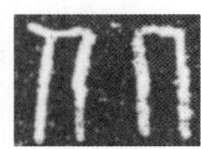

廿世紀璽印三-GY

○北鄉

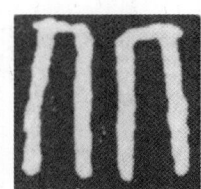

漢晉南北朝印風

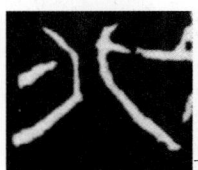

廿世紀璽印三-GY

○北鄉

漢晉南北朝印風

○北地牧師騎丞

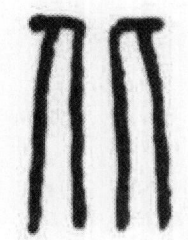

漢印文字徵

○北地牧師騎丞

漢印文字徵

○北門賜

漢代官印選

○右北平太守印章

漢代官印選

○北平侯印章

漢代官印選

○北地將軍

歷代印匋封泥

○北鄉

歷代印匋封泥

○濟北太守

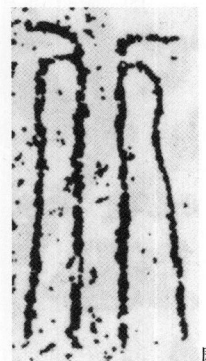

歷代印匋封泥

○北田其

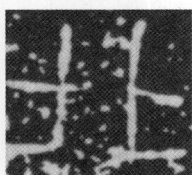

漢晉南北朝印風

○鎮北將軍章

漢晉南北朝印風

○安北將軍印

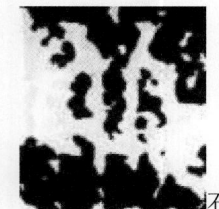

石鼓・吳人

西漢·李后墓塞石

○西宮東北旁第

西漢·李后墓塞石

○第二北

西漢·李后墓塞石

○西宮東北旁第二一

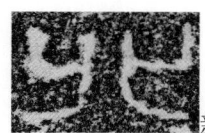

新莽·馮孺人題記

○北方

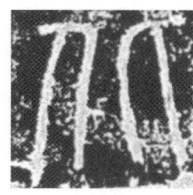

東漢·北海相景君碑額

○北海相景君銘

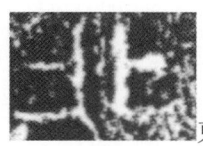

東漢·北海相景君碑陽

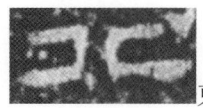

東漢·孔宙碑陰

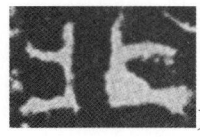

東漢·衛尉卿衡方碑

東漢·白石神君碑

西晉·石定誌

東晉·朱曼妻薛氏買地券

北魏·元璨誌

北魏·元欽誌

東魏·崔令姿誌蓋

東魏·陸順華誌

【冀】

《説文》：冀，北方州也。从北異聲。

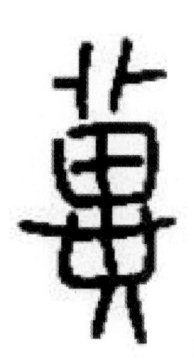

戰晚·五十年詔事戈

3871

漢銘・張君馬三

漢銘・張君馬四

銀壹159

敦煌簡2062

○雍州冀州牧

金關 T24:554

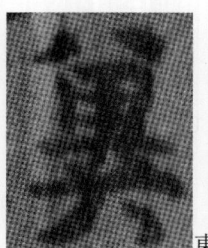

東牌樓012

○輸入冀蒙赦令云當

東牌樓035 背

○將命冀見乃得公公

秦代印風

○冀駢

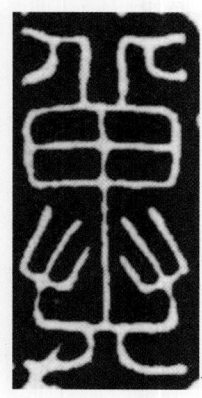

廿世紀璽印三-SY

○冀奴

漢晉南北朝印風

○冀州刺史

漢印文字徵
〇冀王孫

漢印文字徵
〇冀便世

漢印文字徵
〇冀州刺史

漢代官印選
〇冀州刺史

漢晉南北朝印風
〇冀王孫

東漢・從事馮君碑
〇浩浩冀土

東漢・從事馮君碑

東漢・李固殘碑

東漢・夏承碑

東漢・景君碑
〇冀勉來嗣

三國魏・曹真殘碑

北魏・司馬金龍墓表

○冀州刺史

北魏・韓顯宗誌

北魏・元羽誌

北魏・元珍誌

○冀州刺史

北魏・元悛誌

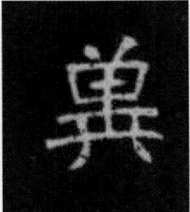

○冀州刺史

北魏・元毓誌

○冀州刺史

北魏・元憎誌

○冀州刺史

北魏・鄭黑誌

○冀州刺史

北齊・封子繪誌蓋

○冀州使君

北周・宇文儉誌

丘部

【丘】

《說文》：丘，土之高也，非人所爲也。从北从一。一，地也，人居在丘南，故从北。中邦之居，在崐崘東南。一曰四方高，中央下爲丘。象形。凡丘之屬皆从丘。

【坔】

《說文》：坕，古文从土。

坕 戰晚·廩丘戈

坕 漢銘·廢丘鼎蓋

坕 漢銘·靈丘駱馬印

坕 漢銘·廢丘鼎

坕 睡·封診式 47

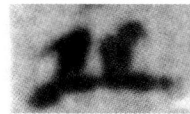

坕 睡·日甲《詰》45

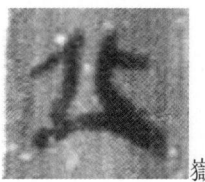

坕 獄·占夢書 6

坕 馬壹 89_228

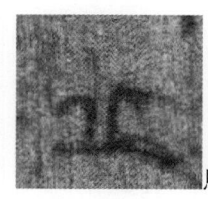

坕 馬貳 134_24/79

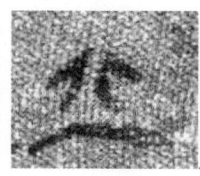

坕 馬貳 73_104/104

坕 銀壹 93

坕 銀貳 1218

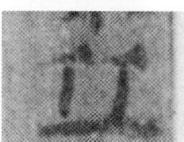

坕 敦煌簡 0829A

○陜業丘里張丁四石

坕 金關 T24:740

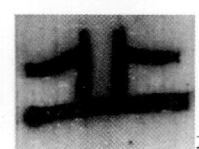

坕 北壹·倉頡篇 4

○谷阪險丘陵故

坕 吳簡嘉禾·五·二七五

坕 吳簡嘉禾·五·二六九

○旱丘男子張巨佃田

吳簡嘉禾・五・五〇三

歷代印匋封泥

○丘齊鐕里□眾

歷代印匋封泥

○□䣕（鄉）鐕里

歷代印匋封泥

廿世紀璽印三-GP

○盧丘丞印

秦代印風

○閭丘勝

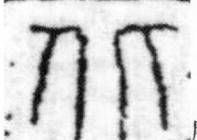

歷代印匋封泥

○廢丘

廿世紀璽印三-SY

○閭丘宜印

漢晉南北朝印風

漢印文字徵

○梁丘相如

漢印文字徵

○閭丘少孺

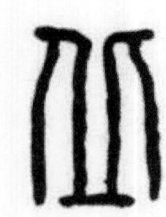

漢印文字徵

○離丘徒丞印

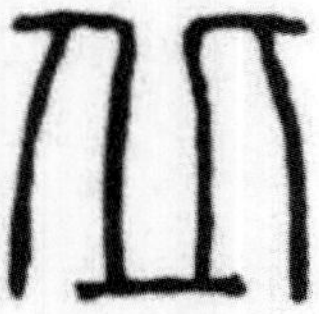

漢印文字徵

○瑕丘邑令

歷代印匋封泥

○累丘鄉印

漢代官印選

柿葉齋兩漢印萃

〇閭丘以印

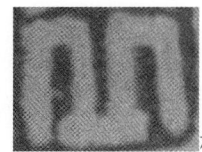

柿葉齋兩漢印萃

〇叔丘子兄

柿葉齋兩漢印萃

〇馬丘

漢印文字徵

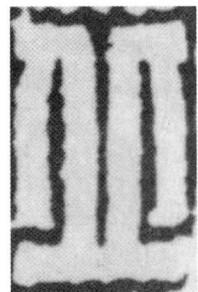

漢晉南北朝印風

漢晉南北朝印風

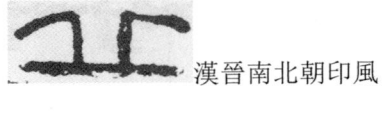

漢晉南北朝印風

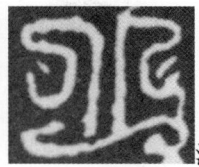

漢晉南北朝印風

〇閭丘長孫

漢晉南北朝印風

〇公丘整

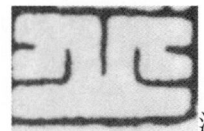

漢晉南北朝印風

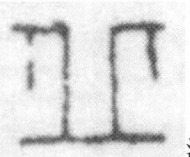

漢晉南北朝印風

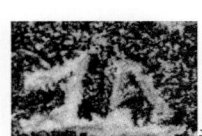

新莽·襄盜刻石

〇諸敢發我丘

東漢·西岳華山廟碑陽

東漢·東漢·魯峻碑陽

東漢·北海相景君碑陰

〇故午都昌台丘遷

3877

三國魏·霍君神道

○魏故公丘長鉅鹿霍君之神道

三國魏·三體石經春秋·篆文

○衛遷于帝丘

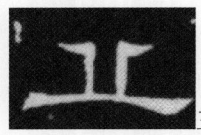

三國魏·三體石經春秋·隸書

○二月衛遷于帝丘

西晉·臨辟雍碑

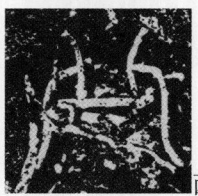

西晉·王君神道闕

○晉故處丘長城陽王君墓神道

東晉·劉剋誌

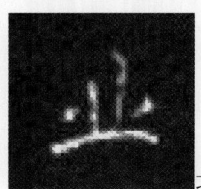

北魏·侯掌誌

○丘壟不常

北魏·席盛誌

○終歸一丘

北魏·慧靜誌

○比丘尼慧靜墓誌

北魏·鄯乾誌

北魏·元新成妃李氏誌

東魏·呂尪誌

○營丘層構

【虛】

《說文》：𧆑，大丘也。崑崙丘謂之崑崙虛。古者九夫爲井，四井爲邑，四邑爲丘。丘謂之虛。从丘虍聲。

睡·日甲《玄戈》59

○庚午虛四徹不可入

3878

睡·日乙 89

關·日書 141

馬壹 226_96
○虛齊北地也

馬壹 141_2 下/169 下
○虛亓（其）舍也

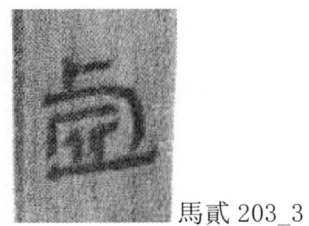

馬貳 203_3
○食陰之道虛而五臧（藏）

張·脈書 52

銀壹 169
○虛如此者弗爭

銀貳 1570

北貳·老子 44

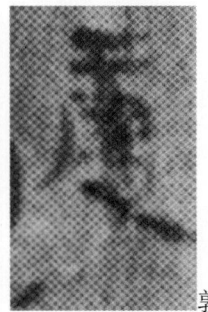

敦煌簡 0813
○人實虛

武·儀禮甲《士相見之禮》14
○後授虛爵

武·甲《有司》26
○執虛俎以降主人

武·甲《泰射》26
○進受虛觶

廿世紀璽印三-GP

漢晉南北朝印風

廿世紀璽印三-SY

○常虛昌

漢印文字徵

歷代印匋封泥

漢晉南北朝印風

東漢・北海相景君碑陰
○故書佐朱虛鞠欣

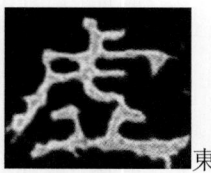

東漢・楊震碑

西晉・徐義誌
○美人設作虛辭

北魏・元定誌
○道暢虛盈

北魏・元子直誌
○階庭虛寂

東魏・高盛碑
○泛乎若虛舟之靡觸

【𠂤】

《說文》：𠂤，反頂受水丘。从丘，泥省聲。

㐺部

【㐺】

《說文》：㐺，眾立也。从三人。凡㐺之屬皆从㐺。讀若欽崟。

【眾】

《說文》：眾，多也。从㐃、目，眾意。

戰中·商鞅量

漢銘·元始鈁

睡·法律答問 51

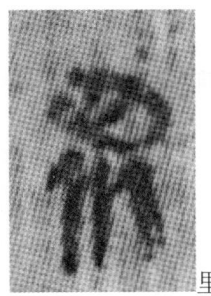

里·第八層 1555

張·蓋盧 29

銀壹 434

銀貳 1461

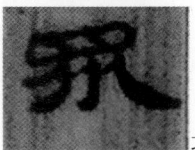

北貳·老子 178

敦煌簡 0497

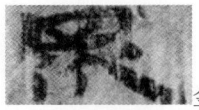

金關 T24:331

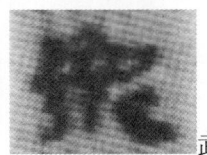

武·儀禮甲《服傳》8

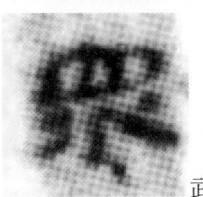

武·甲《特牲》32

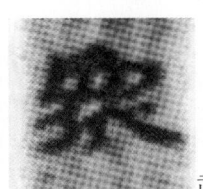

武·甲《有司》57

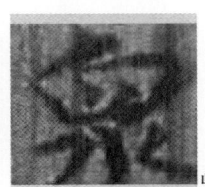

吳簡嘉禾·五·二〇三

歷代印匋封泥

○關里眾

歷代印匋封泥
○丘齊鐕里□眾

秦代印風

秦代印風

秦代印風

秦代印風
○和眾

秦代印風

秦代印風
○和眾

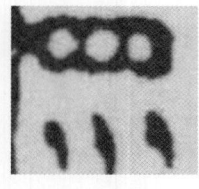

秦代印風
○宜士和眾

漢晉南北朝印風

廿世紀璽印三-SY
○少曲合眾

漢晉南北朝印風

廿世紀璽印三-GY
○宜眾唯印

漢晉南北朝印風
○眾里

歷代印匋封泥

漢印文字徵
○紀眾

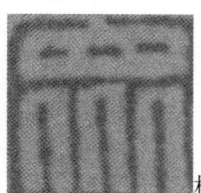

柿葉齋兩漢印萃

柿葉齋兩漢印萃
○孌眾

柿葉齋兩漢印萃
○孌眾私印

漢印文字徵
○田眾

漢印文字徵
○呂合眾印

漢印文字徵
○徐眾

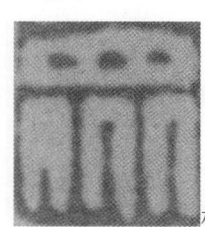

柿葉齋兩漢印萃
○張異眾印

漢印文字徵
○眾鄉國丞

漢晉南北朝印風

詛楚文・巫咸

○今又悉興其眾

秦駰玉版

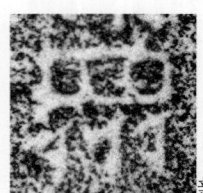

新莽・攘盜刻石

○率眾爲善

東漢・桐柏淮源廟碑

○主簿安眾鄧巏

東漢・正直殘碑

○爲眾所

西晉・臨辟雍碑

○接引眾心

【聚】

《說文》：䩅，會也。从乑取聲。邑落云聚。

嶽・爲吏 19

里・第八層 1069

銀壹 274

敦煌簡 1448

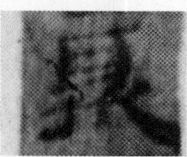

○聖必聚謂士表教奉

敦煌簡 1111

金關 T24:211

秦代印風

漢印文字徵

○皮聚

漢印文字徵

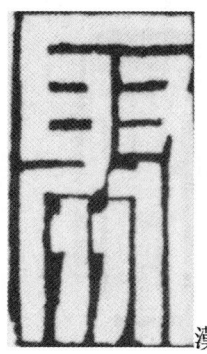

漢晉南北朝印風

○朱聚

漢晉南北朝印風

東漢·作石獅題字

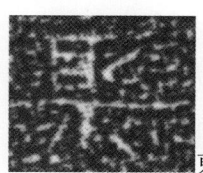

東漢·許安國墓祠題記

○眾禽群聚

北魏·爾朱紹誌

北齊·崔昂誌

北齊·宋敬業造塔

○□稱分聚

北周·華岳廟碑

【鼎】

《説文》：鼎，眾詞與也。从亣自聲。《虞書》曰："鼎咎繇。"

【䫞】

《説文》：䫞，古文鼎。

壬部

【壬】

《説文》：壬，善也。从人、士。士，事也。一曰象物出地挺生也。凡壬之屬皆从壬。

【徵】

《説文》：徵，召也。从微省，壬爲徵。行於微而文達者，即徵之。

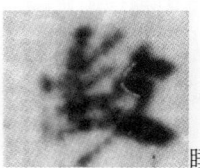

【𢾺】

《説文》：𢾺，古文徵。

睡·秦律十八種 115

睡·爲吏 20

獄·爲吏 22

里·第八層 2027

馬貳 20_30 上

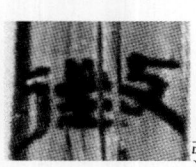

張·傳食律 232

〇以上徵若遷徙者及

銀貳 2006

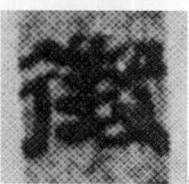

敦煌簡 2013

金關 T21:064

〇官獄徵事當爲傳謁

武·王杖 2

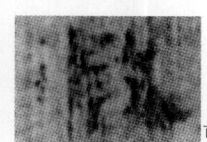

東牌樓 026

〇□□徵印信

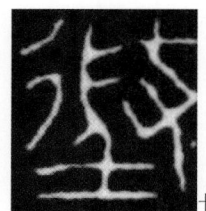

廿世紀璽印三-SY

○王徵

漢印文字徵

漢印文字徵

漢印文字徵

漢印文字徵

漢印文字徵

漢印文字徵

○蘇徵卿

漢晉南北朝印風

秦駰玉版

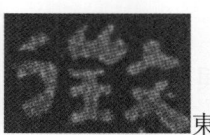

東漢・楊統碑陽

東漢・尚博殘碑

東漢・司徒袁安碑

北魏・元尚之誌

○又徵爲內都大官

北魏・元廣誌

北魏·王悅及妻郭氏誌

北魏·元壽妃麴氏誌

北周·寇熾誌

【朢】

《說文》：朢，月滿與日相朢，以朝君也。从月从臣从壬。壬，朝廷也。

【望】

《說文》：望，古文朢省。

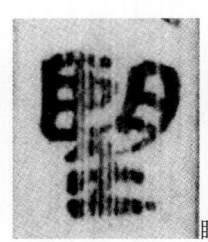

睡·為吏 29

○使民朢之

睡·為吏 3

○民將朢表以戻

睡·日甲《反枳》155

○朢利為囷倉

睡·日甲《詰》68

○以朢之日

睡·日乙 52

○祠史先龍丙朢

獄·質日 3511

○博朢鄉

里·第八層 2153

○辰朢令徒周

馬壹 87_189

○朢（望）見大后

馬壹 113_49\400

○姓絕朢（望）於

馬壹 130_9 上\86 上

○相朢（望）以明

馬壹 256_1 上\7

○癸丑月朢（望）

馬貳 32_9 上

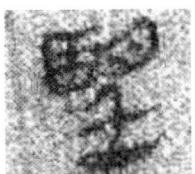

○朢（望）之

馬貳 20_24 上

○月朢（望）不可東

張·田律 256

○八月朢（望）

張·蓋盧 30

○旦朢（望）其氣

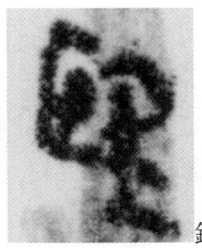

銀壹 710

○大公朢曰

銀貳 1327

○國使民得其朢奈何

敦煌簡 1962A

○候朢（望）甚急

敦煌簡 2220A

○敕情候塱（望）

金關 T04∶065

○不敢塱得小吏

金關 T24∶148

○入荾塱城東草

武・王杖 4

○使百姓塱見之

北壹・倉頡篇 6

○趣邊觀塱

魏晉殘紙

○騫心東塱

秦代印風

○鞠毋望

廿世紀塱印三-SY

○王望

廿世紀塱印三-SY

○射望

廿世紀塱印三-GP

○平塱鄉印

廿世紀塱印三-GP

○平望鄉印

漢印文字徵

○杜瞍

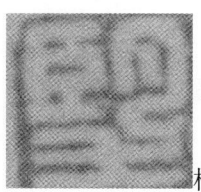

柿葉齋兩漢印萃

○公孫望印

柿葉齋兩漢印萃

○張望

漢印文字徵

○臣瞍之

漢印文字徵

○公孫望印

漢印文字徵

○郭瞍時

漢印文字徵

○平瞍鄉印

漢代官印選

○博望侯印

歷代印匋封泥

○平望鄉印

漢印文字徵

○戴瞍私印

漢晉南北朝印風

○趙望私印

漢晉南北朝印風

○戴望私印

漢晉南北朝印風

○王望之印

東漢·成都永元六年闕題記

○興闤心絕朢（望）不

東漢·史晨後碑

○朢（望）見闕觀

北魏·崔鴻誌

○清徽令朢

【㝎】

《說文》：㝎，近求也。从爪、壬。壬，徼幸也。

重部

【重】

《說文》：重，厚也。从壬東聲。凡重之屬皆从重。

戰晚或秦代·梡陽鼎

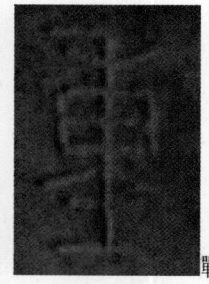

戰晚·咸陽四斗方壺

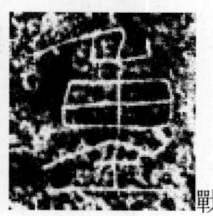

戰中·商鞅量

漢銘·中山宦者常浴銅錠二

漢銘·重十六斤鼎

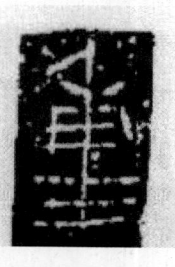

漢銘·鰲屋鼎

漢銘·銷鼎

漢銘·第七平陽鼎

漢銘·安成家鼎

漢銘·美陽高泉宮鼎蓋

漢銘·杜鼎二

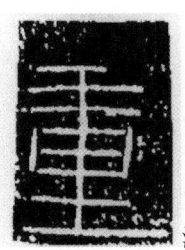

漢銘·陶陵鼎一

漢銘·重十三斤十二兩鐙

漢銘·西鄉鼎蓋

漢銘·內者樂臥行鐙

漢銘·廢丘鼎

漢銘·駘蕩宮高鐙

漢銘·上林銅鑒三

漢銘·陽信家銅鍾

漢銘·常山食官鍾

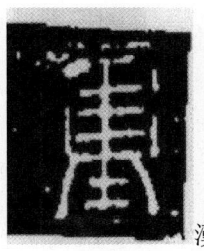

漢銘·南皮侯家鍾

漢銘・朝陽少君鍾

漢銘・十六年鍪

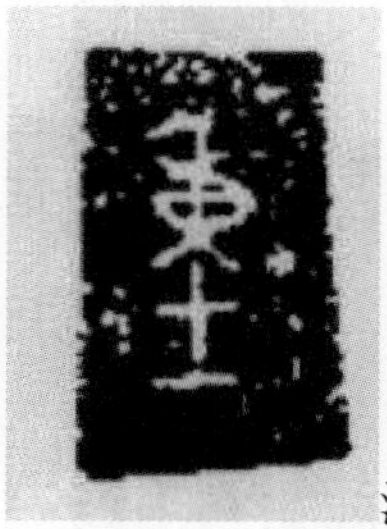
漢銘・乙亥鼎

漢銘・漢長安共廚鼎

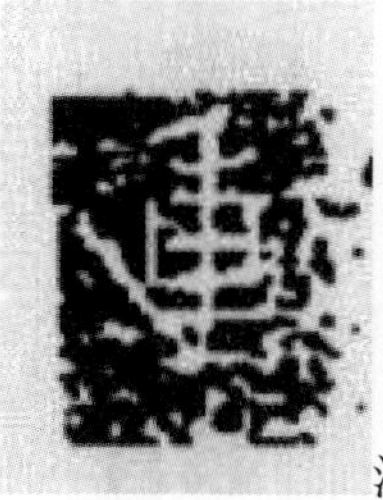
漢銘・鄜廚金鼎

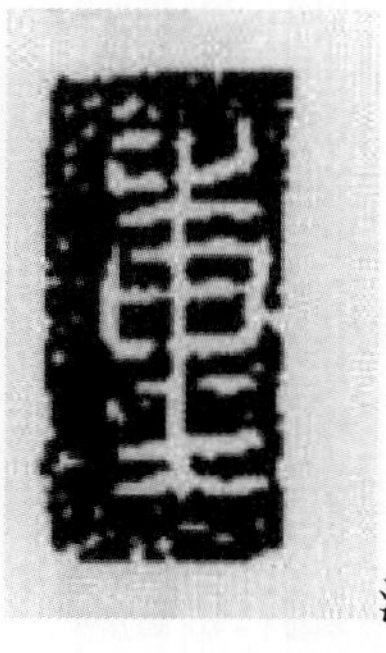
漢銘・鄜廚金鼎

漢銘・廢丘鼎

漢銘・羽陽宮鼎

漢銘・□民高燭豆

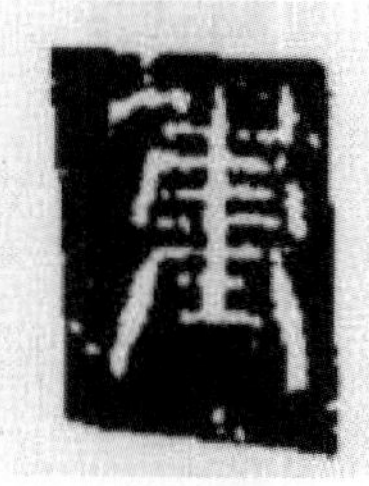
漢銘・筍少夫鼎

漢銘・張氏鼎蓋

漢銘・一合鼎

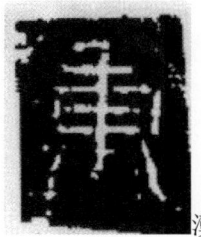

漢銘·陽信家銅二斗鼎

漢銘·酈偏鼎

漢銘·壽成室鼎一

漢銘·永始三年乘輿鼎

漢銘·上林鼎一

漢銘·置鼎

漢銘·梁山宮熏鑪

漢銘·右丞宮鼎

漢銘·博邑家鼎

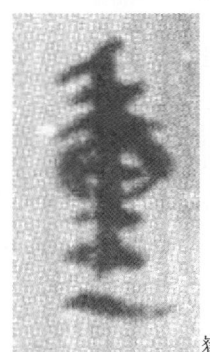

獄·數 104

獄·暨過案 103

里·第八層 2155

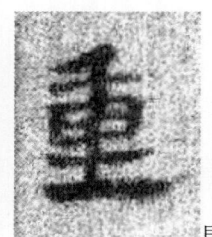

馬壹 124_43 上

馬壹 36_40 上

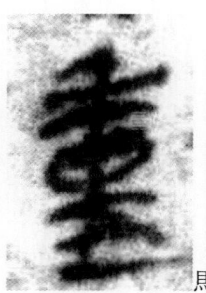

馬壹 83_86

馬壹 84_105

馬貳 211_101

張·盜律 60

張·奏讞書 191

銀壹 524

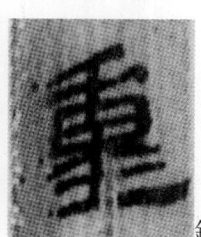

銀貳 1457

北貳·老子 190

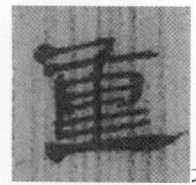

北貳·老子 190

敦煌簡 0263A

金關 T04∶123

東牌樓 005

北壹・倉頡篇 6

○顛顯重該悉

廿世紀壐印三-GP

○重平丞印

廿世紀壐印三-SY

○畢重光

廿世紀壐印三-SY

漢晉南北朝印風

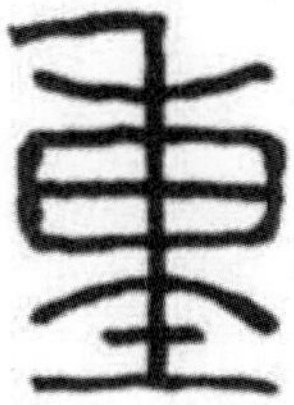

漢印文字徵

漢印文字徵

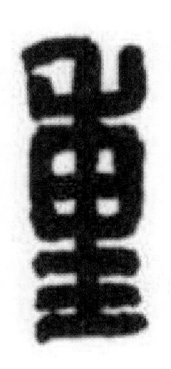

漢印文字徵

漢印文字徵

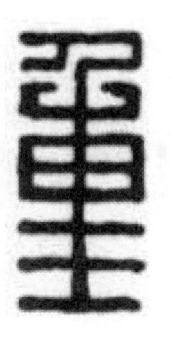

漢印文字徵

漢代官印選

東漢・張景造土牛碑
東漢・西岳華山廟碑陽 
東漢・曹全碑陽 
東漢・張遷碑陽 
三國魏・三體石經春秋・古文 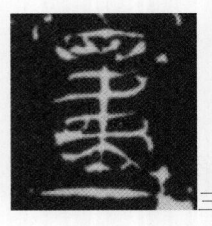
○己卯晉侯重耳卒卅
三國魏・三體石經春秋・篆文 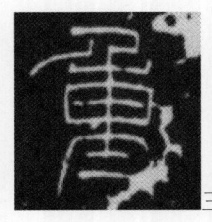
○晉侯重耳卒
三國魏・三體石經春秋・隸書 

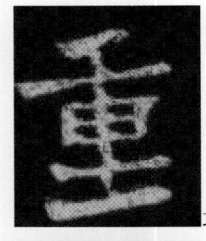

北魏・元始和誌
北魏・寇演誌 
○朝重蕃授
北魏・元恩誌 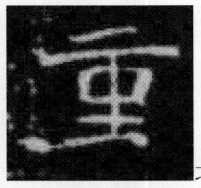
北魏・元寶月誌 
○峻碣重尋
東魏・叔孫固誌 
北齊・賀拔昌誌 
北齊・張海翼誌 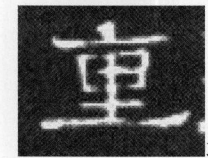
○遽掩重泉

北齊·斛律氏誌

北周·須蜜多誌

【量】

《說文》：量，稱輕重也。从重省，曩省聲。

【量】

《說文》：量，古文量。

戰晚·左樂兩詔鈞權

秦代·元年詔版二

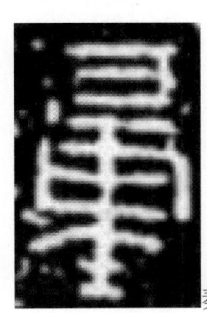

秦代·始皇詔銅方升一

秦代·大騩銅權

秦代·始皇詔銅橢量四

秦代·始皇詔版一

漢銘·新衡杆

漢銘·光和斛一

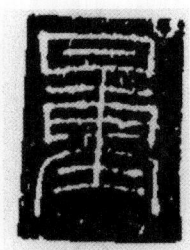

漢銘・新嘉量二

漢銘・新量斗

漢銘・大司農權

漢銘・新嘉量一

睡・法律答問 195

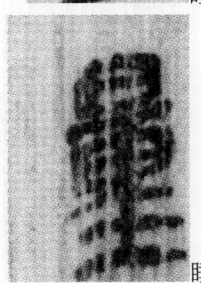

睡・為吏 5

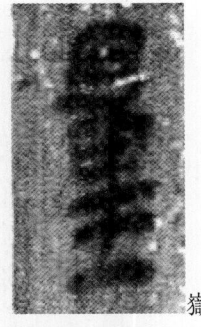

獄・為吏 14

馬壹 124_43 上

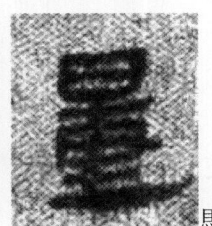

馬貳 32_5 上

銀壹 34

銀壹 921

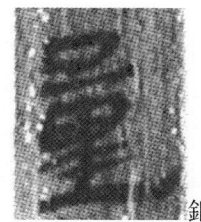

銀貳 1677

銀貳 1071

魏晉殘紙

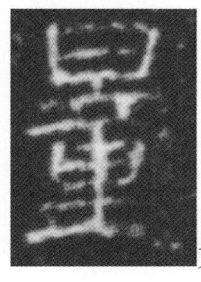

東漢・曹全碑陰

○三老商量伯祺五百

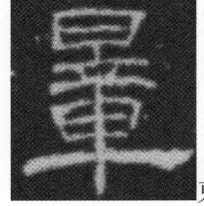

東漢・曹全碑陽

○遂訪故老商量

北魏・和邃誌

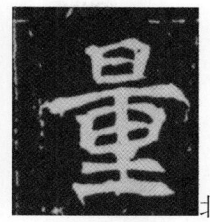

北魏・元壽妃麴氏誌

北魏・李謀誌

北魏・和醜仁誌

○以英標雅量

北魏・王基誌

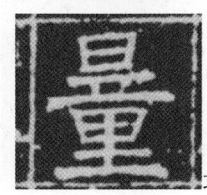

東魏・呂眖誌

北齊・法懃塔銘

○量海非深

北齊・無量義經二

北周·大比丘佛經摩崖

○量自在三昧

臥部

【臥】

《說文》：臥，休也。从人、臣，取其伏也。凡臥之屬皆从臥。

漢銘·內者樂臥行鐙

漢銘·長信宮鐙

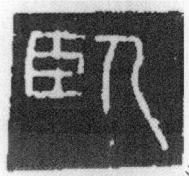

漢銘·尚浴府行燭盤

漢銘·陽信溫酒器

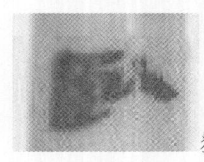

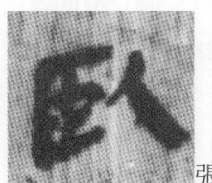

獄·得之案 175

張·奏讞書 203

張·脈書 41

張·引書 64

北壹·倉頡篇 41

○瘲效姁臥

廿世紀璽印三-GP

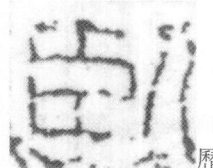

歷代印匋封泥

○尚臥倉印

北魏·元純陀誌

○白楊蕙臥蘭畹

北魏·辛穆誌

北魏·元昭誌

北齊·李雲誌

【監】

《說文》：監，臨下也。从臥，䘓省聲。

【䛷】

《說文》：䛷，古文監从言。

漢銘·元初二年鑑

漢銘·元初二年鑑

漢銘·漢第八鍾

漢銘·大監千万鍾

睡·法律答問 151

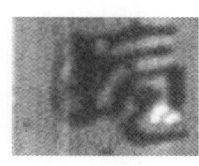

獄·質日 345

里·第八層 141

馬壹 146_51/225 上

張·具律 103

銀貳 2070

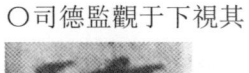

○司德監觀于下視其

敦煌簡 0288

金關 T05:113

○以食監常樂等三人

武·甲《特牲》28

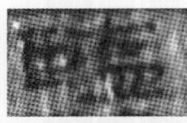

東牌樓 005

吳簡嘉禾·六五二九
○元年監買米四斗

廿世紀璽印二-GP
○左監

歷代印匋封泥
○左監

廿世紀璽印三-GP
○橘監

廿世紀璽印三-GY
○上沅漁監

漢晉南北朝印風
○軍監之印

漢晉南北朝印風
○温水都監

廿世紀璽印三-GP

漢晉南北朝印風
○家監

漢晉南北朝印風
○家監之印

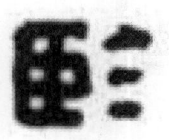

漢印文字徵
○李安私記宜身至前迫事毋閒唯君監發印信封完

漢印文字徵

漢印文字徵
○監胡之印

漢印文字徵
○軍監之印

漢印文字徵
○橘監

漢印文字徵
○監勝之印

漢代官印選
○移中廄監

漢代官印選
○諸吏中郎將羽林監印

漢印文字徵

歷代印匋封泥
○橘監

漢晉南北朝印風
○觀雀台監

漢晉南北朝印風
○鄴宮監印

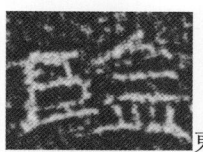

東漢·趙寬碑

東漢·任城王墓黃腸石
○無監石工浩大

東漢·太室石闕銘
○時監之

東漢·少室石闕銘
○監廟

東漢・開母廟石闕銘

○監掾陳脩

東漢・石祠堂石柱題記

東漢・楊震碑

東晉・王建之誌

十六國前燕・元璽四年磚

北魏・王遺女誌

北魏・張寧誌

北魏・王悅及妻郭氏誌

○祕書監

北魏・元誨誌

北魏・元顯魏誌

北魏・元融誌

○除祕書監

北魏・緱光姬誌

北魏・杜法真誌

北魏・孟元華誌

北魏・穆玉容誌蓋

北魏·盧令媛誌

北魏·冗從僕射造像

○內作大監嘗法端

北魏·劉華仁誌

北魏·張安姬誌

北魏·楊氏誌

北魏·元譿誌

北魏·李蕤誌

北魏·穆亮誌

北魏·穆亮誌

北魏·盧令媛誌

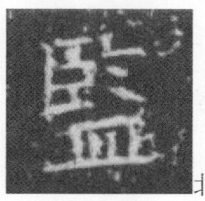

北齊·劉雙仁誌

南朝梁·益州過軍記

○天監十三年十二月

【臨】

《說文》：臨，監臨也。从臥品聲。

戰晚·廿二年臨汾守戈

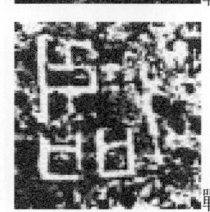

戰中·商鞅量

漢銘·臨葘鼎

漢銘·建武泉範一

漢銘·臨虞宮高鐙四

漢銘·臨虞宮高鐙三

漢銘·臨虞宮高鐙二

漢銘·臨虞宮高鐙一

漢銘·池陽宮行鐙

漢銘·櫟鼎

漢銘·上林共府升

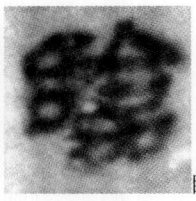

睡·日甲《行》129

里·第八層 1416

里·第八層 970

里·第八層 695

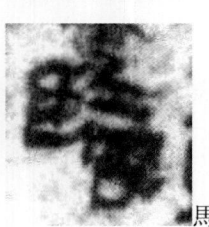

馬壹 86_159

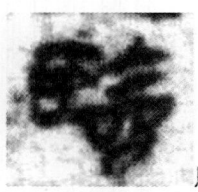

馬壹 86_157

馬貳 277_216/236

張·具律 103

張·奏讞書 18

敦煌簡 0838A

〇五十臨要隧長當責

敦煌簡 0396B

敦煌簡 0662A

金關 T24:043

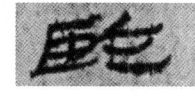

金關 T10:120A

〇尉史臨利里大夫陳

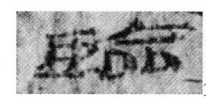

金關 T21:195

東牌樓 128

魏晉殘紙

歷代印匋封泥

〇臨晉翏

歷代印匋封泥

〇臨晉丞印

廿世紀璽印三-GP

〇臨晉丞印

廿世紀璽印三-GY

廿世紀璽印三-GP

〇臨菑

漢晉南北朝印風

○臨邛長印　漢晉南北朝印風

○尹臨　廿世紀璽印三-SY

○久臨之印　廿世紀璽印三-SY

　　　　　廿世紀璽印三-GY

○臨湘右尉　廿世紀璽印四-GY

○臨袁邑丞　歷代印匋封泥

○臨䓿　漢印文字徵

○臨去病　漢印文字徵

　　　　　漢印文字徵

○臨忘
　　　　漢代官印選 

　　　　漢代官印選

　　　　漢印文字徵

漢印文字徵
○臨淮太守章

歷代印匋封泥
○臨朐丞印

歷代印匋封泥
○臨菑尉印

柿葉齋兩漢印萃

柿葉齋兩漢印萃

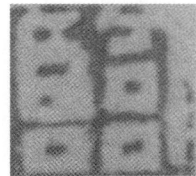

柿葉齋兩漢印萃
○臨廣之印

漢印文字徵
○臨朐丞印

漢印文字徵

漢晉南北朝印風
○臨涇令印

漢晉南北朝印風

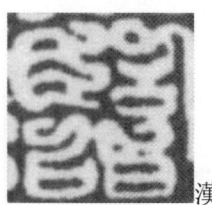

漢晉南北朝印風
○姜臨私印

漢晉南北朝印風
○李臨

詛楚文・巫咸
○之兵以臨加我百姓

泰山刻石

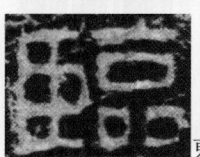

東漢・何君閣道銘

東漢・從事馮君碑

西晉・臨辟雍碑額

西晉・司馬馗妻誌
○天朝遣使臨焉

西晉・臨辟雍碑

東晉・王丹虎誌

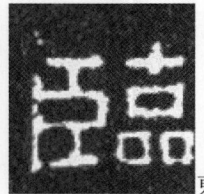

東晉・劉媚子誌
○耶臨沂縣都鄉南仁里王建之

【餐】

《説文》：餐，楚謂小兒懶餐。从臥、食。

身部

【身】

《説文》：身，躳也。象人之身。从人厂聲。凡身之屬皆从身。

睡・為吏 41

睡・為吏 34

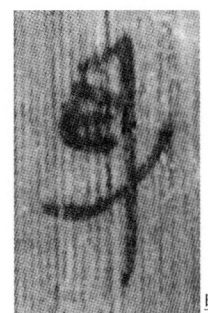

睡・日甲《盜者》71

獄・為吏 87

獄・癸瑣案 15

里・第八層 1786

馬壹 78_94

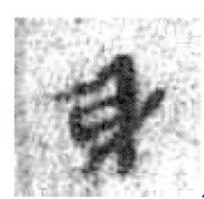

馬壹 36_30 上

馬貳 207_45

張・亡律 163

張・奏讞書 58

張・脈書 15

張・引書 6

銀壹 626

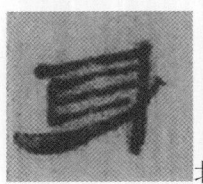

北貳・老子 140

敦煌簡 0667

金關 T30:028A

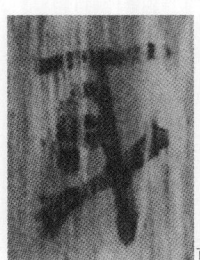

東牌樓 068 正

○迫此身微不能是分

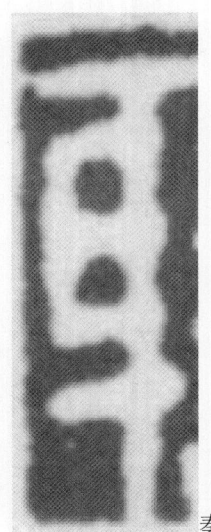

秦代印風

○方言身

秦代印風

○安身

廿世紀璽印三-SY

○肛子伯印宜身至前伯事不閒願君自發印信封完

漢印文字徵

○身相印

漢印文字徵

○宜身長久

漢印文字徵

○身脩私印

柿葉齋兩漢印萃

○身相印

漢晉南北朝印風

○宜身至前迫事毋閑願君自發周氏印信

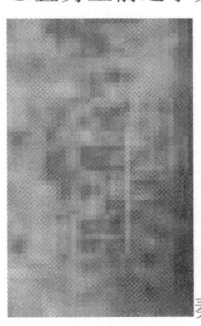

秦駰玉版

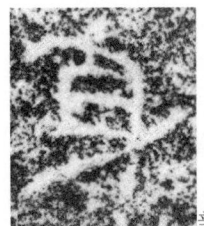

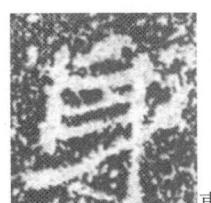

新莽・瀼盜刻石

○身禮毛膚

東漢・孟孝琚碑

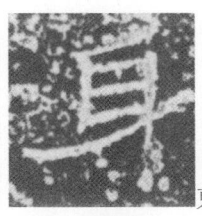

東漢・尹宙碑

東漢・曹全碑陽

東漢・樊敏碑

東漢・譙敏碑

○身退名存

東漢・陽三老石堂畫像石題記

東漢・石祠堂石柱題記額

東漢・北海相景君碑陽

西晉・徐義誌
○立身清潔
東晉・黃庭經 
北魏・源延伯誌 
北魏・元弼誌 
北魏・元保洛誌 
○出身高陽
北魏・慧靜誌 

北魏・元尚之誌
北魏・焦兒奴造像 
○生身父母
北魏・元子永誌 
北魏・寇霄誌 
北魏・元子直誌 
北齊・歐伯羅造像 
北齊・徐顯秀誌

○難不愛身

北齊·赫連子悅誌

○逮龍服華身

南朝梁·張元造像

○諸夫自身

【軀】

《說文》：軀，體也。从身區聲。

東漢·武氏左石室畫像題字

○求代考軀兄

北魏·韓顯祖造像

北魏·范國仁造像

東魏·劉目連造像

○目連敬造觀世音像一軀

東魏·廉富等造義井頌

東魏·惠朗造像

東魏·王蓋周造像

北齊·孫靜造像

北齊·張景暉造像

北齊·姜纂造像

北齊·鄭曇業造像

○敬造白玉象一軀

北齊·劉貴等造像

北齊·徐顯秀誌

北齊·王馬造像

○敬造觀世音菩薩一軀

北齊·賈乾德造像

○敬造玉像一軀

南朝梁·囗愛秦造像

○薩一軀願諸天

南朝梁·康勝造像

〖躭〗

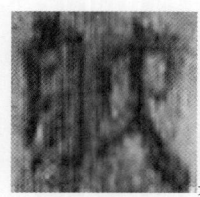

吳簡嘉禾·五·七八一

○男子雷躭

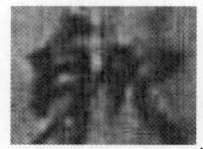

吳簡嘉禾·五·五〇二

○男子苗躭

廿世紀璽印四-SY

○裁躭私印

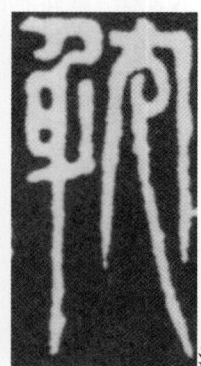

漢晉南北朝印風

○劉躭

東漢·史晨後碑

○縣吏劉躭等

北魏·元延明誌

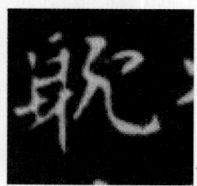

東魏·元顯誌

𠨍部

【𠨍】

《說文》：𠨍，歸也。从反身。凡𠨍之屬皆从𠨍。

【殷】

《說文》：殷，作樂之盛稱殷。從月從殳。《易》曰："殷薦之上帝。"

里・第八層背 666

○隸臣殷行

馬壹 177_61 上

○殷爲客相爲主

銀壹 583

北貳・老子 15

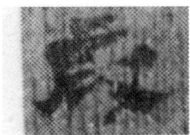

敦煌簡 1171B

金關 T21:062

金關 T21:058

○百姓殷眾此吾逢時

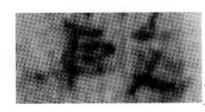

東牌樓 005

○盜賊殷何叩頭死罪

吳簡嘉禾・一五六二

○車吏殷連受

吳簡嘉禾・一一二一

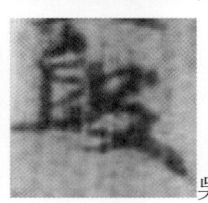

吳簡嘉禾・一五二四

吳簡嘉禾・三七五

○庫吏殷連謹列九月

秦代印風

○殷周

秦代印風

○趙殷

秦代印風
○殷狀

秦代印風
○殷買臣

廿世紀璽印三-SY
○謝殷

廿世紀璽印四-SY
○殷伷之印

漢印文字徵

○殷春

漢印文字徵
○宋殷

漢印文字徵
○殷憙

漢印文字徵
○王殷

漢印文字徵
○殷未央印

漢印文字徵
○殷牛里

3920

漢印文字徵
○李殷
漢晉南北朝印風 
○王殷之印
漢晉南北朝印風 
○橋殷
漢晉南北朝印風 
○張殷
漢晉南北朝印風 

東漢・營陵置社碑
東漢・西岳華山廟碑陽 
○王巡狩殷國
東漢・肥致碑 
東漢・殷比干墓前刻石 
○殷比
東漢・司馬芳殘碑額 
○封國于殷墟
東漢・華岳廟殘碑陰 
三國魏・三體石經尚書・古文 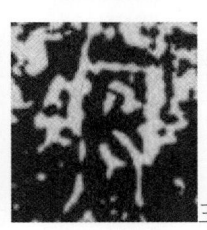
○殷豐（禮）陟配天

三國魏・三體石經尚書・篆文

○殷禮陟配天

三國魏・三體石經尚書・隸書

○殷禮陟配天

北魏・王基誌

北魏・奚真誌

北魏・郭顯誌

○適殷茛洛

北魏・張玄誌

○作牧周殷

漢銘・永元熨斗

漢銘・聲車宮鼎二

睡・法律答問 205

睡・日甲《衣》119

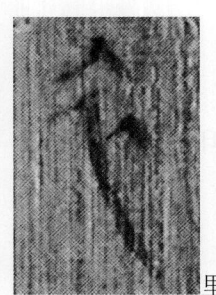

里・第六層 7

里・第八層 628

衣部

【衣】

《説文》：󰀀，依也。上曰衣，下曰裳。象覆二人之形。凡衣之屬皆从衣。

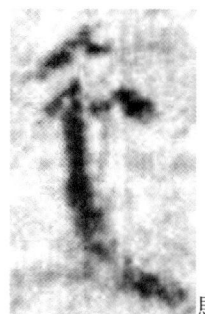

第八卷

馬壹 211_6

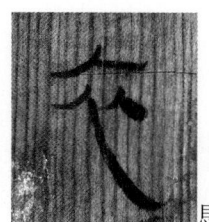

馬貳 299_37

張•賜律 283

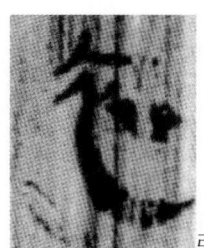

張•奏讞書 168

敦煌簡 0243B

金關 T24:250

武•甲《特牲》12

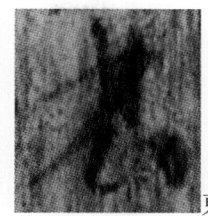

東牌樓 134

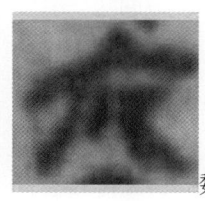

魏晉殘紙

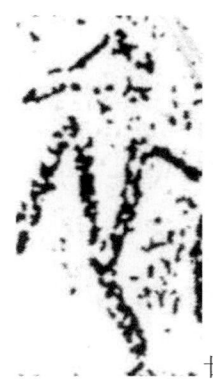

廿世紀璽印三-SP

漢印文字徵

漢印文字徵

○衣莫

第八卷

漢印文字徵

東漢·東漢·婁壽碑陽

東漢·楊著碑額

東漢·永壽元年畫像石墓記

西晉·徐義誌

東晉·黃庭經

東晉·黃庭經

【裁】

《說文》：𧛱，制衣也。从衣㦵聲。

北壹·倉頡篇9

○變大制裁男女

魏晉殘紙

○別有書裁

北魏·穆纂誌

北魏·李壁誌

北魏·元演誌

北魏·馮會誌

【衮】

《說文》：衮，天子享先王，卷龍繡於下幅，一龍蟠阿上鄉。从衣公聲。

北壹·倉頡篇16

○猜常衮土

漢印文字徵

○袞辟

漢印文字徵

○袞秋

西晉·司馬尳妻誌

○遂遜袞列

北魏·元廣誌

○袞璽相承

北魏·元弼誌

北魏·元羽誌

北魏·元飆誌

北魏·穆循誌

○毗袞是鍾

東魏·李挺誌

西魏·和照誌

○弼諧袞闕

北齊·高淯誌

北齊·是連公妻誌

○服玄袞以儀台

北齊·婁叡誌

○緇袞之榮逾茂

北齊·徐顯秀誌

○四衣公袞

北周·盧蘭誌

○乘輅服袞

【襾】

《說文》：襾，丹縠衣。從衣玨聲。

【褕】

《說文》：褕，翟，羽飾衣。從衣俞聲。一曰直裾謂之襜褕。

金關 T30：094A

○複襜褕縑單襜褕

北魏·韓賄妻高氏誌

○二后褘褕

【衫】

《說文》：衫，玄服。從衣參聲。

【裖】

《說文》：裖，衫或從辰。

北貳·老子134

○同其衫（塵）

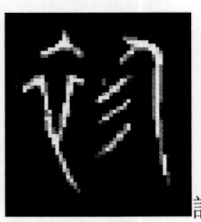

詛楚文·沈湫

○衫以齊盟

【裘（表）】

《說文》：裘，上衣也。從衣從毛。古者衣裘，以毛為表。

【襛】

《說文》：襛，古文表從麃。

睡·為吏3

獄·為吏57

里·第八層 2147

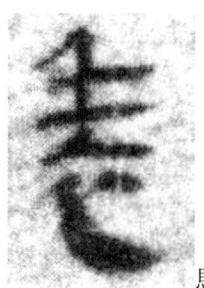

馬壹 100_122

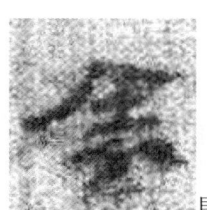

馬貳 34_26 上

張·金布律 418

敦煌簡 2146

敦煌簡 1448

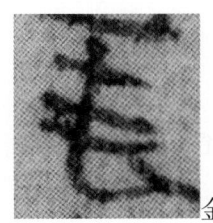

金關 T28:013A

金關 T27:060A

金關 T10:127

魏晉殘紙

漢印文字徵

○表舜

漢印文字徵

○黃表

廿世紀璽印四-SY

○臣信上表

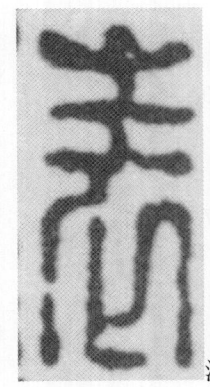

漢晉南北朝印風
○李表
漢晉南北朝印風 
○臣信上表
東漢・桐柏淮源廟碑 
東漢・開母廟石闕銘 
西晉・趙汜表 
十六國後秦・呂他表 
十六國前秦・梁舒表 
○墓表

北魏・王悅及妻郭氏誌
北魏・元瑱誌 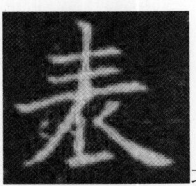
北魏・元子正誌 
北魏・元懌誌 
北魏・司馬金龍墓表 
○司空瑯琊康王墓表
東魏・元悰誌 
東魏・志朗造像

東魏・張瑾誌

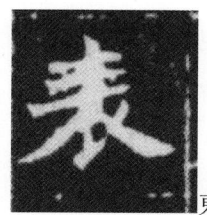

北齊・張海翼誌

○用表玄宫

【裹】

《說文》：裹，衣内也。从衣里聲。

睡・封診式 22

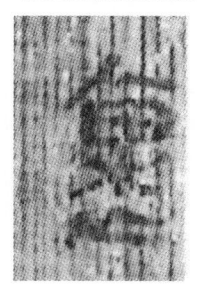

里・第八層 1243

馬貳 278_227/403

張・金布律 418

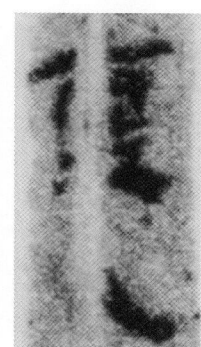

銀壹 343

○陰爲裹

敦煌簡 1036

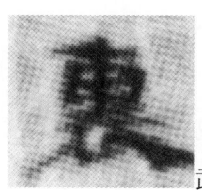

○督毋裹皆不應簿記

武・甲《特牲》48

○纁裹棗烝栗擇刑

北魏・張寧誌

北魏・元欽誌

○巖裏四公

北魏・鮮于仲兒誌

○表裏號悼

東魏・南宗和尚塔銘

北齊・無量義經二

【襁】

《說文》：襁，負兒衣。從衣強聲。

【襋】

《說文》：襋，衣領也。從衣棘聲。
《詩》曰："要之襋之。"

【襮】

《說文》：襮，黼領也。從衣暴聲。
《詩》曰："素衣朱襮。"

【袵】

《說文》：袵，衣裣也。從衣壬聲。

睡・日甲《詰》68

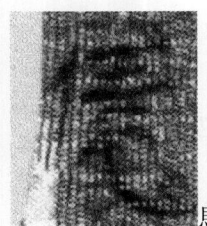

馬貳 78_203/190

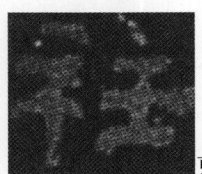

東漢・楊統碑陽

北魏・元徽誌

北魏・李超誌

【褸】

《說文》：褸，袵也。從衣婁聲。

【襻】

《說文》：襻，袵也。從衣叝聲。

【褳】

《說文》：，衸緣也。从衣疌聲。

【裣】

《說文》：，交衽也。从衣金聲。

【褘】

《說文》：，蔽厀也。从衣韋聲。《周禮》曰："王后之服褘衣。"謂畫袍。

漢印文字徵

〇幼褘言事

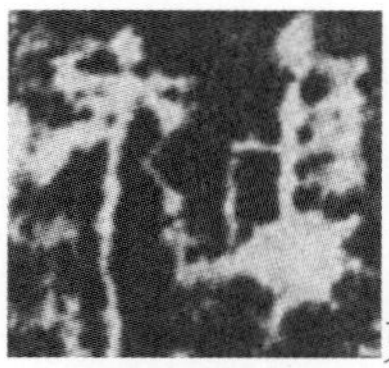
東漢・衛尉卿衡方碑

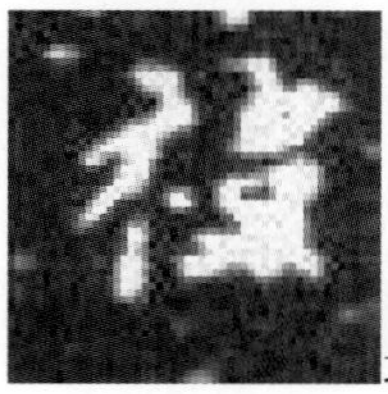
北魏・韓賄妻高氏誌

〇二后褘褕

北魏・元寶月誌

〇息蒨長褘

北魏・李蕤誌

〇父褘

北魏・李伯欽誌

〇父褘

【袂】

《說文》：，襲袂也。从衣夫聲。

【襲】

《說文》：，左衽袍。从衣，龖省聲。

【𧟌】

《說文》：，籀文襲不省。

秦代・元年詔版二

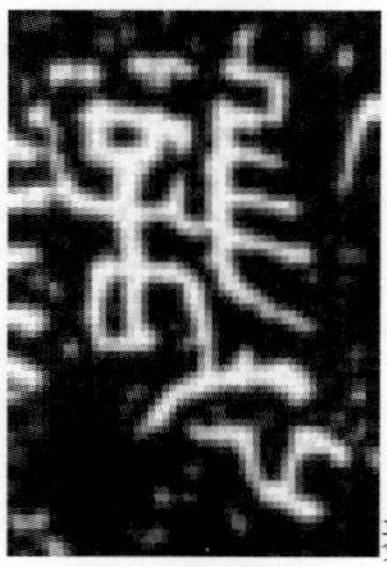
秦代・二世元年詔版一

里・第五層 1

里・第八層 753
〇襲夷山到與谿

張・引書 10

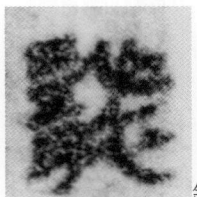

銀壹 409

敦煌簡 1614

金關 T26∶028
〇昌袍襲各一領

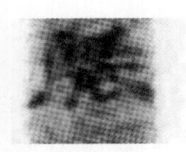

武・甲《泰射》54
〇決拾襲反位

漢印文字徵
〇郭襲之印

漢印文字徵

漢印文字徵

琅琊刻石

東漢・景君碑

北魏・元廣誌

北魏·山暉誌

北魏·于纂誌

北魏·元羽誌

【袍】

《説文》：袍，襺也。从衣包聲。《論語》曰："衣弊縕袍。"

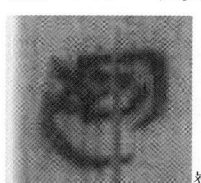

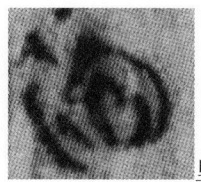

獄·魏盜案 159

里·第八層 439

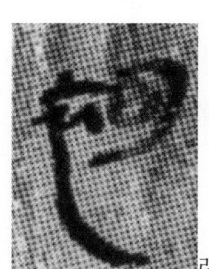

張·金布律 418

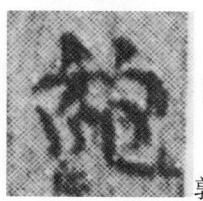

張·遣策 12

敦煌簡 1614

金關 T01：061

武·儀禮甲《士相見之禮》12

北壹·倉頡篇 17

○屨幣袍鶡

漢印文字徵

○袍甹忠印

北魏·元仙誌

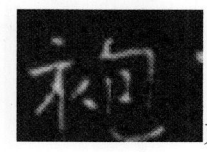

東魏·李挺誌

【襺】

《說文》：襺，袍衣也。从衣繭聲。以絮曰襺，以縕曰袍。《春秋傳》曰："盛夏重襺。"

【褋】

《說文》：褋，南楚謂禪衣曰褋。从衣枼聲。

【袤】

《說文》：袤，衣帶以上。从衣矛聲。一曰南北曰袤，東西曰廣。

【褎】

《說文》：褎，籀文袤从楙。

睡·封診式 35

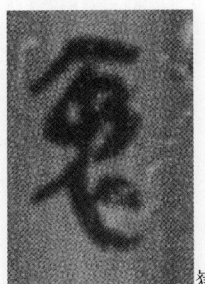

獄·數 176

里·第八層 135

馬貳 243_251

張·算數書 61

金關 T03:057

○渠延袤溉田簿

西漢·李后墓塞石

○袤六尺八寸

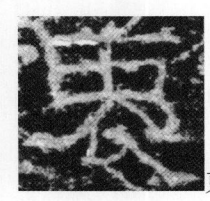

東漢·何君閣道銘

○阁袤五十五丈

【襘】

《説文》：襘，帶所結也。从衣會聲。《春秋傳》曰："衣有襘。"

【褧】

《説文》：褧，檾也。《詩》曰："衣錦褧衣。"示反古。从衣耿聲。

西魏·韋隆妻梁氏誌

○褧服來歸

【衹】

《説文》：衹，衹裯，短衣。从衣氏聲。

吳簡嘉禾·五·五二七

○軍吏吳衹

【裯】

《説文》：裯，衣袂，衹裯。从衣周聲。

東魏·元季聰誌

○衾裯有序

【襤】

《説文》：襤，裯謂之襤褸。襤，無緣也。从衣監聲。

【褍】

《説文》：褍，無袂衣謂之褍。从衣，惰省聲。

【襨】

《説文》：襨，衣躬縫。从衣毒聲。讀若督。

【袪】

《説文》：袪，衣袂也。从衣去聲。一曰袪，褰也。褰者，褰也。袪，尺二寸。《春秋傳》曰："披斬其袪。"

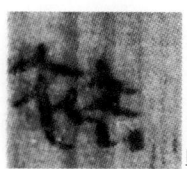

里·第八層背 677

銀貳 1210

漢印文字徵

○趙袪

北魏·元子正誌

北齊·傅華誌

【褒】

《説文》：褒，袂也。从衣采聲。

【袖】

《説文》：袖，俗褒从由。

睡·封診式 22

○帛裏莽緣領褒

漢印文字徵

○李袖

北魏·元爽誌

○領袖一時

北魏·王誦誌

○物之領袖

北魏·檀賓誌

○有國之標袖

北魏·元崇業誌

○領袖之望

東魏·陸順華誌

○領袖一時

北周·崔宣靖誌

○領袖河都

【袂】

《説文》：袂，袖也。从衣夬聲。

馬壹 8_37 下

武·甲《特牲》23

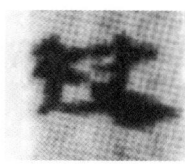

武·甲《少牢》19

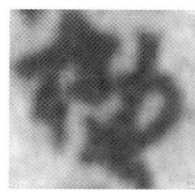

魏晉殘紙

○衣袂裂

北魏·元壽安誌

北魏·唐雲誌

○馨然不雜振衣袂

北周·李府君妻祖氏誌

○及娣袂唯良

【褢】

《說文》：褢，袖也。一曰藏也。从衣鬼聲。

漢印文字徵

○王褢

漢印文字徵

○王褢

東漢·曹全碑陽

【裹】

《說文》：裹，俠也。从衣果聲。一曰橐。

馬壹 144_36/210 上

○褐而裹（懷）玉知

馬壹 98_75

銀貳 1615
○不樂裹（懷）其

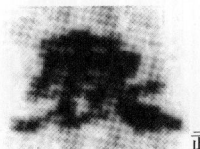

武・甲《特牲》23
○裹（懷）于左袂

漢印文字徵
○千歲裹老

漢印文字徵
○王裹印信

三國魏・三體石經殘・古文
○德裹（懷）邦

【裦】

《说文》：裦，裹也。从衣包聲。

【襜】

《说文》：襜，衣蔽前。从衣詹聲。

敦煌簡 2135B
○裙襜

金關 T27:062
○布牀襜一幣

北壹・倉頡篇 62
○糧攻穿襜魯壘

漢印文字徵
○馬襜齊

漢印文字徵
○襜守

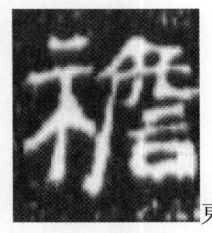

東晉・溫嶠誌
○父河東太守襜

東魏·元惔誌

北齊·韓裔誌

○故得開襜千里

【祏】

《說文》：祏，衣祊。从衣石聲。

北壹·倉頡篇 31

○頑祏械師

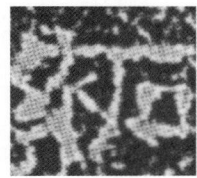

東漢·白石神君碑

○於是遂開祏舊兆

東漢·趙寬碑

○能恢家祏業

東漢·桐柏淮源廟碑

○開祏神門

【衸】

《說文》：衸，袥也。从衣介聲。

【襗】

《說文》：襗，絝也。从衣睪聲。

【袉】

《說文》：袉，裾也。从衣它聲。《論語》曰："朝服，袉紳。"

【裾】

《說文》：裾，衣袍也。从衣居聲。讀與居同。

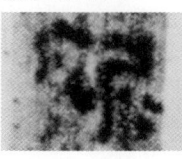

銀壹 784

○眾少裾（倨）袧

北壹·倉頡篇 10

○勢悍驕裾

北魏·元維誌

○曳裾躡屨之賓

北魏·元憎誌

東魏·張瑾誌

【衱】

《說文》：𧙃，諸衧也。从衣于聲。

【褰】

《說文》：褰，袴也。从衣，寒省聲。《春秋傳》曰："徵褰與襦。"

東漢・許安國墓祠題記

北魏・元秀誌

北魏・趙謐誌

東魏・元悰誌

北齊・庫狄業誌

【襱】

《說文》：襱，袴踦也。从衣龍聲。

【𧝎】

《說文》：𧝎，襱或从賣。

【袑】

《說文》：袑，袴上也。从衣召聲。

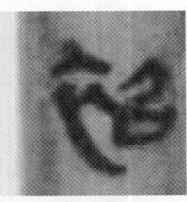

獄・田與案199

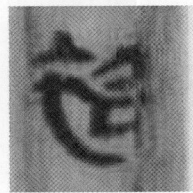

獄・田與案199

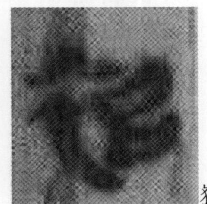

獄・田與案191

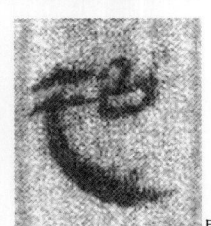

馬壹48_8下

廿世紀璽印三-SY

〇臣袑

秦代印風
○王袑

漢印文字徵
○王袑

【襑】

《說文》：襑，衣博大。从衣尋聲。

【褢（褒）】

《說文》：褢，衣博裾。从衣，保省聲。保，古文保。

漢銘·居攝鍾

漢銘·永始乘輿鼎一

張·奏讞書167
○衣褢（褒）有敝而絮出

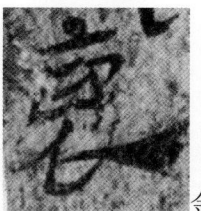

金關T23:877A
○褢（褒）問動

金關T23:207A
○褢（褒）履敝足下

北壹·倉頡篇2
○係孫褢（褒）俗

廿世紀璽印三-SY

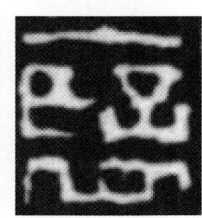

廿世紀璽印三-SY

廿世紀璽印三-SY

○郅襃

廿世紀璽印三-SY

漢印文字徵

○陳襃私印

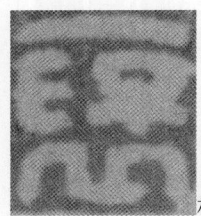

柿葉齋兩漢印萃

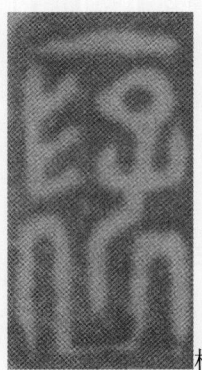

柿葉齋兩漢印萃

漢印文字徵

○襃衡子家丞

漢印文字徵

○葛襃

漢印文字徵

○孫襃之印

漢印文字徵

○王襃之印

漢印文字徵

○蘓襃私印

漢印文字徵
○鄭褒

漢印文字徵
○檀褒

漢晉南北朝印風

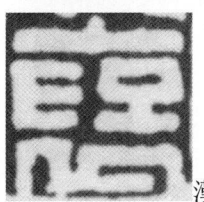

漢晉南北朝印風

漢晉南北朝印風

漢晉南北朝印風

東漢・曹全碑陰
○義士侯褒文憲五百

東漢・開通褒斜道摩崖刻石
○開通褒余道

東漢・乙瑛碑
○褒成侯四時來祠

北魏・元朗誌
○縱王褒朽樹於前

北魏・元鑒妃吐谷渾氏誌
○錦褒（衾）晦卷

北魏・筍景誌
○宜更褒錫

北齊・暴誕誌

○光遠褎終

【禧】

《說文》：禧，緁也。从衣喜聲。《詩》曰："載衣之禧。"

【裳】

《說文》：裳，衣正幅。从衣尚聲。

【褌】

《說文》：褌，重衣皃。从衣圍聲。《爾雅》曰："褌褌襀襀。"

【複】

《說文》：複，重衣皃。从衣复聲。一曰褚衣。

馬貳290_358/379

張·遣策10

敦煌簡0854

○複單

秦文字編1330

北魏·元譿誌

【褆】

《說文》：褆，衣厚褆褆。从衣是聲。

獄·為吏69

秦代印風
○秦褆

【襛】

《說文》：襛，衣厚皃。从衣農聲。《詩》曰："何彼襛矣。"

【裻】

《說文》：裻，新衣聲。一曰背縫。从衣叔聲。

馬壹 121_1 下

○亓裻冥冥

【袳】

《說文》：袳，衣張也。从衣多聲。《春秋傳》曰："公會齊矦于袳。"

秦文字編 1330

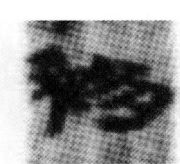

武·甲《少牢》19

北壹·倉頡篇 40

○趆恚魊袳娝

漢印文字徵

○袳湛

漢印文字徵

○袳中孺

漢印文字徵

○袳枏

【裔】

《說文》：裔，衣裾也。从衣冏聲。

【㐷】

《說文》：㐷，古文裔。

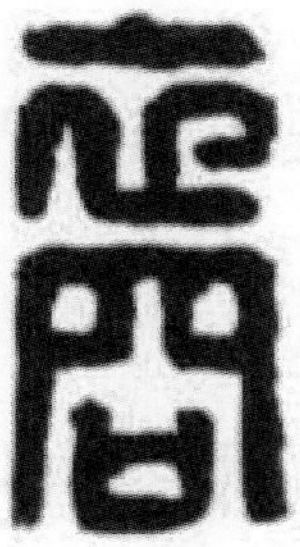

漢印文字徵

○郭裔

漢印文字徵
○鄘裔

漢印文字徵
○笵裔

漢晉南北朝印風
○裔長賓印

東漢・鮮於璜碑陽
○殷箕子之苗裔

三國魏・王基斷碑

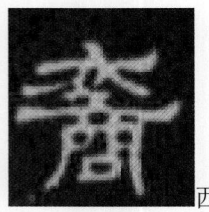

西晉・臨辟雍碑
○文告江裔

大趙・王真保誌
○寔軒轅之裔

北魏・元文誌
○黄軒之裔

北魏・元寧誌
○其先唐堯之苗裔

北魏・元瓚誌
○化被南裔

北魏・叔孫協及妻誌
○其先軒轅皇帝之裔胄

3946

北魏·寇憑誌
〇周文之裔冑

北魏·元廣誌
〇烈祖道武皇帝之苗裔

【衯】

《説文》：衯，長衣皃。从衣分聲。

【袁】

《説文》：袁，長衣皃。从衣，叀省聲。

馬壹 107_97\266

馬貳 34_36 上

金關 T24:940

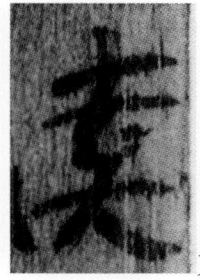

東牌樓 040 正
〇□悉袁賤子鄧應再

漢印文字徵

漢印文字徵
〇袁郢

漢印文字徵
〇袁昌

漢印文字徵

漢印文字徵

○袁印君孟

漢印文字徵

漢印文字徵

歷代印匋封泥

漢印文字徵

漢晉南北朝印風

○袁君孟印

漢晉南北朝印風

漢晉南北朝印風

東漢・圉令趙君碑

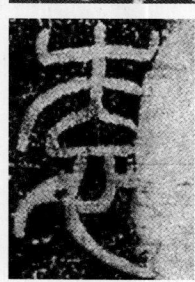

東漢・司徒袁安碑

○司徒公汝南女陽袁安召公

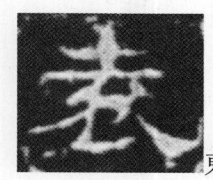

東漢・西岳華山廟碑陽

三國魏·三體石經殘·篆文

○于袁

三國魏·三體石經殘·隸書

三國魏·三體石經殘·古文

○于袁田

北魏·馬振拜造像

○袁世標

北魏·袁超造像

北魏·王誦妻元妃誌

○辯麗袁妻

東魏·叔孫固誌

○袁家五公

東魏·趙胡仁誌

北齊·袁月璣誌

○袁氏墓誌

北齊·斛律氏誌

○貴止妃袁

北齊·斛律氏誌

○袁楊剋阜

【䙱】

《説文》：䙱，短衣也。从衣鳥聲。《春秋傳》曰："有空䙱。"

【襲】

《説文》：䙬，重衣也。从衣執聲。巴郡有䙬虹縣。

3949

【裵（裴）】

《說文》：裵，長衣皃。从衣非聲。

東牌樓 144

漢印文字徵
○裴統私印

漢印文字徵
○抑裴國尉

東漢・倉頡廟碑側

東漢・裴岑紀功碑
○大守雲中裴岑

西晉・裴祇誌

北魏・元頊誌

東魏・趙秋唐吳造像

北齊・裴良誌蓋

【襡】

《說文》：襡，短衣也。从衣蜀聲。讀若蜀。

【褻】

《說文》：褻，衣至地也。从衣斯聲。

【襦】

《說文》：襦，短衣也。从衣需聲。一曰㬮衣。

睡・封診式 58
○襌帬襦各一

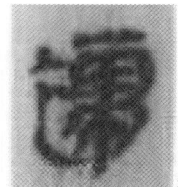

獄・魏盜案 152

里・第八層 1356

馬壹 127_64 下

馬壹 127_58 下

馬壹 5_22 上

馬貳 294_407/407

敦煌簡 0183

○願得襦及繒

金關 T24:015B

○解㣺襦願且借故襦

東晉・潘氏衣物券

○故黄縠襦一領

北魏・公孫猗誌

○惠結綺襦

【褊】

《説文》：褊，衣小也。从衣扁聲。

【袷】

《説文》：袷，衣無絮。从衣合聲。

【襌】

《説文》：襌，衣不重。从衣單聲。

睡・封診式 68

馬貳 294_407/407

張·遣策 4

銀壹 415

【襄】

《説文》：襄，漢令：解衣耕謂之襄。从衣䏧聲。

【㐮】

《説文》：㐮，古文襄。

戰晚·廿一年音或戈

睡·秦律十八種 35

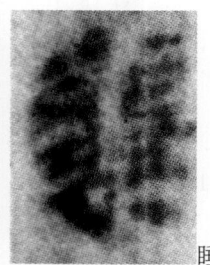

睡·日甲《稷叢辰》28

獄·占夢書 8

里·第八層 184

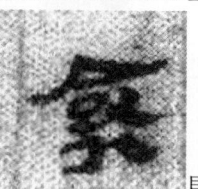

馬貳 33_21 下
○希而襄之發而陽

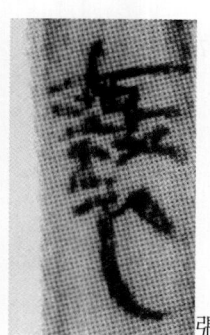

張·秩律 455

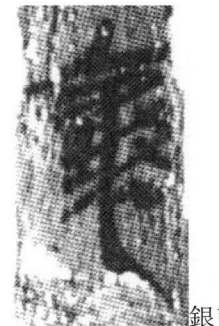

銀貳 1431

○襄王

敦煌簡 1886

金關 T10:132

金關 T21:180

○付平襄令印詣居延

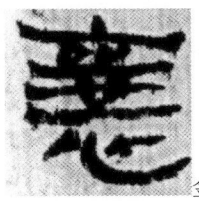

金關 T01:013

○趙國襄國長宿里龐

金關 T23:163

○黨郡襄垣石成里大

北壹・倉頡篇 46

○佝隋愷襄鄡鄧

廿世紀璽印二-GP

○襄

歷代印匋封泥

○襄陰市

秦代印風

○逢襄

廿世紀璽印三-SY

○射襄之印

3953

廿世紀璽印三-GP

○定襄千人

漢晉南北朝印風

○襄洛長印

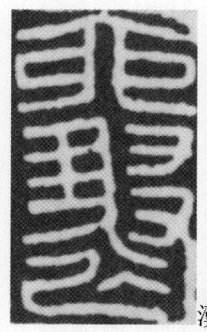

漢晉南北朝印風

○襄里

漢晉南北朝印風

○襄賁右尉

漢印文字徵

○定襄太守章

漢印文字徵

○李襄

漢印文字徵

○襄賁右尉

漢印文字徵

○襄里

漢印文字徵

○景襄

漢印文字徵

○鄧襄之印

漢印文字徵

○段襄

漢印文字徵

○郝襄快印

漢印文字徵

○陳襄

漢代官印選

○定襄太守章

漢晉南北朝印風

○郭襄私印

東漢・尹宙碑

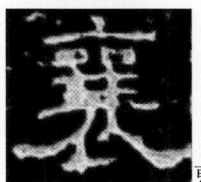

東漢・楊震碑

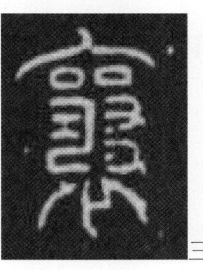

三國魏・三體石經春秋・篆文

○許曹伯襄

三國魏・三體石經春秋・隸書

○許曹伯襄復歸于曹

北魏・元廣誌

北魏・公孫猗誌

北齊・高阿難誌

北齊·高淯誌

北齊·高淯誌

三國魏·三體石經春秋·古文

【被】

《說文》：𧛔，寢衣，長一身有半。從衣皮聲。

戰中·杜虎符

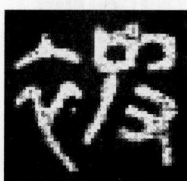

戰晚·新郪虎符

睡·秦律十八種26

獄·學為偽書案231

張·脈書43

張·引書82

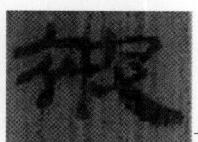

北貳·老子94

敦煌簡1043

金關T32:047

武·甲《少牢》19

東牌樓 120

○日被徵卻言孤絕

秦代印風

○蘇被

漢印文字徵

漢印文字徵

柿葉齋兩漢印萃

漢印文字徵

漢代官印選

漢晉南北朝印風

東漢・成陽靈臺碑

東漢・石堂畫像石題記

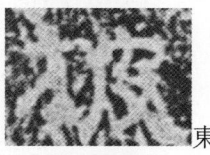

東漢・熹平石經殘石五

東漢・圉令趙君碑

○會被疾去官

西晉・臨辟雍碑

北魏・李超誌

○被茲深劾

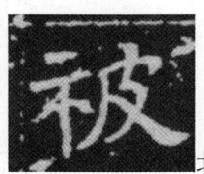

北齊・法懃塔銘

○山披素草

北齊·劉悅誌

○被羽先鳴

【衾（衿）】

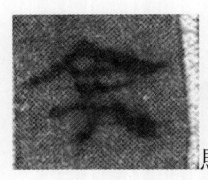

《說文》：衾，大被。从衣今聲。

馬壹 138_11 上/153 上

○減衣衾泊（薄）

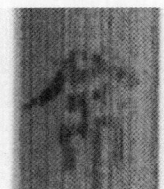

馬貳 243_251

○綺紛素裏

張·賜律 282

張·遣策 10

北魏·元信誌

○神衿秀遠

北魏·吐谷渾氏誌

○錦衾晦卷

北魏·元靈曜誌

○衿抱綽綽

北魏·元斌誌

北魏·山暉誌

北魏·李蕤誌

北魏·元誘妻馮氏誌

東魏·元季聰誌

○衾裯有序

東魏·閭叱地連誌

○衿幬有序

北齊·吐谷渾靜媚誌

○錦衿夜設

【褖】

《說文》：褖，飾也。从衣象聲。

【衵】

《說文》：衵，日日所常衣。从衣从日，日亦聲。

【䙝】

《說文》：䙝，私服。从衣埶聲。《詩》曰："是䙝袢也。"

【衷】

《說文》：衷，裏䙝衣。从衣中聲。《春秋傳》曰："皆衷其衵服。"

漢銘·衷壺

里·第八層228

馬貳69_26/26

張·脈書17

秦代印風

○趙衷

秦代印風

○瑣衷

廿世紀璽印三-SY
〇趙衷

漢印文字徵

漢印文字徵

漢印文字徵

〇杜衷

漢印文字徵
〇衷鄉之印

漢印文字徵
〇妾衷牛

漢印文字徵

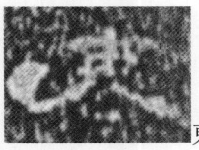

東漢・孔彪碑陽
〇考衷度衷

東漢・楊統碑陽
〇寬猛必衷

北魏・元楨誌
〇首契乾衷

北魏・元珍誌
〇慟衷移日

第八卷

3960

北魏・堯遵誌

北魏・趙光誌

北魏・馮邕妻元氏誌

北魏・元懌誌

東魏・元季聰誌

【袾】

《說文》：袾，好佳也。从衣朱聲。《詩》曰："靜女其袾。"

【袓】

《說文》：袓，事好也。从衣且聲。

北魏・常申慶造像
○開佛光明常徯袓（祖）供養

【裨】

《說文》：裨，接益也。从衣卑聲。

金關 T24:036

漢晉南北朝印風
○裨將軍印

漢晉南北朝印風
○裨將軍印

廿世紀璽印三-GY
○裨將軍印

漢印文字徵
○裨將軍印

漢印文字徵
○裨將軍印章

3961

漢印文字徵
○裨將軍印

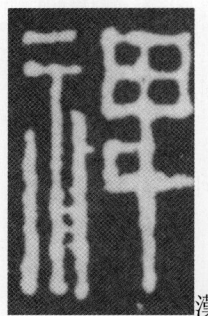

漢晉南北朝印風
○行裨(裨)將軍章

廿世紀璽印四-GY
○裨(裨)將軍章

漢晉南北朝印風
○裨(裨)將軍章

三國魏·毋丘儉殘碑

北魏·于纂誌
○裨(裨)暉一德

【袢】

《説文》：袢，無色也。从衣半聲。一曰《詩》曰："是紲袢也。"讀若普。

【雜】

《説文》：雜，五彩相會。从衣集聲。

睡·秦律十八種 194

睡·效律 28

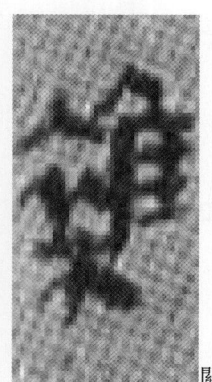

關·日書 210

里·第八層 210

馬壹 104_37\206

馬貳 264_74/94

張·收律 179

銀壹 409

敦煌簡 1722

○襦等雜搜索部界中

金關 T09:073

武·甲《特牲》47

漢印文字徵

○御府雜□

東漢·乙瑛碑

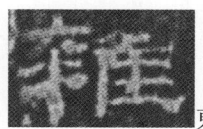

東漢·乙瑛碑

晉·洛神十三行

○爾乃眾靈雜逯

北魏·元頊誌

北魏·元瞻誌

北魏·劉華仁誌

○吉凶雜樂

東魏·道寶碑記

北齊·法懃塔銘

【裕】

《說文》：裕，衣物饒也。从衣谷聲。

《易》曰："有孚，裕無咎。"

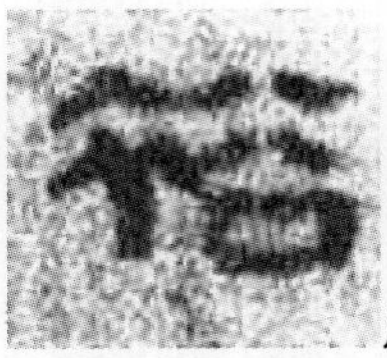

馬壹 128_2 上\79 上

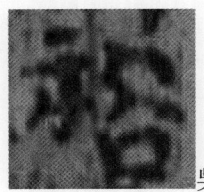

吳簡嘉禾·四·二四

漢印文字徵
○楊裕印

漢晉南北朝印風
○王長裕印

三國魏·張君殘碑

北魏·元徽誌
○綽有餘裕

北魏·元纂誌
○長則寬裕

北魏·李媛華誌

北魏·元靈曜誌

【襞】

《說文》：襞，韏衣也。从衣辟聲。

【袀】

《說文》：袀，摩展衣。从衣干聲。

【裂】

《說文》：裂，繒餘也。从衣㓝聲。

睡·法律答問 80
○夬（決）裂男若女

馬貳 119_192/191
○席彼裂瓦何人

張·脈書 18
○腨如裂此爲踵

北魏·趙廣者誌
○嗚呼叫裂

北魏·薛慧命誌

北魏·元平誌

北魏·元澄妃誌

北齊·狄湛誌

【袽】

《说文》：袽，弊衣。从衣奴聲。

【袒】

《说文》：袒，衣縫解也。从衣旦聲。

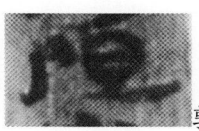

敦煌簡 0497
○授肉袒自護書

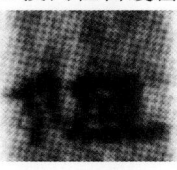

武·甲《燕禮》51
○下射袒朱襦樂作而

東漢·北海相景君碑陰
○字元袒

北魏·大般涅槃經偈
○偏袒右肩

【補】

《说文》：補，完衣也。从衣甫聲。

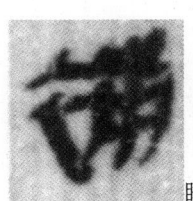

睡·秦律十八種 89

睡·秦律雜抄 41

獄・為吏 11

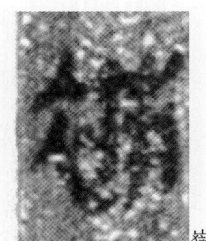

里・第八層 1008

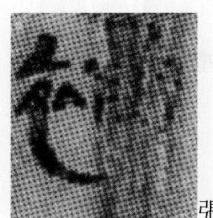

張・徭律 413

張・奏讞書 228

敦煌簡 0910B

金關 T23∶996B

秦代印風

○補□

漢印文字徵

○補忠

漢晉南北朝印風

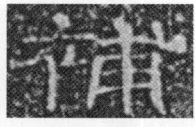

○張補

東漢・史晨後碑

西晉・石尠誌

○入補尚書吏部郎

北魏・高珪誌

北魏・席盛誌

○出補河間內史

北魏·元壽安誌

〇入補散騎常侍

北魏·公孫猗誌

東魏·叔孫固誌

〇預補天之功

【襧】

《說文》：襧，袣衣也。从衣、爾，爾亦聲。

【襹】

《說文》：襹，奪衣也。从衣虒聲。讀若池。

北魏·崔隆誌

〇氣襹異域

【嬴】

《說文》：嬴，袒也。从衣嬴聲。

【裸】

《說文》：裸，嬴或从果。

北齊·韓裔誌

〇陳平裸身亡楚

【裎】

《說文》：裎，袒也。从衣呈聲。

【裼】

《說文》：裼，袒也。从衣易聲。

【袞】

《說文》：袞，橐也。从衣牙聲。

【襭】

《說文》：襭，以衣衽扱物謂之襭。从衣頡聲。

【擷】

《說文》：擷，襭或从手。

【袺】

《說文》：袺，執衽謂之袺。从衣吉聲。

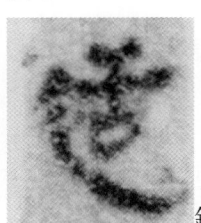

銀壹 415

〇襌袺（髻）磐避（辟）

【襘】

《說文》：褿，幒也。从衣曹聲。

【裝】

《說文》：裝，裹也。从衣壯聲。

里·第八層 1143

馬壹 103_25\194

○袁（遠）而裝（莊）

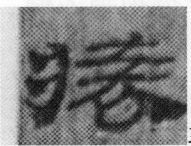

敦煌簡 0177

○昌馬楊鴻裝

金關 T26:054

○橐絮裝賈錢八䉌得

北魏·王禎誌

○方嚴裝述職

【裹】

《說文》：裹，纏也。从衣果聲。

關·病方 354

獄·數 137

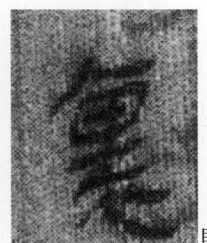

馬貳 129_21

廿世紀璽印三-SP

○裹

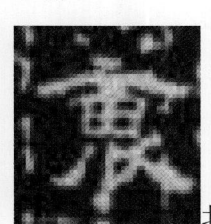

北齊·柴季蘭造像

○裹納邊土之境

3968

北齊·梁子彥誌

○裹糧坐甲

【裛】

《說文》：裛，書囊也。从衣邑聲。

里·第八層 2200

○弓弩裛二衺七尺

漢印文字徵

○瑕裛

【齏】

《說文》：齏，緶也。从衣齊聲。

北魏·劉華仁誌

○縣令劉齏之女

東魏·李顯族造像

○八關齏（齋）主

東魏·六十人等造像

○大齏（齋）主趙化生

北齊·五十人造像

○大齏（齋）主比丘法顯

【裋】

《說文》：裋，豎使布長襦。从衣豆聲。

【襴】

《說文》：襴，編枲衣。从衣區聲。一曰頭襴。一曰次裏衣。

【褐】

《說文》：褐，編枲韤。一曰粗衣。从衣曷聲。

睡·秦律十八種 91

馬壹 98_75

敦煌簡 2135A

北壹・倉頡篇 17

○帔幨裘褐襏

廿世紀璽印二-SY

○褐印

秦代印風

○右褐府印

漢印文字徵

○右褐府印

北魏・元汎略誌

○解褐爲羽林監

北魏・李謀誌

北魏・元纂誌

北魏・元寧誌

○釋褐殿中將軍

北魏・劉滋誌

○解褐入朝

北魏・元弼誌

【襑】

《說文》：襑，襑領也。从衣㐁聲。

【裺】

《說文》：裺，襑謂之裺。从衣奄聲。

【衰】

《說文》：衰，艸雨衣。秦謂之萆。从衣，象形。

【㡒】

《說文》：㡒，古文衰。

睡‧為吏 49

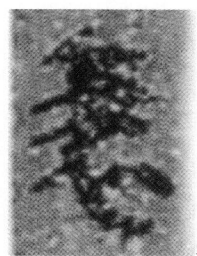

獄‧數 150

里‧第八層 135

馬壹 72_3

馬貳 217_16/27

銀壹 619

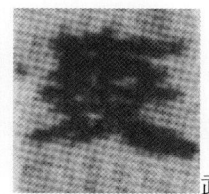

武‧儀禮甲《服傳》48

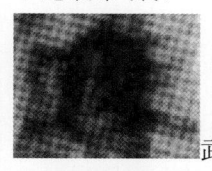

○緫衰常（裳）

武‧乙本《服傳》15

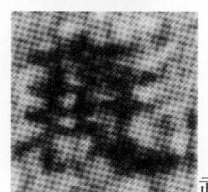

武‧丙本《喪服》11

秦代印風

○衰

漢印文字徵

○衰印覆遠

東漢・成陽靈臺碑

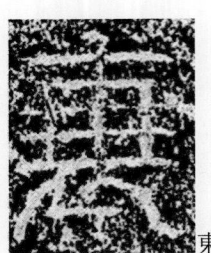

東漢・祀三公山碑

北魏・丘哲誌

北魏・元子永誌

○盛衰忽改

北魏・李伯欽誌

○蓳草時衰

東魏・李挺誌

○年逕盛衰

卒，衣有題識者。

漢銘・上林宣曲宮鼎

漢銘・竟寧鴈足鐙

漢銘・成山宮渠斗

漢銘・東阿宮鈁

睡・秦律十八種 116

睡・法律答問 199

關・病方 323

【卒】

《說文》：𧘇，隸人給事者衣爲卒。

獄・數 134

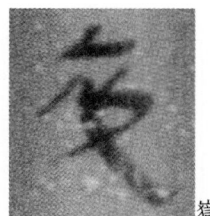

獄・綰等案 244

里・第五層 6

里・第八層 135

馬壹 92_302

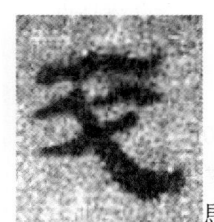

馬壹 9_59 上

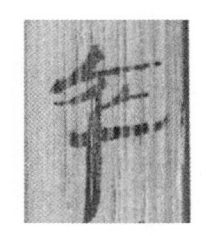

馬貳 214_30/131

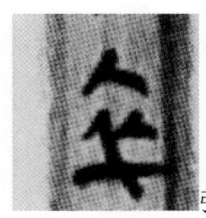

張・奏讞書 74

銀壹 978

敦煌簡 0243A

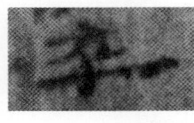

○使卒張常奉記叩頭再拜

敦煌簡 1028

金關 T01:023

○以廩止虜隧卒部賢爲張

金關 T23:500

武·甲《特牲》30

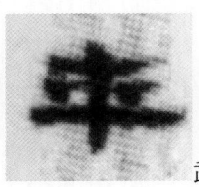

武·甲《有司》18

東牌樓 130

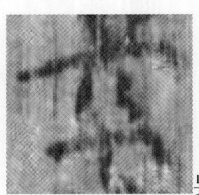

吳簡嘉禾·四·四六三

歷代印匋封泥
〇王卒左敀昌進而攴五

廿世紀璽印三-SP

廿世紀璽印三-GP
〇臨菑卒尉

漢印文字徵

漢印文字徵

漢晉南北朝印風

東漢·譙敏碑

東漢·永壽元年畫像石墓記

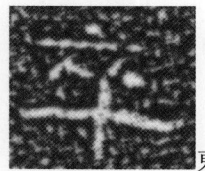

東漢·許安國墓祠題記

東漢·鮮於璜碑陽

東漢·鮮於璜碑陰

東漢・楊著碑陽

東漢・夏承碑

東漢・景君碑

東漢・孫仲隱墓刻石

○病卒

東漢・尹宙碑

東漢・趙寬碑

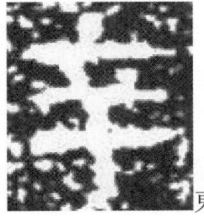

東漢・繆紆誌

○終卒

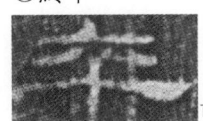

東漢・乙瑛碑

東漢・乙瑛碑

東漢・公乘田魴畫像石墓題記

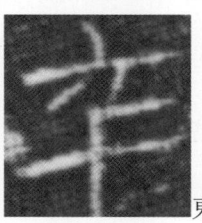

東漢・石祠堂石柱題記

東漢・上計史王暉石棺銘

○卯九月下旬卒其拾

三國魏・三體石經春秋・古文

○丑鄭伯捷卒衛人侵

三國魏・三體石經春秋・篆文

○丑鄭伯捷卒

三國魏・三體石經春秋・隸書

西晉・張朗誌

東晉・王丹虎誌

〇廿八日卒

北魏・楊範誌

〇二月九日卒殯於濟州

北魏・封昕誌

〇甲寅卒于安

北魏・給事君妻韓氏誌

〇卒于京第

北魏・慧靜誌

〇卒於永明寺

北魏・郭定興誌

〇遇患而卒

北魏・元崇業誌

〇卒於第

北魏・楊乾誌

〇卒於洛陽中練里第

北魏・元誘妻馮氏誌

〇卒穀水里

東魏・劉幼妃誌

北齊・是連公妻誌

〇卒於鄴城

北齊·徐顯秀誌

北周·梁嗣鼎誌

【褚】

《說文》：褚，卒也。从衣者聲。一曰製衣。

馬壹 115_42\445

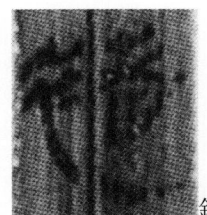

○一褚（曙）輿

銀貳 1511

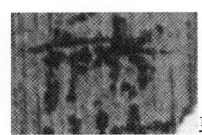

敦煌簡 0504

○時使褚愴

金關 T27:020

漢印文字徵

○褚農

漢印文字徵

○褚延季

漢印文字徵

○褚克宗

漢印文字徵

○褚成

北魏·楊順誌

○俶儻難量

北魏・辛穆誌

○雖褚碧當才

東魏・趙秋唐吳造像

【製】

《說文》：製，裁也。从衣从制。

馬貳 207_54

○徹士製之實

歷代印匋封泥

○惠孟臣制

秦文字編 1335

北魏・元鑽遠誌

北魏・韓震誌

北魏・唐耀誌

○雕製龍暉

北魏・元暉誌

北魏・李榘蘭誌

○躬自嘗製

【袯】

《說文》：袯，蠻夷衣。从衣友聲。一曰蔽厀。

【襚】

《說文》：襚，衣死人也。从衣遂聲。《春秋傳》曰："楚使公親襚。"

北魏·穆亮誌

○賵襚之禮

【䘏】

《說文》：䘏，棺中縑裏。从衣、弔。讀若雕。

北壹·倉頡篇20

○支袤（䘏）牒膠

漢印文字徵

○姚袠

【裞】

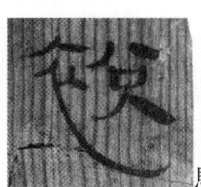

《說文》：裞，贈終者衣被曰裞。从衣兌聲。

馬貳299_37

○裞衣兩筒

【褮】

《說文》：褮，鬼衣。从衣，熒省聲。讀若《詩》曰"葛藟縈之"。一曰若"靜女其袾"之袾。

【㝛】

《說文》：㝛，車溫也。从衣延聲。

【裹】

《說文》：裹，以組帶馬也。从衣从馬。

里·第八層1574

張·傅律356

金關T01:020

北壹·倉頡篇33

【袨】

《說文》：袨，盛服也。从衣玄聲。

北魏·元純陀誌

○不登袨異之服

【衫】

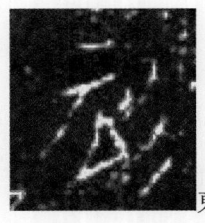

《說文》：衫，衣也。从衣彡聲。

東晉·潘氏衣物券

○故練衫二領

【襖】

《說文》：襖，裘屬。从衣奧聲。

〖礽〗

漢印文字徵

○趙礽私印

〖袜〗

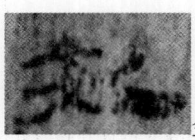

金關 T23∶295

○布袜

〖袟〗

北魏·昭玄法師誌

○散袟濡翰

北魏·元鑽遠誌

○負袟入白公臺山

北魏·元毓誌

○垂簾百袟

北魏·公孫猗誌

○綠袟

北魏·元茂誌

○書有盈袟

北魏·元寧誌

○羅年好袟

北魏・王蕃誌

○施捨袟（秩）粟

北齊・盧脩娥誌

○帶施榮袟（秩）

北齊・暴誕誌

○爵班高袟（秩）

〖衿〗

北齊・狄湛誌

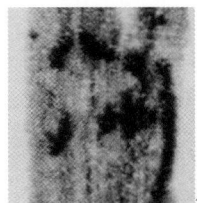

○衿袖

〖袔〗

戰晚・二年上郡守戈

銀壹784

○袔（句）而應之此守

〖袸〗

睡・日甲《詰》25

○是袸鬼偽

〖袿〗

晉・洛神十三行

〖袼〗

馬壹144_38/212 上

○天罔（網）袼=

〖袋〗

嶽・為吏51

○廉而毋袋

〖袲〗

敦煌簡0263A

○候史袲次

第八卷

金關 T05:073
○種廣裛錐半所得以

【裇】

北壹・倉頡篇 71
○齰圍裇綏

【裝】

里・第八層 149

銀貳 1184
○奇數裝(制)之

【裛】

東魏・嵩陽寺碑
○柳裛長條

【裷】

北周・李府君妻祖氏誌
○棲止圖裷

【裸】

金關 T24:640
○平裸方□尺

【裹】

北壹・倉頡篇 14
○挾貯施裹

【祿】

北周・董榮暉誌
○翟祿非華

【褠】

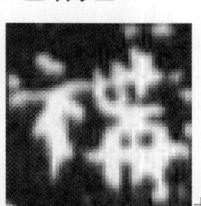

北魏・楊暐誌
○朱褠玉劍

【褥】

第八卷

北魏・源延伯誌

○迄高祖禿發褥

〖襌〗

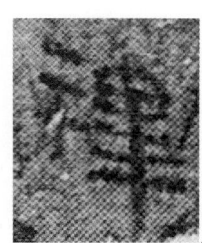

居・EPT40.59

○諸事襌□

〖褶〗

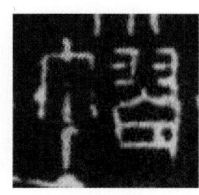

北齊・感孝頌

○聊褶賈琮之襜

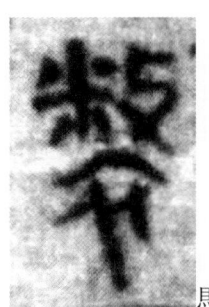

〖獘〗

馬壹 82_66

○侍（待）其獘（弊）而功（攻）齊

張・奏讞書 169

○臣操獘（敝）席

張・奏讞書 168

○有一婢衣獘（敝）衣

〖襟〗

北魏・李超誌

○息詭遇之襟

北魏・慈慶誌

東魏・司馬韶及妻侯氏誌

北齊・婁叡誌

〖襹〗

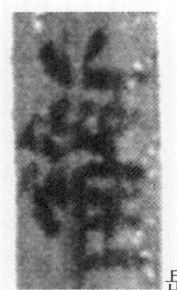

岳・為吏治官及黔首 49

○以㰚（權）索利

〖襡〗

睡・日書乙種《四月》87

○此（觜）襡（襐）

裘部

【裘】

《說文》：裘，皮衣也。从衣求聲。一曰象形，與衰同意。凡裘之屬皆从裘。

【求】

《說文》：求，古文省衣。

睡・日書乙種《夢》189

里・第八層 2296

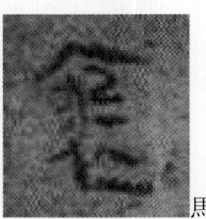

馬貳 144_11

張・奏讞書 207

敦煌簡 0542

金關 T21:084

○韋皮裘一領

金關 T26:067

第八卷

北壹・倉頡篇 17

○麃帔帴裘褐□

睡・法律答問 3

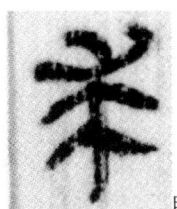

睡・為吏 27

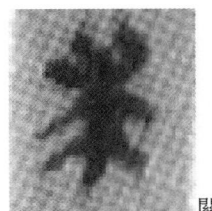

關・病方 362

獄・為吏 68

獄・數 96

獄・識劫案 127

里・第八層 454

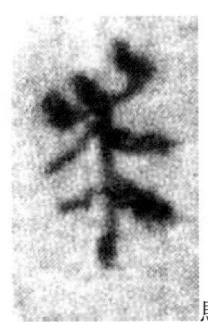

馬壹 111_16\367

馬壹 5_21 上

馬貳 142_28

張・盜律 65

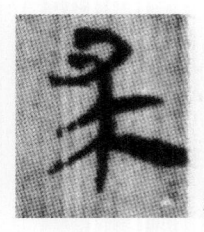

張・奏讞書203

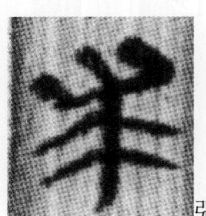

張・算數書113

銀貳1905

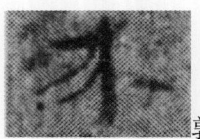

敦煌簡0089A

金關T23:866B

○曹卿求書

東牌樓043背

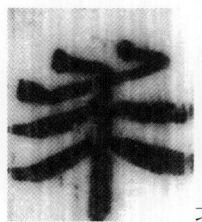

北壹・倉頡篇21

魏晉殘紙

漢印文字徵
○鄧裘私印

廿世紀璽印三-SY
○求醜

漢印文字徵
○求周游

漢印文字徵
○求周勝印

北魏・元尚之誌

東魏・張瑾誌

東魏・趙氏妻姜氏誌

○晨夕裘裳

詛楚文・巫咸

○晨夕裘裳

石鼓・車工

○子之求

東漢・白石神君碑

東漢・張遷碑陽

○紀行求本

東漢・西岳華山廟碑陽

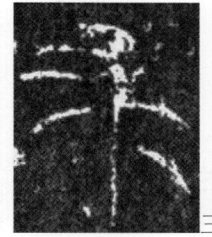

三國魏・三體石經殘・篆文

○敷求于

三國魏・三體石經殘・古文

○敷求于

三國魏・三體石經殘・隸書

北魏・慈慶誌

東魏・廣陽元湛誌

東魏・廣陽元湛誌

【褧】

《説文》：褧，裘裏也。从裘鬲聲。讀若擊。

老部

【老】

《説文》：𠇂，考也。七十曰老。从人、毛、匕。言須髮變白也。凡老之屬皆从老。

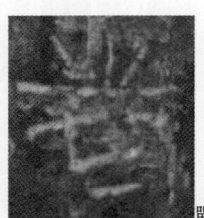

戰晚・王二十三年秦戈

睡・秦律十八種 61

睡・為吏 3

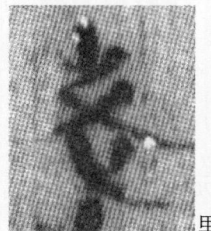

獄・為吏 75

里・第八層 1798

馬壹 96_38

馬貳 211_96

○以卻老復莊（壯）

張・徭律 408

張・蓋盧 32

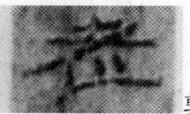

敦煌簡 0774

○佗奈老何

金關 T09:092A

○里父老丁禹證謁言

金關 T10:063

○得敬老里任賞年廿

金關 T30:010

武・王杖 4

○甚哀老小高年受王

魏晉殘紙

廿世紀璽印三-GY
〇西辟父老

廿世紀璽印三-GY
〇南鄉三老

漢晉南北朝印風
〇萬歲單三老

漢晉南北朝印風
〇西都三老

漢晉南北朝印風
〇城北單父老印

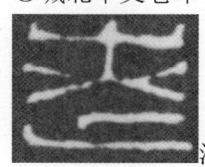

漢晉南北朝印風
〇父老毋死萬歲

漢印文字徵

漢印文字徵
〇西都三老

漢印文字徵
〇賈印扶老

漢印文字徵
○老千秋

漢印文字徵
○千歲褎老

詛楚文・巫咸
○禮使介老將之以自救

東漢・譙敏碑

東漢・三老諱字忌日刻石

東漢・孔宙碑陽

東漢・趙寬碑額
○三老趙

東漢・朝侯小子殘碑

東漢・曹全碑陰

西晉・管洛誌

北魏・王誦誌
○豈錫難老

【耋】

《說文》：耋，年八十曰耋。从老省，从至。

金關 T10:212
○之受耋里公乘尹允

北魏·于仙姬誌

○耋疹未瘳

北齊·傅華誌

○齒踰大耋

【薹】

《说文》：薹，年九十曰薹。从老，从蒿省。

【耆】

《说文》：耆，老也。从老省，旨聲。

戰中·十三年相邦義戈

睡·秦律十八種 136

睡·為吏 35

睡·日甲《生子》144

睡·日甲《馬禖》158

里·第八層 1531

馬壹 43_46 上

○耆（嗜）欲无厭（猒）

馬貳 36_51 上

○魚之耆（鬐）與腈

敦煌簡 0098
○遮焉耆殄滅逆虜

北壹・倉頡篇 44
○殣穀玥耆侯騎

魏晉殘紙
○耆玄頓首

魏晉殘紙
○耆王臧對

秦代印風
○王耆

漢晉南北朝印風
○漢匈奴姑塗黑台耆

廿世紀璽印三-GY
○漢匈奴爲鞮臺耆且渠

漢印文字徵
○王耆

漢印文字徵
○漢匈奴姑塗□臺耆

西晉・臨辟雍碑

北魏・慈慶誌
○英名耆老

北周・寇嶠妻誌

○尊耇九室

【耇】

《說文》：耇，老人面凍黎若垢。從老省，句聲。

秦文字編 1338

馬貳 208_61

○耇老合（答）

三國吳·谷朗碑

○當永黃耇

【耂】

《說文》：耂，老人面如點也。從老省，占聲。讀若耿介之耿。

【𦒱】

《說文》：𦒱，老人行才相逮。從老省，易省，行象。讀若樹。

【壽】

《說文》：壽，久也。從老省，𠷎聲。

春晚·秦公簋

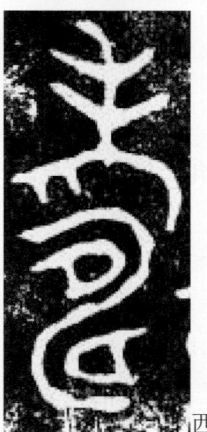

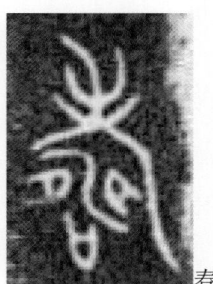

西晚·不其簋

春早·秦公鐘

春晚·秦公鎛

春早·秦公鎛

戰晚·十二年上郡守壽戈

漢銘·新嘉量二

漢銘·壽成室鼎一

漢銘·壽成室鼎二

漢銘·壽春鈁

漢銘·新嘉量一

漢銘·延壽宮高鐙

漢銘·晉壽升

漢銘·大司農權

漢銘·元壽二年鐙

漢銘·聖主佐宮中行樂錢

漢銘·三壽區

漢銘·聖主佐宮中行樂錢

漢銘·新衡杆

漢銘·東海宮司空盤

睡·日乙 75

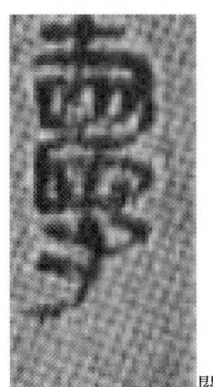

關·日書 148

里·第八層 1580

馬壹 15_13 上\106 上

馬壹 76_64

馬貳 211_95

馬貳 244_264
○素長壽鏡衣一赤掾
銀壹 604 
○壽地將動
北貳・老子 212 
敦煌簡 0027 
金關 T01:088 
金關 T09:085 
金關 T30:153A 

武・甲《少牢》47
東牌樓 131 
○郭堅壽
歷代印匋封泥 
○壽陵丞印
秦代印風 
秦代印風 
廿世紀璽印三-SY

廿世紀璽印三-SY
○平壽
廿世紀璽印三-SY 
廿世紀璽印三-SY 
廿世紀璽印三-SY 
○天延壽印
廿世紀璽印三-SY 
廿世紀璽印三-SP 

○壽
漢晉南北朝印風 
○鐘壽丞印
廿世紀璽印三-GP 
○壽良令印
漢晉南北朝印風 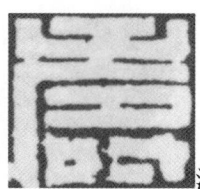
廿世紀璽印四-GY 
○漢壽左尉
漢晉南北朝印風 
歷代印匋封泥 
○都元壽二年瓦

柿葉齋兩漢印萃

柿葉齋兩漢印萃

○蘇延壽

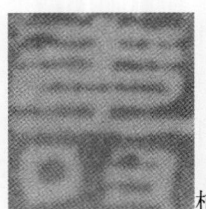

柿葉齋兩漢印萃

柿葉齋兩漢印萃

○臨淮壽章

柿葉齋兩漢印萃

歷代印匋封泥

○平壽

漢印文字徵

歷代印匋封泥

○張壽門

漢印文字徵

漢印文字徵

漢印文字徵

○王延壽

漢印文字徵

○徐壽王

漢印文字徵

○苔壽

漢印文字徵

○中黃壽印

漢印文字徵

○馬適壽

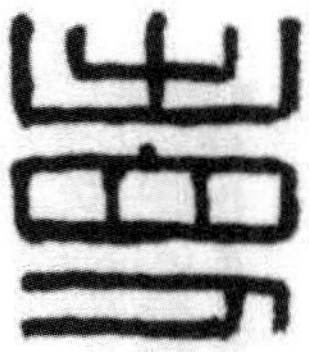

漢印文字徵

○壽游卿

漢印文字徵

漢晉南北朝印風

○壽城亭侯

漢晉南北朝印風

漢晉南北朝印風

○壽成

漢晉南北朝印風

○楊益壽

漢晉南北朝印風

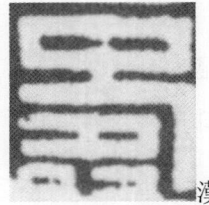

漢晉南北朝印風
〇于延壽印

漢晉南北朝印風

漢晉南北朝印風
〇王延壽

漢晉南北朝印風
〇陳壽

漢晉南北朝印風

秦公大墓石磬

東漢・劉平國崖刻石下
〇長壽億年

東漢・向壽碑

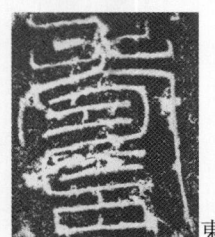

東漢・孫大壽碑額
〇壽碑

東漢・王舍人碑

東漢・禮器碑側

東漢・成陽靈臺碑

東漢・文叔陽食堂畫像石題記

東漢・元嘉元年畫像石題記一

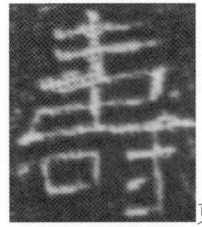

東漢・石祠堂石柱題記額

東漢・永壽元年畫像石墓記

○永壽元年

東漢・禮器碑

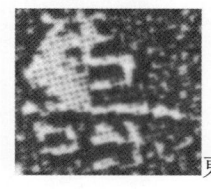

東漢・許安國墓祠題記

○永壽三年

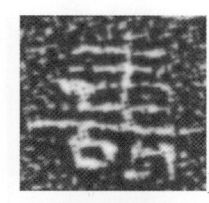

東漢・許安國墓祠題記

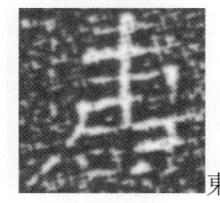

東漢・許安國墓祠題記

○子無隨沒壽

東漢・史晨後碑

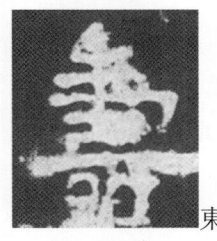

東漢・相張壽殘碑

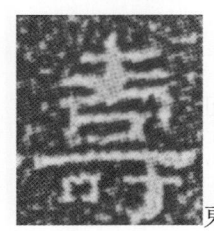

東漢・趙寬碑

北魏・元瞻誌

北魏・張玄誌

○義里妻河北陳進壽女壽爲鉅

北魏・穆彥誌

北魏・四耶耶骨棺蓋

○次男蔣公壽

北魏・青州元湛誌

北魏・元子正誌

北魏・于纂誌

北魏・元暐誌

北魏・高英誌

北魏・司馬紹誌

北魏・元廣誌

○上壽未央

東魏・高湛誌

東魏・朱舍捨宅造寺記

○無病長壽

北齊·道明誌

北齊·暴誕誌

北齊·暴誕誌

北齊·淳于元皓造像

○壽像一軀

【考】

《說文》：𠨞，老也。从老省，丂聲。

漢銘·建武泉範二

漢銘·昭臺宮扁

漢銘·橐泉宮行鐙

漢銘·建昭行鐙

漢銘·建昭鴈足鐙一

漢銘·建始元年鐙

漢銘·中宮鴈足鐙

漢銘·永始三年乘輿鼎

漢銘·建武泉範一

漢銘·竟寧鴈足鐙

敦煌簡 2142

○勉以考績

第八卷

秦文字編 1339

東漢・孔宙碑陽

東漢・夏承碑

東漢・景君碑

〇三考紬勒

三國魏・張君殘碑

北魏・李超誌

〇惟祖惟考

春晚・秦公鎛

漢銘・孝文廟甗鍑

漢銘・孝文廟甗鍑

漢銘・孝文廟甗鍑

漢銘・孝武廟鼎

漢銘・永始高鐙

睡・法律答問 102

【孝】

《說文》：𠻘，善事父母者。从老省，从子。子承老也。

4004

第八卷

睡・為吏 41

獄・為吏 13

馬壹 90_249

馬貳 229_97

張・賊律 38

張・蓋廬 46

銀貳 1906

北貳・老子 168

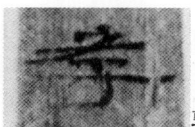

敦煌簡 0776

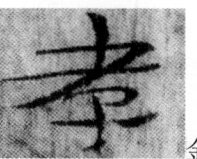

金關 T32:046

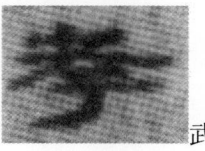

武・儀禮甲《服傳》10

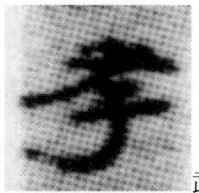

武・甲《少牢》33

東牌樓 049 背

○謝孝達何起新

秦代印風

○孝

廿世紀璽印三-GP

○孝園

廿世紀璽印三-SY

○趙孝君印

廿世紀璽印三-SY

廿世紀璽印三-SY

漢晉南北朝印風

漢晉南北朝印風

廿世紀璽印三-SY

廿世紀璽印三-SY

歷代印匋封泥

○孝景園令

歷代印匋封泥

○孝惠浸丞

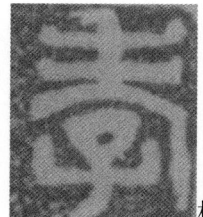

柿葉齋兩漢印萃

○孝成君印

漢印文字徵

○郯孝昌

漢印文字徵

○周孝

漢印文字徵

○張孝親

漢印文字徵

○孝子

漢印文字徵

○孝景園令

漢印文字徵

○尹孝之印

漢晉南北朝印風

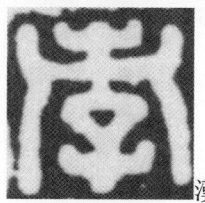

漢晉南北朝印風

漢晉南北朝印風

東漢・黃晨黃芍墓磚

○行孝女

東漢・司徒袁安碑

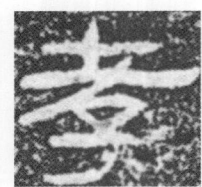

東漢・從事馮君碑

東漢・尚博殘碑

東漢・張遷碑陽

東漢・皇女殘碑

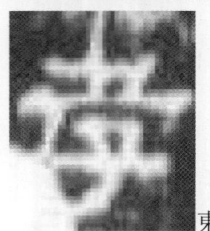

東漢・營陵置社碑

東漢・司馬芳殘碑額

東漢・司徒袁安碑

東漢・舉孝廉等字殘碑

北魏・元詳造像

北魏・丘哲誌

〇高祖孝文皇帝

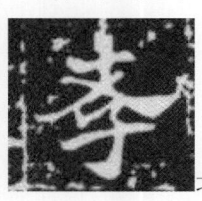

北魏・李超誌

北魏・寇憑誌

北魏・王昌誌

北魏・趙充華誌

北魏・元楨誌

北魏·元理誌

北魏·元弘嬪侯氏誌

東魏·高翻碑額

○中黃尉錄事孝公碑

北齊·感孝頌

○隴東王感孝頌

北齊·暴誕誌

北周·宇文儉誌蓋

○大周上柱國大冢宰故譙忠孝王之墓誌銘

北周·梁嗣鼎誌

北周·盧蘭誌

北周·馬龜誌

北周·盧蘭誌

【耄】

東魏·呂尪誌

○皇帝以君年涉耆耄

毛部

【毛】

《說文》：毛，眉髮之屬及獸毛也。象形。凡毛之屬皆从毛。

睡·日甲 5

○敝毛之士

睡·日甲《詰》47

○六畜毛邋（鬣）

獄·為吏 17

○當毛繕治弗治以藍

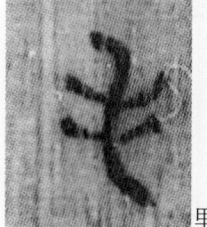

里·第八層 1529

○令史毛季從者

馬壹 77_79

○不禽（擒）二毛

馬壹 137_64 下/141 下

馬壹 242_7 上\15 上

○ 小毛（耗）帀（師）

馬貳 114_94/94

○小時毛殹

馬貳 20_26 上

○七曰大毛（耗）

張·奏讞書 115

○道與毛盜牛

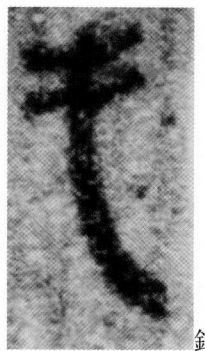

銀壹 343

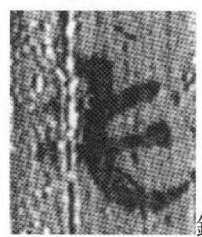

銀貳 1899

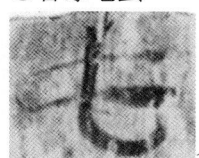

○合冰毛虫

金關 T26:145

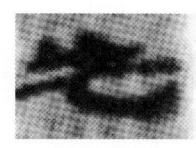

○毛子文錢

武·甲《少牢》22

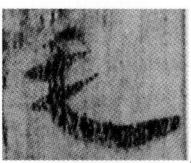

東牌樓 055 正

北壹·倉頡篇 29

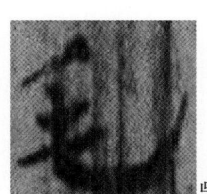

吳簡嘉禾·五·一一

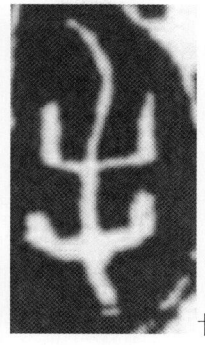

廿世紀璽印二-SY

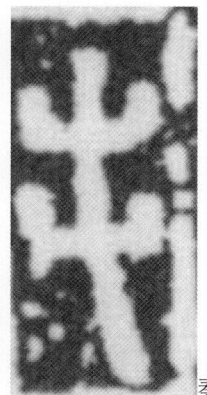

○毛尾

秦代印風

○毛遂

漢印文字徵

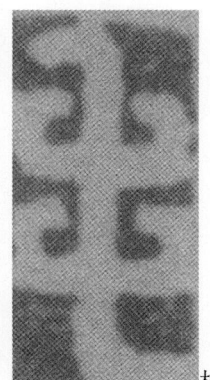

○毛旱時

柿葉齋兩漢印萃

○毛豐

漢印文字徵

○毛積

漢印文字徵

○毛奢

漢印文字徵

○毛富之印

漢印文字徵

○毛喜

○毛顯私印

漢印文字徵

漢印文字徵

○毛邑之印

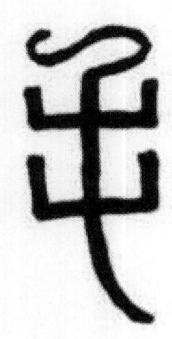

漢印文字徵

○毛喜

漢印文字徵

○毛鳳私印

漢晉南北朝印風

○毛邑之印

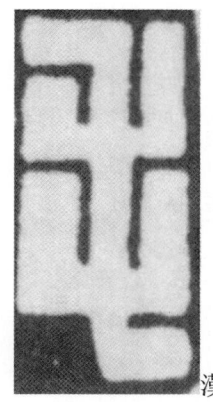

漢晉南北朝印風

○毛意

漢晉南北朝印風

○毛橫之印

漢晉南北朝印風

○毛獲私印

東漢·成陽靈臺碑

東漢·孔彪碑陽

北魏·元弼誌

東魏·趙秋唐吳造像

○社民河內毛寄字仲伯

【𣮈】

《說文》：𣮈，毛盛也。从毛隼聲。《虞書》曰："鳥獸𣮈毛。"

【𣰽】

《說文》：𣰽，獸豪也。从毛欮聲。

【毨】

《說文》：毨，仲秋，鳥獸毛盛，可選取以爲器用。从毛先聲。讀若選。

【𣮟】

《說文》：𣮟，以氂爲縺，色如虋。故謂之𣮟。虋，禾之赤苗也。从毛兩聲。《詩》曰："毳衣如𣮟。"

【毯】

《說文》：毯，撚毛也。从毛亶聲。

【毦】

《說文》：毦，羽毛飾也。从毛耳聲。

北周·匹婁歡誌

○翠毦金羈

【氊】

《說文》：氊，氊𣰆、𣰆𣰉，皆氈緂之屬，蓋方言也。从毛瞿聲。

【𣰉】

《說文》：𣯩，氀毹也。从毛俞聲。

【氀】

《說文》：氀，氀毹也。从毛弱聲。

【毹】

《說文》：毹，氀毹也。从毛登聲。

【毬】

《說文》：毬，鞠丸也。从毛求聲。

【氅】

《說文》：氅，析鳥羽爲旗纛之屬。从毛敞聲。

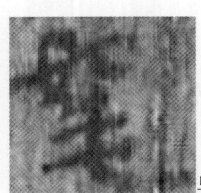

【毟】

吳簡嘉禾・五・五三二

○男子唐毟

【氈】

東漢・三公山碑

○氈儁得進

【毫】

北魏・鄭君妻誌

毳部

【毳】

《說文》：毳，獸細毛也。从三毛。凡毳之屬皆从毳。

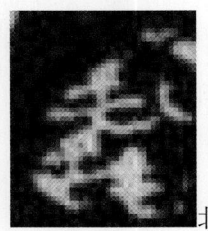

北魏・楊順誌

北齊・潘景暉造像

○斯皆□毳

北周・華岳廟碑

○莫不乘毳駕風

【毳】

《說文》：毳，毛紛紛也。从毳非聲。

尸部

【尸】

《說文》：尸，陳也。象臥之形。凡尸之屬皆从尸。

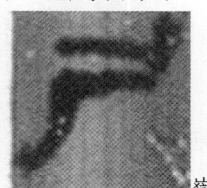

獄・質日3434

獄·尸等案 40

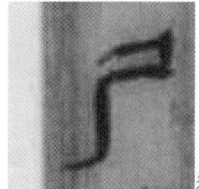

里·第八層 793

馬壹 103_15\184

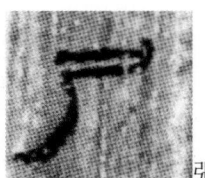

張·史律 486

銀壹 988

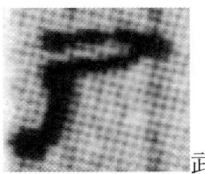

武·甲《特牲》4

武·甲《有司》75

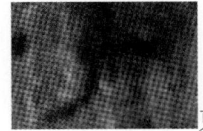

東牌樓 005

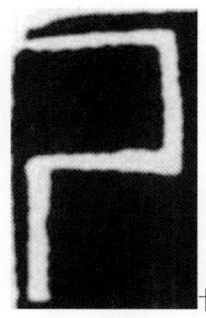

廿世紀璽印三-GY
○漢匈奴胡盧訾尸逐

漢晉南北朝印風
○漢匈奴惡適屍逐王

漢印文字徵
○漢匈奴惡適尸逐王

西漢·楚王墓塞石銘
○楚古尸王通於

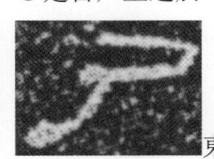

東漢·趙寬碑

北魏·無名氏誌

【屟】

《說文》：屟，侙也。从尸奠聲。

【居】

《說文》：居，蹲也。从尸古者，居从古。

【踞】

《說文》：踞，俗居从足。

戰晚·九年相邦呂不韋戟

漢銘·私官鼎

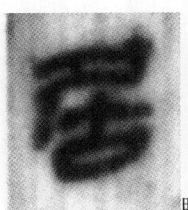

睡·語書 13

睡·秦律十八種 83

睡·日甲 23

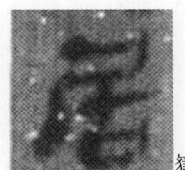

嶽·質日 3410

嶽·數 177

里·第八層 197

馬壹 109_151\320

馬壹 5_27 上

張·置後律 378

銀壹 344

銀貳 1147

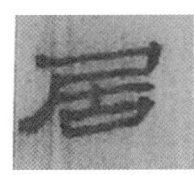

北貳·老子 207

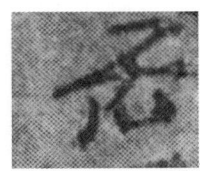

敦煌簡 0238A

〇況居其中者

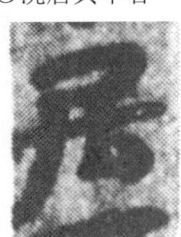

敦煌簡 1829

金關 T03:057

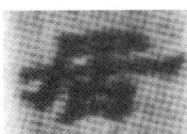

武·儀禮甲《服傳》24

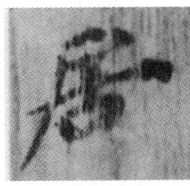

東牌樓 035 正

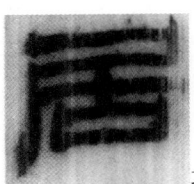

北壹·倉頡篇 27

魏晉殘紙

歷代印匋封泥

廿世紀璽印三-GP

〇居室丞印

秦代印風

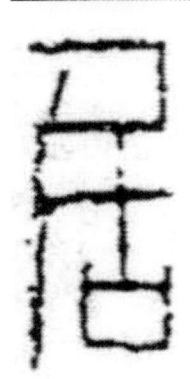

廿世紀璽印三-GP

漢印文字徵

漢印文字徵

歷代印匋封泥

〇居攝二年

歷代印匋封泥

〇居攝二年

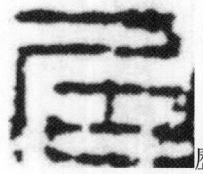

歷代印匋封泥

歷代印匋封泥

漢印文字徵

歷代印匋封泥

漢晉南北朝印風

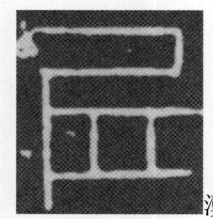

漢晉南北朝印風

〇即居令印

漢晉南北朝印風

〇華居印

東漢·嗚咽泉畫像石墓題記

東漢·石堂畫像石題記

東漢·禮器碑

東漢·肥致碑

東漢·曹全碑陽

東漢·曹全碑陽

東漢·成陽靈臺碑

西晉·荀岳誌

東晉·高句麗好太王碑

北魏·王誦妻元妃誌

北魏·吐谷渾氏誌

北魏·張整誌

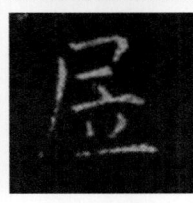

東魏·李祈年誌

○遷於青州東安縣而居焉

北齊·崔芬誌

北齊·諸維那等四十人造像

○世居家眷屬

北齊·庫狄業誌

【眉】

《説文》：眉，臥息也。从尸、自。

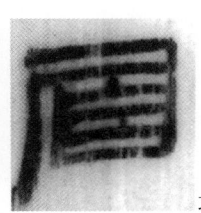

北壹·倉頡篇 60

○弘兢翦眉霸暨

○管眉　秦代印風

○眉　秦代印風

○眉印　秦代印風

○吳眉　漢印文字徵

○陶眉私印　漢印文字徵

【屑（屑）】

《說文》：屑，動作切切也。从尸肖聲。

○麤屑二升　馬貳78_186/173

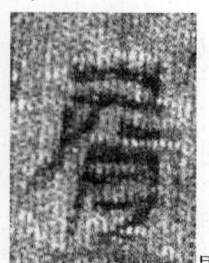

東漢・史晨後碑

北魏・元鑽遠誌

北魏・元頊誌

北魏・元詮誌

【展】

《說文》：展，轉也。从尸，襄省聲。

睡・封診式 2
○各展其辭

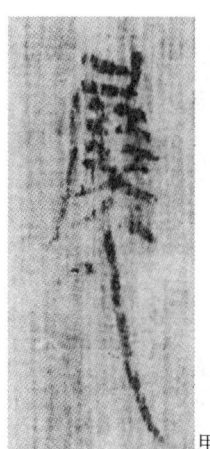

里・第八層 1564

敦煌簡 1972C

金關 T22:065

北壹・倉頡篇 48
○賈商騩展賁達

魏晉殘紙
○欲展辛苦

漢晉南北朝印風

漢印文字徵

漢印文字徵
○展買之

漢印文字徵
○姚展世

東漢・王舍人碑

東漢·西岳華山廟碑陽

東漢·禮器碑陰

○北海劇袁隆展世百

北魏·元維誌

北魏·和醜仁誌

北魏·侯剛誌

【屈】

《説文》：屈，行不便也。一曰極也。从尸出聲。

北壹·倉頡篇 68

○俱鳴屈寵

秦代印風

○任屈

北魏·山徽誌

○始屈有來暮之歌

東魏·蕭正表誌

○及屈近畿

北周·若干雲誌

○屈武濟城

【尻】

《説文》：尻，𦞅也。从尸九聲。

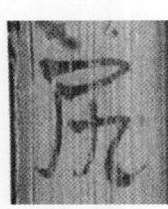

馬貳 214_31/132

張·脈書 9

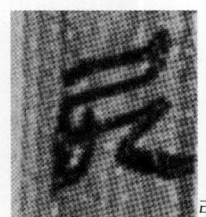

張·引書 71

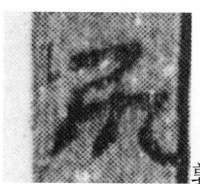

敦煌簡 0536

金關 T26:238

○百左尻白

【屍】

《説文》：屍，髀也。从尸下丌居几。

【臋（臀）】

《説文》：臋，屍或从骨殿聲。

【脽】

《説文》：脽，屍或从肉、隹。

戰晚・十七年丞相啓狀戈

○工邪脽邰陽

東漢・熹平石經殘石五

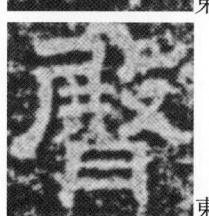

東漢・熹平石經殘石五

【屠】

《説文》：屠，尻也。从尸旨聲。

【尼】

《説文》：尼，從後近之。从尸匕聲。

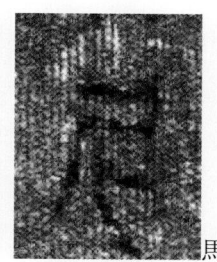

馬貳 90_447/437

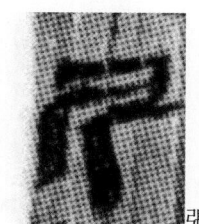

張・引書 100

○利項尼引倍以利肩

金關 T31:141

北壹・倉頡篇 26

○肸齋尼睆飽

柿葉齋兩漢印萃

漢印文字徵

漢印文字徵

漢晉南北朝印風

東漢・衛尉卿衡方碑

東漢・西狹頌

三國魏・孔羨碑

西晉・臨辟雍碑

北魏・長孫瑱誌

北魏・高英誌

○出俗爲尼

北魏・法文法隆等造像

○丘尼法文

北齊・李難勝誌蓋

○齊故濟南愍悼王妃李尼墓銘

北齊・王鴨臉造像

○端尼

北齊·慧承造像
○比丘尼慧承

【屆】

《說文》：屆，從後相臿也。从尸从㔾。

【尼】

《說文》：尼，屆尼也。从尸乏聲。

【㞕】

《說文》：㞕，柔皮也。从申尸之後。尸或从又。

【屒】

《說文》：屒，伏皃。从尸辰聲。一曰屋宇。

秦文字編 1347

【屖】

《說文》：屖，屖遟也。从尸辛聲。

廿世紀璽印三-SY
○王屖

【屝】

《說文》：屝，履也。从尸非聲。

【屍】

《說文》：屍，終主。从尸从死。

【屠】

《說文》：屠，刳也。从尸者聲。

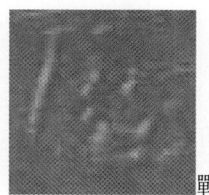

戰晚·春成左庫戈

金關 T01∶169

秦代印風

廿世紀璽印三-SY

漢印文字徵

○屠姓

柿葉齋兩漢印萃

○申屠義

漢印文字徵

○魏屠各率善佰長

漢印文字徵

○屠武信印

漢印文字徵

○賈屠

漢印文字徵

○屠章

漢晉南北朝印風

廿世紀璽印四-SY

漢晉南北朝印風

漢晉南北朝印風

東漢·白石神君碑

北魏·元暐誌

北魏·丘哲誌

北齊·張海翼誌

【屟】

《說文》：屟，履中薦也。从尸枼聲。

【屋】

《說文》：屋，居也。从尸。尸，所主也。一曰尸，象屋形。从至。至，所至止。室、屋皆从至。

【㞇】

《說文》：㞇，古文屋。

【𢈘】

《說文》：𢈘，籀文屋从厂。

敦煌簡 0553

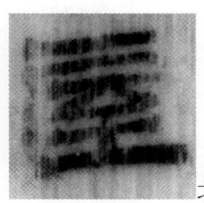

北壹·倉頡篇 54

○郎殿層屋

廿世紀璽印三-SP

○屋

漢印文字徵

漢印文字徵

漢印文字徵

○矦屋鳥

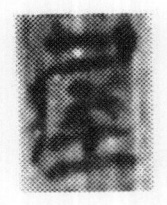

秦文字編 1347

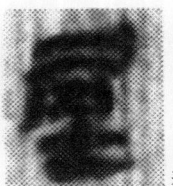

秦文字編 1347

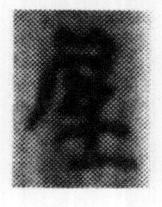

秦文字編 1348

秦文字編 1348

東漢・譙敏碑

東漢・成陽靈臺碑

東漢・成陽靈臺碑

東漢・成陽靈臺碑

東漢・曹全碑陽

北魏・馮季華誌

北魏・胡明相誌

北魏・元譚妻司馬氏誌

東魏・羊深妻崔元容誌

〇棄此華屋

【屏】

《說文》：屏，屏蔽也。从尸幷聲。

睡・日甲《馬祶》157

銀壹 809

敦煌簡 0562A

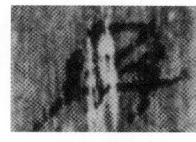

金關 T30:126

北壹・倉頡篇 55
○屏囹廬廡

秦代印風
○楊屏

漢晉南北朝印風
○設屏農尉章

漢印文字徵
○設屏農尉章

東漢・史晨前碑

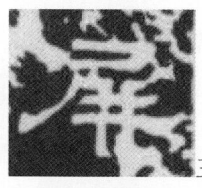

三國魏・三體石經尚書・隸書

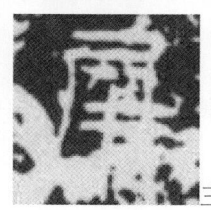

三國魏・三體石經尚書・篆文
○少臣屏侯畝

北魏・元寶月誌

北魏・慕容纂誌

北魏・元暐誌

北魏・元順誌

【層】

《說文》：層，重屋也。从尸曾聲。

北壹・倉頡篇 54

○廟郎殿層屋內

北魏・元悛誌

北魏・元暐誌

北魏・元仙誌

北魏・尉氏誌

北魏・元羽誌

北魏・元楨誌

【屢】

《說文》：屢，數也。案：今之婁字本是屢空字，此字後人所加。從尸，未詳。

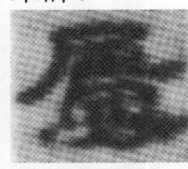

武・儀禮甲《服傳》1

東漢・西狹頌

東漢・祀三公山碑

西晉・石尠誌

西晉・石尠誌

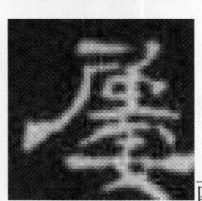

西晉・臨辟雍碑

北魏・宋虎誌

4030

北魏・爾朱紹誌

北魏・元朗誌

〖屄〗

馬壹 10_50 下

○子輿佗貞凶

〖戻〗

張・脈書 7

○如馬戻

〖屠〗

漢印文字徵

○屠毋忌

〖屙〗

孔・直室門 288

○是主必屙

〖屪〗

睡・秦律十八種 27

○發見屪之粟

尺部

【尺】

《說文》：尺，十寸也。人手卻十分動脈爲寸口。十寸爲尺。尺，所以指尺規榘事也。从尸从乙。乙，所識也。周制，寸、尺、咫、尋、常、仞諸度量，皆以人之體爲法。凡尺之屬皆从尺。

漢銘・新嘉量一

漢銘・中宮鴈足鐙

漢銘・臨虞宮高鐙三

漢銘・萬歲宮高鐙

漢銘・陽信家銅錠

漢銘・慮俿尺

漢銘・光和斛二

睡・封診式 65

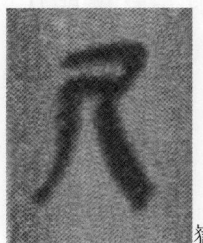

嶽・數 189

里・第八層 2200

馬貳 33_5 下

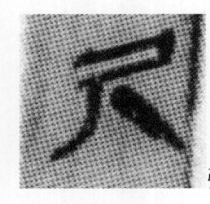

張・田律 256

張・算數書 2

銀壹 839

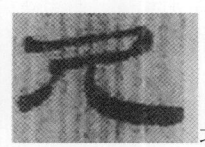

北貳・老子 91

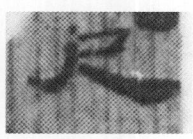

敦煌簡 1196

金關 T01:041

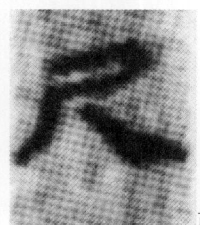

武・甲《泰射》42

吳簡嘉禾·五·一〇三

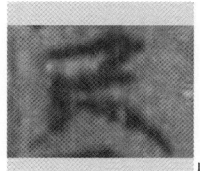

吳簡嘉禾·四·一六一

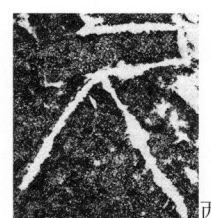

西漢·王陵塞石

○廣四尺

西漢·李后墓塞石

○三尺五寸

東漢·洛陽黃腸石三

東漢·任城王墓黃腸石

東漢·任城王墓黃腸石

東漢·佐孟機崖墓題記

○八尺當穴□萬世中出

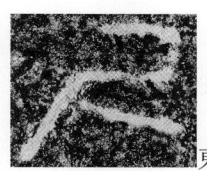

東漢·任城王墓黃腸石

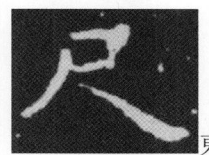

東晉·黃庭經

北魏·元願平妻王氏誌

【咫】

《說文》：咫，中婦人手長八寸，謂之咫。周尺也。从尺只聲。

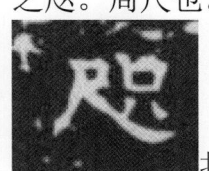

北周·華岳廟碑

尾部

【尾】

《說文》：尾，微也。从到毛在尸後。古人或飾系尾，西南夷亦然。凡尾之屬皆从尾。（今隸變作尾。）

睡·日甲《玄戈》56

關·日書 136

馬壹 4_4 下

馬貳 215_7

銀壹 262

銀貳 2173

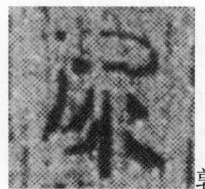

敦煌簡 1649

武·甲《特牲》9

○舉獸尾告備

東牌樓 033 背

○具頭尾宜復思

北壹·倉頡篇 60

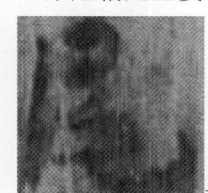

○昊旭宿尾奎婁

吳簡嘉禾·五·七七一

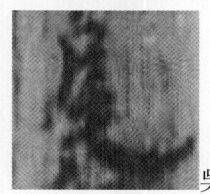

吳簡嘉禾·四·二四八

廿世紀璽印二-SY

○毛尾

漢印文字徵

○尾生僕

漢印文字徵

東漢·武氏石室祥瑞圖題字

東漢·石門頌

北魏·源延伯誌

北魏·元昭誌

北魏·李端誌

北齊·劉悅誌

戰晚·卅年詔事戈

戰晚·十四年屬邦戈

戰晚·五年呂不韋戈（一）

戰晚·十三年少府矛

戰晚·八年相邦呂不韋戈

【屬】

《説文》：屬，連也。从尾蜀聲。

戰晚・寺工矛
秦・少府矛 
漢銘・陽泉熏鑪 
漢銘・池陽宮行鐙 
漢銘・弘農宮銅方鑪 
睡・秦律十八種 195 
○它垣屬焉者

里・第八層 34
馬壹 71_1 
張・史律 486 
張・奏讞書 74 
北貳・老子 33 
敦煌簡 1254 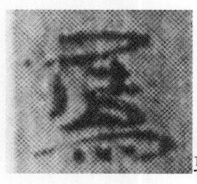
○掾恩屬漢昌
金關 T24:134

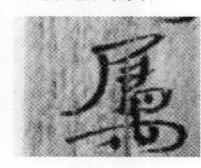

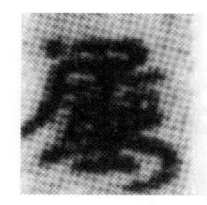

武・甲《少牢》28

東牌樓 070 背

○事屬右辭曹傳曹

魏晉殘紙

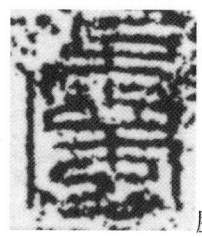

歷代印匋封泥

○屬邦工室

秦代印風

○屬印

漢晉南北朝印風

漢晉南北朝印風

廿世紀璽印三-GY

○左屬國

漢代官印選

漢代官印選

漢印文字徵

○張掖屬國

漢印文字徵

○屬印

漢印文字徵

○五屬嗇

東漢・曹全碑陽

○張掖屬國都尉丞

東漢・宋伯望買田刻石右

○道堵界所屬給發

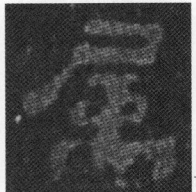

東漢・楊統碑陽

○帥服者變衽而屬

西晉・成晃碑

○況訓親屬

西晉・成晃碑

○賞屬大小

北魏・韓顯宗誌

○又善屬文

北魏・元定誌

○實屬斯生

北魏・元尚之誌

○屬辭韻綵

北魏・元靈曜誌

○親賢攸屬

北魏・鮮于仲兒誌

○凡我疏屬

北魏・元誨誌

○朝無異屬

東魏・李挺誌

4038

西魏·杜照賢造像

〇因緣眷屬

北周·李府君妻祖氏誌

〇餘慶是屬

北周·李府君妻祖氏誌

〇中河有屬

【屈（屈）】

《說文》：屈，無尾也。从尾出聲。

睡·為吏34

睡·日甲《詰》41

〇首屈（掘）而去

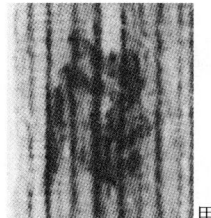

里·第八層背1452

〇令走屈行

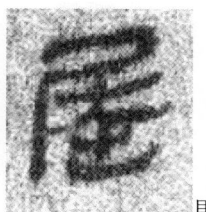

馬壹121_10下

〇先屈後信（伸）

馬壹43_40上

張·引書18

〇屈前卻（膝）

北貳·老子137

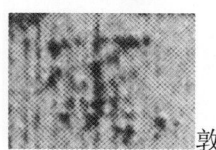

敦煌簡1686

〇東北屈東邑里張奉

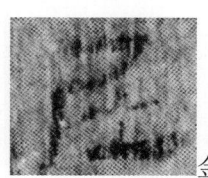

金關T26:269A

秦代印風

〇楊屈

○屈相
廿世紀璽印三-SY

廿世紀璽印三-SY

○屈延壽印
漢印文字徵

○屈如意
漢印文字徵

漢印文字徵

○屈侯羌忌
東漢・石門頌

北魏・爾朱襲誌

北魏・石婉誌

北魏・寇憑誌

北魏・王翊誌

北魏・穆彥誌

北周・菌香樹摩崖

【尿（尿）】

《説文》：尿，人小便也。从尾从水。

履部

【履】

《説文》：履，足所依也。从尸从彳从夊，舟象履形。一曰尸聲。凡履之屬皆从履。

【𩑶】

《説文》：𩑶，古文履从頁从足。

睡·法律答問 162

睡·日甲《盜者》79

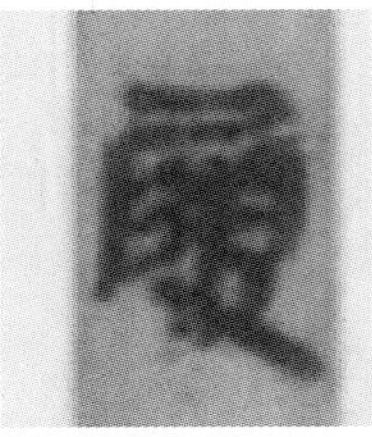
嶽·魏盜案 152

里·第八層 300

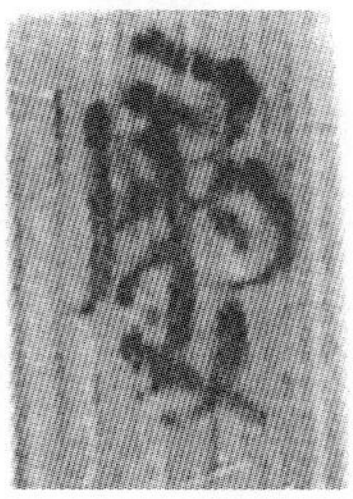
里·第八層背 1561

馬壹 37_37 下

馬貳 244_261

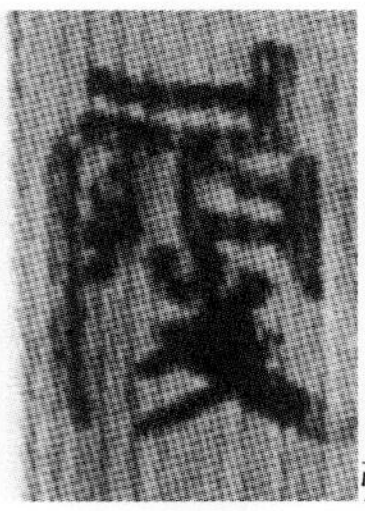
張·遣策 14

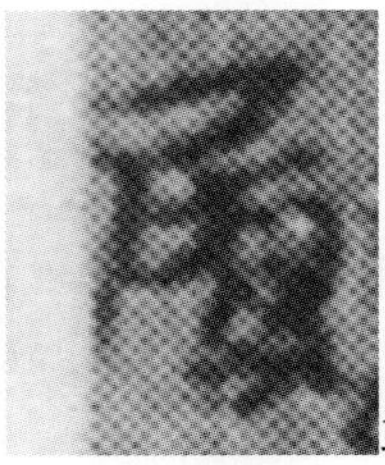
敦煌簡 1146

金關 T26:112

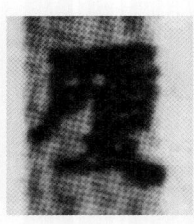

武·甲《泰射》48

東牌樓 060 背

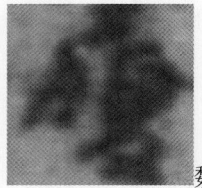

魏晉殘紙

○衣履圖空

東漢·成陽靈臺碑

○履規柜之度

東漢·孔少垂墓碣

東漢·夏承碑

西晉·成晃碑

○履信義

北魏·元彝誌

○基忠履孝

北魏·劉華仁誌

○幼履宮庭

北魏·封魔奴誌

○君性履淹詳

北魏·劉阿素誌

○幼履宮廷

北魏·馮會誌

○載光載履

北魏·寇臻誌

○春秋甫履從心

北魏·穆亮誌

○履順開祉

東魏·閭叱地連誌

東魏·元玗誌

○詎悲簪履

東魏·陸順華誌

○用履厥操

東魏·王僧誌

○少腹（履）庠門

北齊·婁黑女誌

南朝宋·劉懷民誌

○履淑違徵

【屨】

《說文》：屨，履也。从履省，婁聲。一曰鞮也。

睡·日甲《詰》57

○投以屨得其所

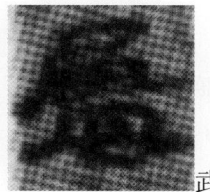

武·儀禮甲《士相見之禮》14

○坐取屨隱辟

北壹·倉頡篇17

○褐虪屨幣袍

北魏·元徽誌

○冠屨飄淪

【屐】

《說文》：屐，履下也。从履省，歷聲。

【屏】

《說文》：屪，履屬。从履省，予聲。

【屫】

《說文》：屫，屦也。从履省，喬聲。

【屐】

《說文》：屐，屩也。从履省，支聲。

【屣】

北魏・長孫盛誌

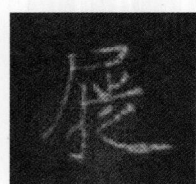

北魏・元憘誌

○屣履黃扉

北魏・公孫猗誌

北魏・元誘誌

舟部

【舟】

《說文》：舟，船也。古者，共鼓、貨狄，刳木為舟，剡木為楫，以濟不通。象形。凡舟之屬皆从舟。

銀壹 870

○舟車之險濡輪

銀貳 1554

○擊舟

北貳・老子 118

○徒有舟車無所乘之

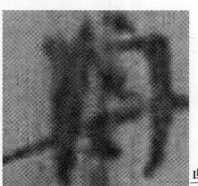

吳簡嘉禾・五・二四五

○潘舟佃田十五町

石鼓・霝雨

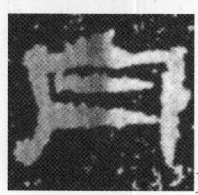

東漢・元嘉元年畫像石題記一

○從兒刺舟渡諸母

三國魏·上尊號碑

○網漏吞舟

北魏·慈慶誌

東魏·高盛碑

○泛乎若虛舟之靡觸

【俞】

《說文》：俞，空中木爲舟也。从亼从舟从巜。巜，水也。

西晚·不其簋

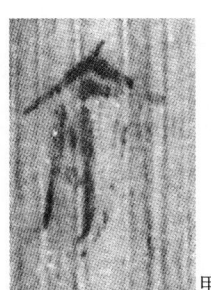

里·第八層 1040

馬壹 136_164 上/141 上

馬壹 83_96

馬貳 268_114/131

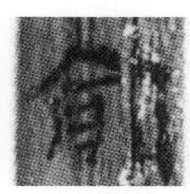

銀貳 2117

北貳·老子 122

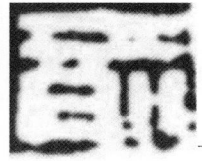

廿世紀璽印三-SY

漢印文字徵

漢印文字徵

漢晉南北朝印風

漢晉南北朝印風

北魏·元過仁誌

北魏·元顯俊誌

北魏·薛伯徽誌

東魏·崔鸊誌

北周·崔宣靖誌

【船】

《說文》：船，舟也。从舟，鉛省聲。

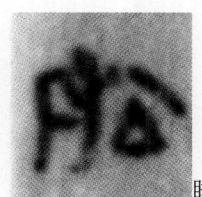

睡·日甲 128
○可以船行

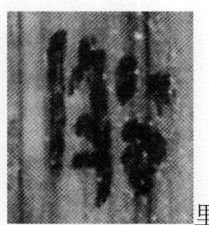

里·第六層 4
○狐告船官

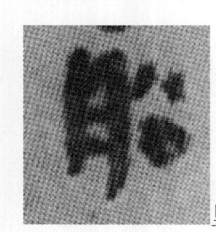

里·第八層 135
○陵公船一袤三丈三

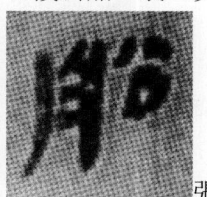

張·賊律 7
○半負船人觩艫負二

北壹·倉頡篇 58
○維楫船方

廿世紀璽印二-SP
○都船掩

秦代印風
○船虞

4046

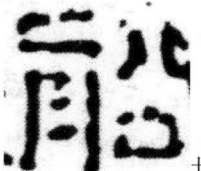

第八卷

廿世紀璽印三-GP
○船司空丞

漢印文字徵
○舩丞空司

漢代官印選
○戈船將軍

歷代印匋封泥
○都船丞印

歷代印匋封泥
○戈船侯印

柿葉齋兩漢印萃
○樓船將軍

漢代官印選
○樓船將軍章

漢印文字徵
○戈舩侯印

漢印文字徵
○都舩丞印

北魏·元瞻誌
○戈船停島

北齊·李德元誌
○刻船之敏

北齊·崔德誌
○船上流杯

【彤】

《說文》：彤，船行也。从舟彡聲。

4047

【舳】

《説文》：舳，艫也。从舟由聲。漢律名船方長爲舳艫。一曰舟尾。

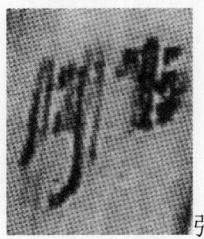

張·賊律 7
○船人舳艫負二徒負

東魏·元惊誌

【艫】

《説文》：艫，舳艫也。一曰船頭。从舟盧聲。

張·賊律 7
○之舳艫亦負二徒負

北壹·倉頡篇 67
○魁鉅圜艫與瀕

【舤】

《説文》：舤，船行不安也。从舟，从刖省。讀若兀。

【䑩】

《説文》：䑩，船著不行也。从舟燮聲。讀若華。

【朕】

《説文》：朕，我也。闕。

西晚·不其簋

春早·秦公鎛

馬壹 137_63 下/140 下
○單（戰）朕（勝）不報

馬貳 35_40 下
○人不朕（勝）客者

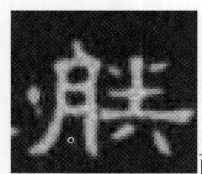

西晉·臨辟雍碑
○朕甚嘉之

北魏·楊乾誌
○朕甚悼之

4048

北魏·慈慶誌

北魏·封魔奴誌

○侍朕歷年

【舫】

《説文》：舫，船師也。《明堂月令》曰"舫人"。習水者。从舟方聲。

石鼓·霝雨

【般】

《説文》：般，辟也。象舟之旋，从舟。从殳，殳，所以旋也。

【𣪞】

《説文》：𣪞，古文般从支。

戰晚·信宮罍

漢銘·齊食官鈁二

漢銘·陽泉熏鑪

漢銘·元康高鐙

漢銘·齊大官盆

漢銘·大官右般罍

漢銘·齊食官鈁一

漢銘·齊大官匕

漢銘·齊大官右般罍一

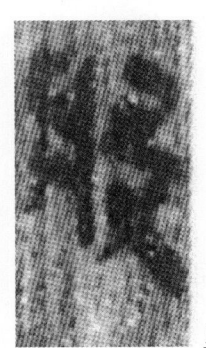

里·第八層847

○建佐般出賣祠

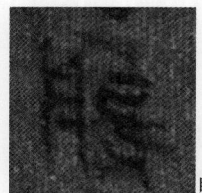

馬貳 84_330/320
○去故般（瘢）善削

馬貳 239_206
○畫平般（盤）徑二

馬貳 282_266/258
○畫平般（盤）徑尺

馬貳 282_267/259
○食般（盤）徑一

武·甲《特牲》49
○人奉般（盤）東

歷代印匋封泥
○般陽丞印

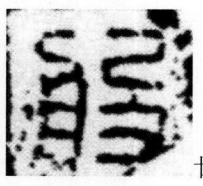

廿世紀璽印三-GP
○般陽丞印

秦代印風
○般目

漢印文字徵
○般翁山

歷代印匋封泥
○般毋害

漢印文字徵

○般成

漢印文字徵

○般嘉

漢印文字徵

○趙般誰

漢印文字徵

○般陽丞印

東漢・禮器碑側

○魯孫般三百

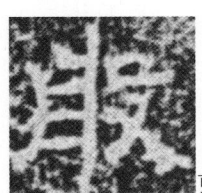

東漢・熹平石經殘石五

北魏・慈慶誌

北魏・元過仁誌

○梁王般之曾孫

北齊・文殊般若經

【服（服）】

《説文》：服，用也。一曰車右騑，所以舟旋。从舟㠯聲。

【舟人】

《説文》：舟人，古文服从人。

春早・秦公鐘

春早・秦公鎛

漢銘・廣陵服食官釘二

漢銘・左服右虎形器座

4051

漢銘·左服虎形器座

睡·秦律十八種 18

睡·為吏 35

獄·為吏 40

里·第八層 2186

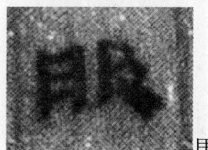

馬壹 127_62 下

馬壹 43_43 上

馬壹 71_1

馬壹 89_233

馬貳 260_28/44

張·奏讞書 177

張·引書 37

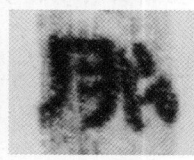

銀壹 351

銀貳 1022

北貳·老子 61

敦煌簡 2013

金關 T26:192

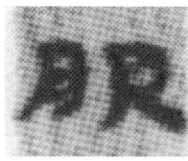

武·儀禮甲《服傳》53

武·甲《特牲》47

東牌樓 055 背

北壹·倉頡篇 7

○行步駕服逋逃

廿世紀璽印三-SY

○服報

漢印文字徵

漢印文字徵

漢印文字徵

漢晉南北朝印風

○趙翊子產印信福祿進日以前乘浮雲上華山飲玉英飲禮泉服名藥就神仙

秦公大墓石磬

○秦既服

東漢·鮮於璜碑陽

東漢·曹全碑陽

東漢·成陽靈臺碑

東漢·司徒袁安碑

4053

○孝和皇帝加元服

三國魏・三體石經春秋・古文

○弔（叔）服來佮（會）葬

三國魏・三體石經春秋・篆文

○叔服來會葬夏四月丁

三國魏・三體石經春秋・隸書

西晉・孫松女誌

北魏・王普賢誌

○服闋

北魏・元譚妻司馬氏誌

東魏・元季聰誌

○服勤沼沚

北齊・李難勝誌

○法服在身

北齊・高淯誌

【舸】

《說文》：舸，舟也。從舟可聲。

【艇】

《說文》：艇，小舟也。從舟廷聲。

【艅】

《說文》：艅，艅艎，舟名。從舟余聲。經典通用餘皇。

【艎】

《說文》：艎，艅艎也。從舟皇聲。

〖航〗

北魏・元延明誌

北齊・張忻誌

〖舲〗

北魏·元彥誌

○方欲飛舲擢漢

北齊·報德像碑

○方欲飛舲擢漢

〖艕〗

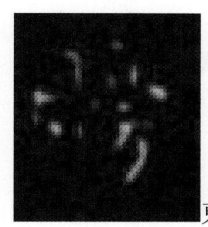

東魏·李憲誌

○艕歌起於城上

〖艭〗

秦文字編 1355

方部

【方】

《說文》：方，併船也。象兩舟省、緫頭形。凡方之屬皆从方。

【汸】

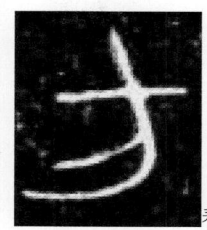

《說文》：汸，方或从水。

春早·秦公鎛

春早·秦政伯喪戈之一

西晚·不其簋

春晚·秦公鎛

春早·秦子簋蓋

漢銘·方氏鼎蓋

漢銘·中尚方鐎斗

漢銘·新中尚方鍾

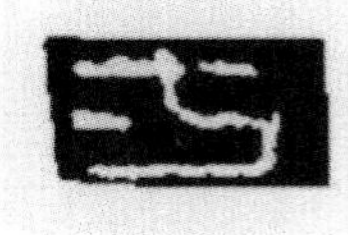

漢銘·元初二年鐵

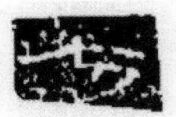

漢銘·新嘉量一

漢銘·新量斗

漢銘·駘蕩宮高鐙

漢銘·弘農宮銅方鑪

漢銘·□方辟兵鉤

漢銘·尚方故治器二

漢銘·駘蕩宮壺

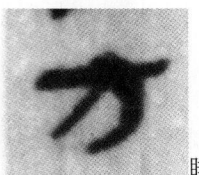

睡·語書 4
○私方而下之令吏

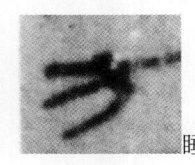

睡·法律答問 88
○其大方一寸

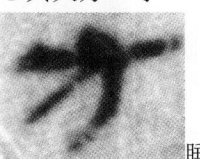

睡·日甲《歲》64
○在東方

睡·日甲《盜者》71
○啟西方

睡·日甲《病》77
○居北方

睡·日甲 90
○西方金

關·病方 332

〇齲方見車禹步三

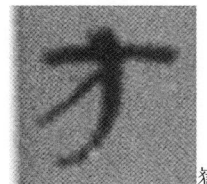

獄·數 197

〇有玉方八寸

獄·芮盜案 78

〇方曰

里·第八層 1369

〇方尺半

馬壹 178_74 下

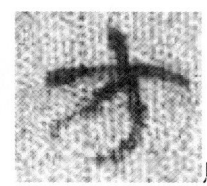

馬壹 266_3

馬壹 104_36\205

〇義之方也

馬貳 235_160

〇右方土（杜）衡

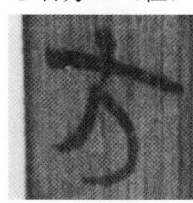

馬貳 294_399/324

馬貳 12_2 下\25

張·蓋盧 7

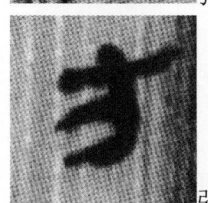

張·算數書 154

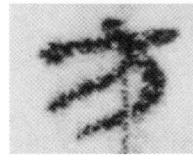

銀壹 251

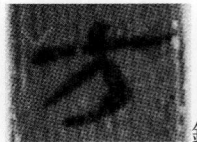

銀貳 1656

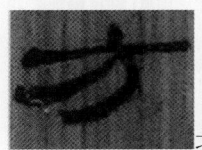

北貳・老子 150

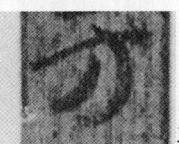

敦煌簡 0064
○聞西方

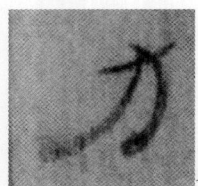

金關 T21:027

金關 T26:231

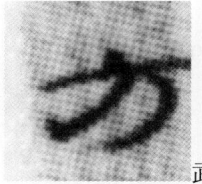

武・甲《特牲》33

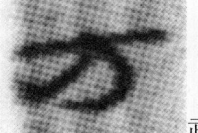

武・甲《有司》72
○在南方婦人贊者執

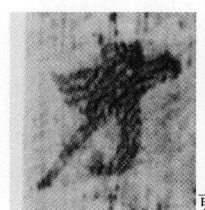

東牌樓 037 正
○方當

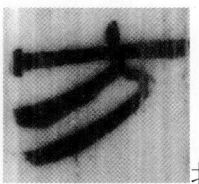

北壹・倉頡篇 58
○維楫舩方百四

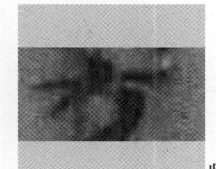

吳簡嘉禾・四・二〇四
○子劉方田十町凡廿

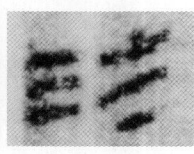

銀壹 256
○湯汸（放）桀

歷代印匋封泥

廿世紀璽印二-SY
○西方疾

廿世紀璽印三-GP
○方渠除丞

秦代印風

○方言身

秦代印風

秦代印風

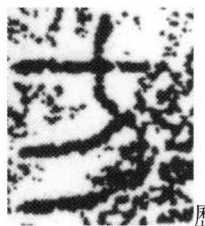

歷代印匋封泥

廿世紀璽印三-SY

○方君明

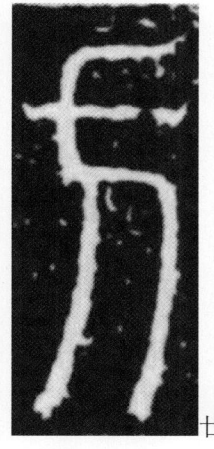

廿世紀璽印三-SY

○筍方

廿世紀璽印三-GP

○帶方長印

漢晉南北朝印風

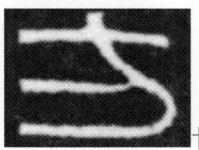

廿世紀璽印三-SY

漢印文字徵

○王子方

○方中青

漢印文字徵

漢印文字徵

○方吳

漢印文字徵

○長孫方居

漢印文字徵

○方輴

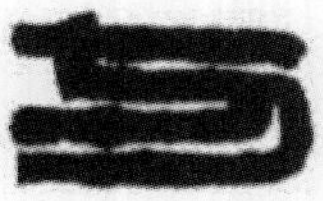

漢印文字徵

○妾異方

漢印文字徵

○傅方

漢印文字徵

○朔方長印

漢代官印選

漢印文字徵

○方讓私印

漢晉南北朝印風

漢晉南北朝印風

○帶方郡丞印

漢晉南北朝印風

○方當之印

漢晉南北朝印風

○李毋方

石鼓·靈雨

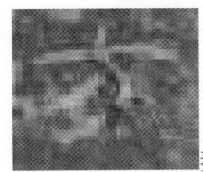

秦駰玉版

秦公大墓石磬

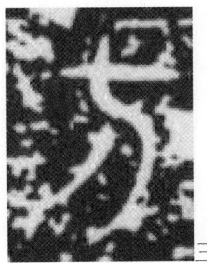

三國魏·三體石經尚書·古文

○洛于四汸若

三國魏·三體石經尚書·隸書

○四方

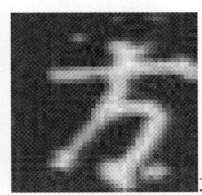

北朝·千佛造像碑

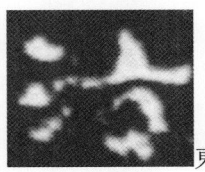

東漢·樊敏碑

○飲汶茹汸

【斻】

《說文》：斻，方舟也。从方亢聲。

《禮》：天子造舟，諸矦維舟，大夫方舟，士特舟。

〖刅〗

漢印文字徵

○張刅私印

儿部

【儿】

《說文》：儿，仁人也。古文奇字人也。象形。孔子曰："在人下，故詰屈。"凡儿之屬皆从儿。

【兀】

《說文》：兀，高而上平也。从一在

人上。讀若敻。茂陵有兀桑里。

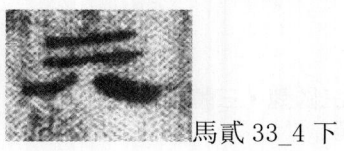

馬貳 33_4 下

〇請言兀（其）解夫

北魏・李蕤誌

〇夷路兀（无）窮

【兒】

《說文》：兒，孺子也。从儿，象小兒頭囟未合。

戰晚・三十二年相邦冉戈

漢銘・蘇季兒鼎

睡・封診式 86

關・病方 367

獄・多小未能與謀案 89

里・第八層 1540

里・第八層 327

馬壹 226_77

馬貳 142_29

銀貳 1170

北貳・老子 172

敦煌簡 0244A

金關 T24:011

北壹・倉頡篇 50

○臞瘦兒孺旱

秦代印風

○王兒

廿世紀璽印三-SP

○兒禄

廿世紀璽印三-SY

漢印文字徵

○兒尊之印

漢印文字徵

○兒阜

漢晉南北朝印風

○李長兒

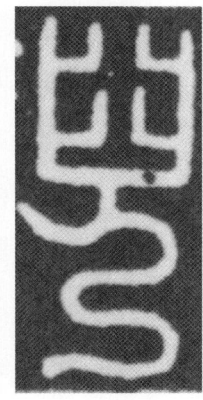

漢晉南北朝印風

漢晉南北朝印風

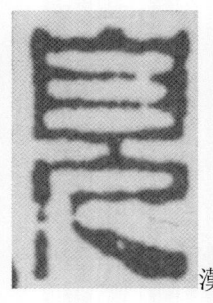

漢晉南北朝印風

○賈小兒

漢晉南北朝印風

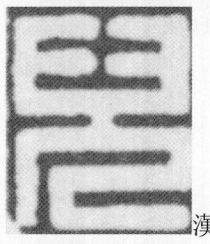

漢晉南北朝印風

東漢・元嘉元年畫像石題記一

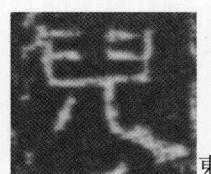

東漢・石祠堂石柱題記額

北魏・爾朱襲誌

北魏・鮮于仲兒誌

○夫人諱仲兒

北魏・元恭誌

北魏・元茂誌

○妻兒洞哭

東魏・司馬韶及妻侯氏誌

○有瘀咳兒

北齊・崔德誌

○兒中標異

北齊・劉悅誌

【允】

《說文》：𠃌，信也。从儿㠯聲。

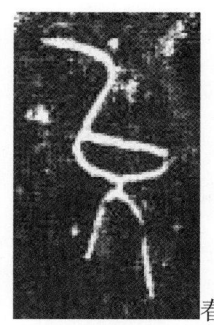

春早・秦公鎛

春早・秦公鐘

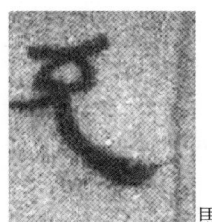

馬壹 128_2 上\79 上

○允地廣裕

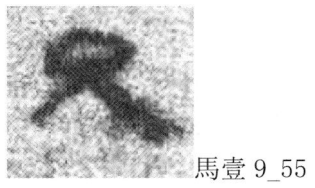

馬壹 9_55

○初六允登（升）大

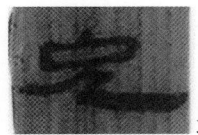

北貳・老子 143

○桓(揎)而允(捃)之

金關 T24:047

漢印文字徵

○郭印允祉

秦公大墓石磬

石鼓・鑾車

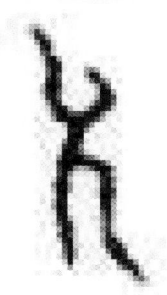

懷后磬

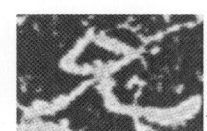

東漢・執金吾丞武榮碑

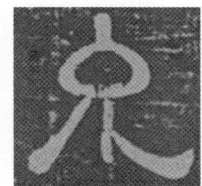

東漢・夏承碑

○允道篤（篤）愛

東漢・白石神君碑

東漢・譙敏碑

東漢・北海相景君碑陰

○故脩行平壽徐允

三國魏・王基斷碑

北魏・元新成妃李氏誌

北魏・鄭君妻誌

北魏・元懷誌

北魏・康健誌

○允矣君子

北魏・元晫誌

○清風允塞

北魏・寇侃誌

○品鏡唯允

北魏・元彝誌

○允膺茲選

北魏・元誨誌

北魏・元珽誌

○國華寔允

北魏・元英誌

北齊・盧脩娥誌

○徽音允著

北齊·暴誕誌

北齊·暴誕誌

【兌】

《說文》：兌，說也。从儿㕣聲。

戰晚·二年宜陽戈二

漢銘·陽泉熏鑪

睡·日甲《除》5

嶽·數12

馬壹83_92

馬貳37_52下

北貳·老子51

金關T05:114

漢印文字徵

漢印文字徵

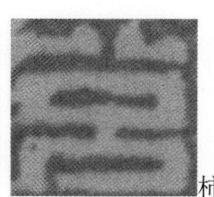

柿葉齋兩漢印萃

○司宮兌根

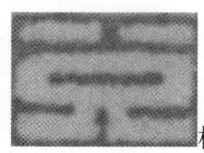

柿葉齋兩漢印萃

東漢·北海太守爲盧氏婦刻石

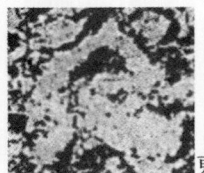

東漢·析里橋郙閣頌

【充】

《說文》：充，長也。高也。从儿，育省聲。

漢銘·趙充國印鉤

漢銘·趙充國印鉤

漢銘·中山內府鍾一

里·第八層 1624
○充獄失守

馬貳 206_38
○以此充刑（形）

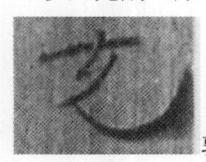

敦煌簡 1052
○長李充九日庚午初

敦煌簡 1012
○卒陳充

金關 T21:419
○里牛充

第八卷

金關 T01：040

○卒謝充

金關 T30：050

○士吏充輸折傷兵

秦代印風

○任充

廿世紀璽印三-SY

○王充之印

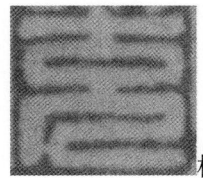

柿葉齋兩漢印萃

○楊充之印

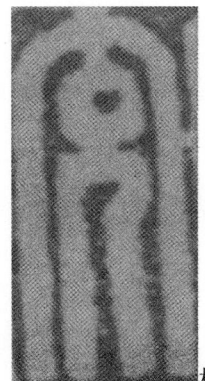

柿葉齋兩漢印萃

○閭丘充

柿葉齋兩漢印萃

○鹿充

漢印文字徵

○上官充郎

漢印文字徵

○景充國

漢印文字徵

○許充之印

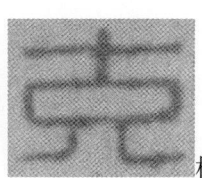

柿葉齋兩漢印萃

○江充光印

漢印文字徵
〇蔡充

漢印文字徵
〇紀充國

漢印文字徵
〇王充

漢印文字徵
〇臣充國

漢印文字徵
〇趙充印

漢晉南北朝印風
〇戎充國印

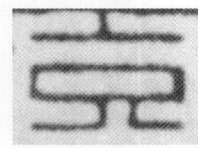

漢晉南北朝印風
〇成充國

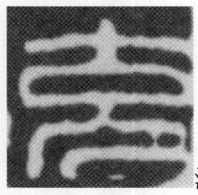

漢晉南北朝印風
〇李充私印

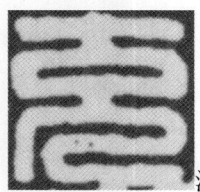

漢晉南北朝印風
〇周充之印

東漢·趙寬碑

西晉·臨辟雍碑

北魏·張整誌

北魏・元珍誌

北魏・元恪嬪李氏誌

北齊・趙熾誌

【免】

睡・秦律十八種 83

睡・效律 32

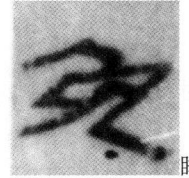

睡・法律答問 145

睡・為吏 51

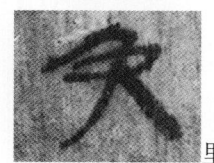

獄・識劫案 126

里・第八層 777

馬壹 81_46

馬壹 80_8

張・亡律 163

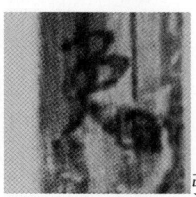

張・奏讞書 73

銀貳 1735

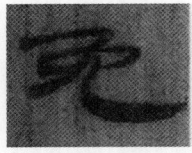

北貳・老子70

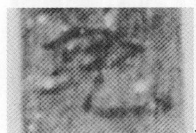

敦煌簡0666

金關T23∶093

漢印文字徵
○屠免姓

漢印文字徵
○任免青

漢印文字徵
○申免孺印

漢印文字徵
○萬免卿印

漢印文字徵
○周免吾

漢印文字徵
○免幼公

漢印文字徵
○左免

歷代印匋封泥
○趙免

漢晉南北朝印風
○周免吾印

第八卷

漢晉南北朝印風
○宋免

漢晉南北朝印風
○孟免之印

東漢・武氏左石室畫像題字

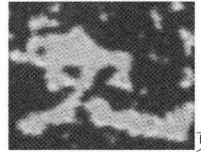

東漢・鮮於璜碑陽

東漢・陶洛殘碑陽
○公事免官

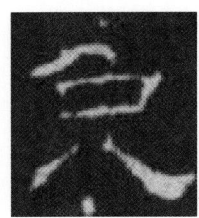

西晉・徐義誌
○懼不免豺狼之口

北魏・王翊誌

北魏・元昭誌

【兗】

東漢・曹全碑陽
○有兗（吮）膿之仁

北魏・元鑽遠誌
○遂轉兗州司馬

北魏・穆彥誌

北魏・穆彥誌
○囑兗州刺史

北魏・元瞻誌
○行兗州事

北魏・侯憎誌
○傳芳兗豫

4073

北魏・郭顯誌

北魏・奚智誌
○兗州治中

東魏・劉幼妃誌
○宋兗州刺史

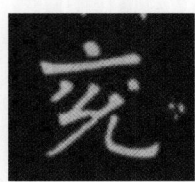

東魏・元寶建誌

北齊・天柱山銘
○兗州刺史

北齊・高湝誌
○定滄瀛幽寧朔懷建濟兗十州

【亮】

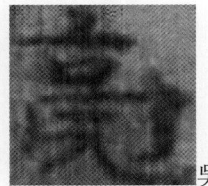

吳簡嘉禾・五・三六○
○吏宗亮佃田廿四町

歷代印匋封泥
○一亮

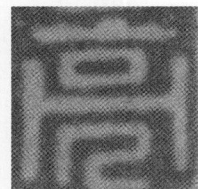

柿葉齋兩漢印萃
○周亮之印

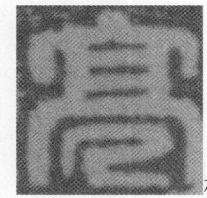

柿葉齋兩漢印萃
○許亮印信

漢印文字徵
○徐亮

漢印文字徵

○將匠亮印

漢印文字徵

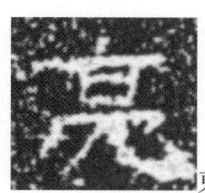

○前亮

東漢・北海相景君碑陰

○故小史都昌張亮

西晉・臨辟雍碑

北魏・元壽妃麴氏誌

北魏・元簡誌

北魏・鄭君妻誌

北魏・封昕誌

北魏・韓氏誌

○詔亮在蒙

北魏・寇演誌

北魏・慈慶誌

北魏・元過仁誌

北魏・元朗誌

北魏·宋靈妃誌

北魏·穆亮誌

東魏·劉幼妃誌

北齊·和紹隆誌

兄部

【兄】

《説文》：兄，長也。从儿从口。凡兄之屬皆从兄。

馬壹83_86

馬壹91_267

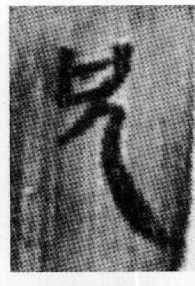

張·賊律41

張·奏讞書24

張·蓋盧46

北貳·老子182

敦煌簡0084

金關T31∶141

金關 T24:723

○四百兄當取

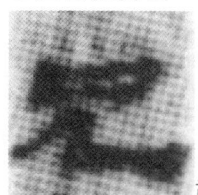

武·儀禮甲《服傳》33

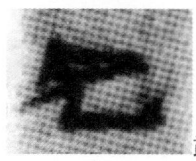

武·甲《特牲》7

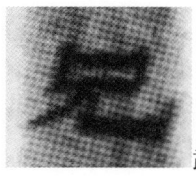

武·甲《有司》58

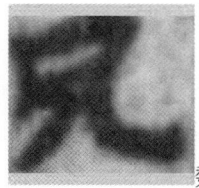

魏晉殘紙

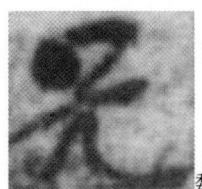

魏晉殘紙

廿世紀鉩印三-SY

○趙長兄

廿世紀鉩印三-SY

廿世紀鉩印三-SY

漢印文字徵

○朱兄

柿葉齋兩漢印萃

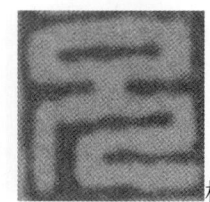

柿葉齋兩漢印萃

漢印文字徵

漢印文字徵

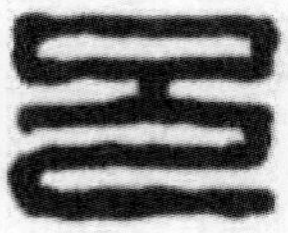

漢印文字徵

○田長兄

漢印文字徵

○呂長兄

漢晉南北朝印風

漢晉南北朝印風

漢晉南北朝印風

漢晉南北朝印風

東漢・郎中鄭固碑

東漢・從事馮君碑

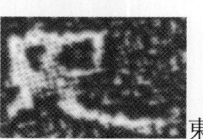

東漢・許安國墓祠題記

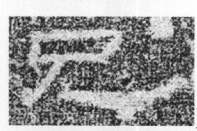

東漢・元孫殘碑

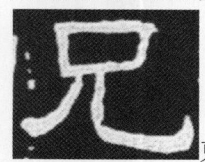

東漢・圉令趙君碑

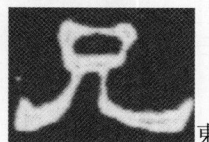

東漢・楊著碑陽

三國魏・三體石經尚書・古文
○兄若時不商

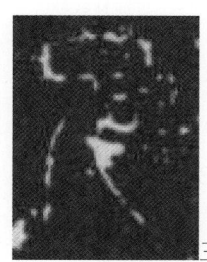

三國魏・三體石經尚書・篆文
○兄若時不商不敢含怒

西晉・左棻誌

北魏・元孟輝誌

北魏・高慶碑
○兄及弟矣

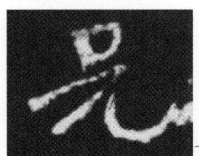

北魏・慧暢造像
○兄弟姊妹

北魏・元譚妻司馬氏誌

北魏・元誘誌

北魏・元壽安誌

北魏・吐谷渾氏誌

北魏・長孫盛誌

北魏・長孫盛誌

東魏・元玶誌

東魏・智顏靜勝造像
○靜勝姊妹兄弟三人等

北周·豆盧恩碑

南朝宋·明曇憘誌

【兢】

《說文》：兢，競也。从二兄。二兄，競意。从丯聲。讀若矜。一曰兢，敬也。

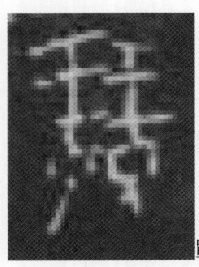

戰晚·七年相邦呂不韋戟

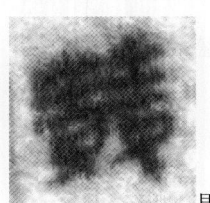

馬壹 145_40/214 下

○強則兢故強大居下

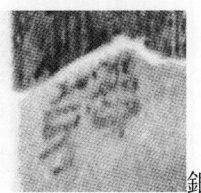

銀貳 2113

銀貳 1167

○兢（境）而共（恭）軍失其常

敦煌簡 0639B

○秦參涉兢

東牌樓 048 背

○戰悸兢兢覆命不知

北壹·倉頡篇 60

○雨玄氣陰

秦代印風

○高居樛兢

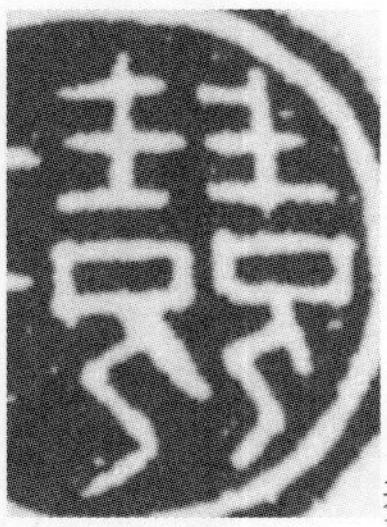

秦代印風

○王兢

秦代印風

○張競

北魏·元昉誌

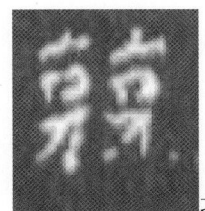

○步壑唯競

北魏·山公寺碑頌

○兢兢尅念

兂部

【兂】

《說文》：兂，首笄也。从人，匕象簪形。凡兂之屬皆从兂。

【簪】

《說文》：簪，俗兂从竹从朁。

里·第八層 26

里·第八層背 201

張·傅律 357

張·奏讞書 82

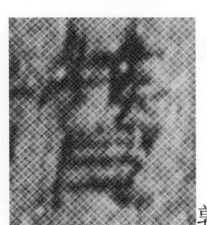

敦煌簡 0634

金關 T27:011

北魏·元顥誌

北魏·馮季華誌

北魏·元秀誌

北齊·傅華誌

【兟】

《說文》：兟，兟兟，銳意也。从二先。

兒部

【兒】

《說文》：兒，頌儀也。从人，白象人面形。凡兒之屬皆从兒。

【䫉】

《說文》：䫉，兒或从頁，豹省聲。

【貌】

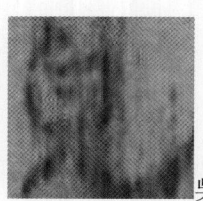

《說文》：貌，籀文兒从豹省。

吳簡嘉禾·五·六〇一

馬壹 107_107\276

〇聖貌也

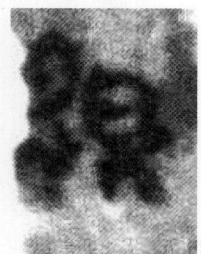

馬壹 106_80\249

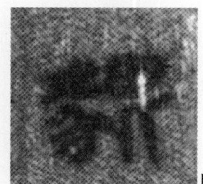

〇色容貌溫以說（悅）

馬壹 43_40 上

〇屈貌以郐（舒）

廿世紀璽印二-SY

〇趙貌

北魏·元璨誌

〇器兒清奇

北魏·元融妃穆氏誌
○玉貌摧光

北魏·馮邕妻元氏誌
○才貌不群

北魏·元靈曜誌
○器皃

北魏·元譚妻司馬氏誌
○動貌無虧

東魏·元悰誌
○儀皃端華

南朝梁·王慕韶誌
○妃援鏡貶皃

北魏·元弼誌
○然凝神偉貌

北魏·王基誌
○堂堂盛貌

北魏·陳天寶造像
○夫至貌希微

北魏·元恩誌
○堂堂于貌

北魏·封君妻誌
○玉貌羞春

東魏·侯海誌
○貌與年流

北齊·魯思明造像
○貌制標

【弁】

《說文》：𢍌，冕也。周曰覍，殷曰吁，夏曰收。从兒，象形。

【𠯑】

《說文》：𢍏，或覍字。

【𦤳】

《說文》：𦤳，籒文覍从廾，上象形。

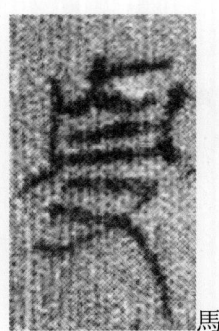

馬壹 265_14

〇曰其弁（變）必

馬貳 69_21/21

〇職膏弁封痏蟲（虫

廿世紀璽印三-GY

〇弁之右尉

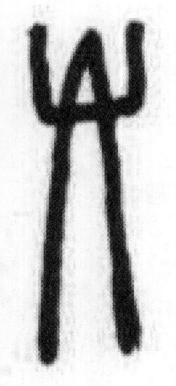

漢印文字徵

〇弁胡

漢印文字徵

〇弁喜

漢印文字徵

〇弁守之印

漢印文字徵

〇弁信

漢印文字徵
○弁寬

漢印文字徵
○弁藍之印

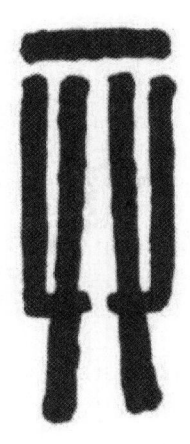

漢印文字徵
○弁驩

漢印文字徵
○弁疾

歷代印匋封泥
○弁疾

北魏·元固誌
○亦既弁兮

北魏·元斌誌
○情昭弁始

兆部

【兆】

《說文》：兆，廱蔽也。从人，象左右皆蔽形。凡兆之屬皆从兆。讀若瞽。

【兜】

《說文》：兜，兜鍪，首鎧也。从兆，从皃省。皃象人頭也。

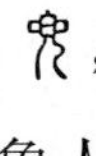

漢晉南北朝印風

○新難兜騎君

十六國北涼・沮渠安周造像

○稽式兜率

北魏・陳天寶造像

○輪樂兜率

北魏・張神洛買田券

○路阿兜買墓田三畝

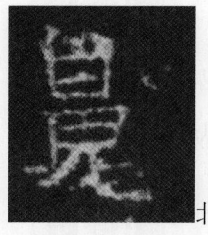

北齊・張思伯造浮圖記

北齊・朱曇思等造塔記

○刻摹兜率

先部

【先】

《說文》：，前進也。从儿从之。凡先之屬皆从先。

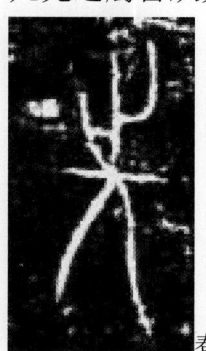

春早・秦公鎛

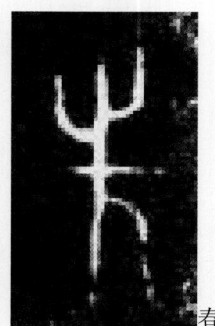

春早・秦公鐘

睡・秦律十八種 167

睡・封診式 72

睡·日甲 125

關·病方 329

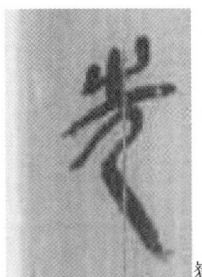

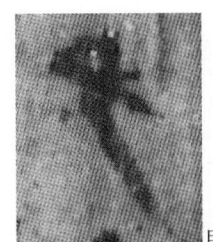

獄·為吏 63

獄·癸瑣案 13

里·第八層 298

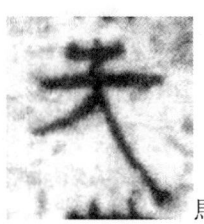

○誨旦先食……

馬壹 85_125

馬壹 36_37 上

馬貳 69_27/27

張·置後律 378

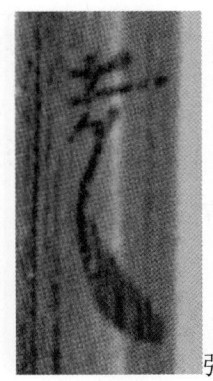

張·奏讞書 49

張・脈書 51

銀壹 154

銀貳 1213

北貳・老子 69

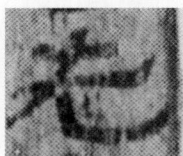

敦煌簡 0331

敦煌簡 1448

金關 T30∶247

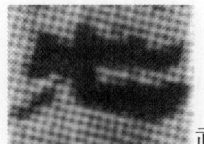

○氏池先定里□

武・儀禮甲《士相見之禮》15

武・甲《少牢》42

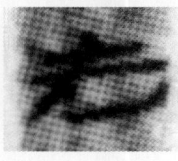

武・甲本《泰射》31

武・王杖 7

北壹・倉頡篇 47

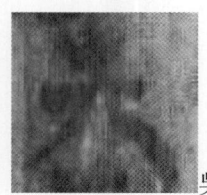

○媵）先登慶

吳簡嘉禾・四・三五

漢印文字徵

○張女先

漢代官印選

漢印文字徵

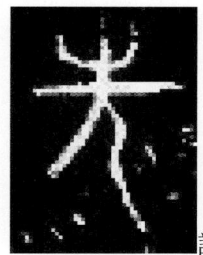

詛楚文·巫咸

○昔我先君穆公及楚成

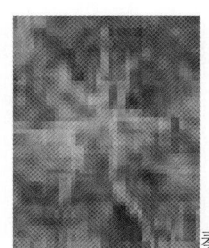

秦駰玉版

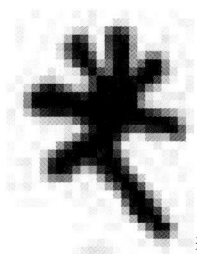

秦駰玉版

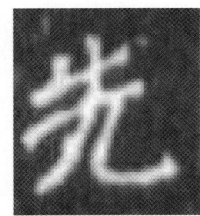

東漢·司馬芳殘碑額

○先零……

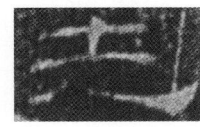

東漢·乙瑛碑

○祠先聖師

東漢·乙瑛碑

東漢·夏承碑

東漢·肥致碑

東漢·景君碑

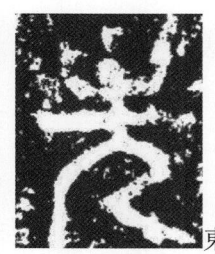

東漢·李昭碑

東漢·東漢·婁壽碑額

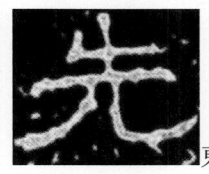

東漢·楊震碑

東漢·成陽靈臺碑

三國魏·曹真殘碑

○馮翊李先彥進

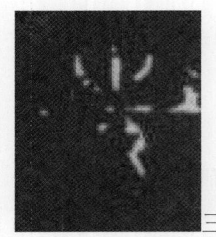

三國魏·三體石經尚書·古文

○乃□亂先

西晉·郭槐柩記

西晉·趙氾表

北魏·法香等建塔記

○七世以來，先亡後死，普同

北魏·鄭君妻誌

○模糊魏故鄭先生夫人墓銘

北魏·元煥誌

北魏·元恪嬪李氏誌

北魏·長孫子澤誌

北魏·劉賢誌

○先出自軒轅皇帝下及劉纍，

北齊·路眾及妻誌

北周·寇嶠妻誌

北周·王榮及妻誌

【兟】

《說文》：兟，進也。从二先。贊从此。闕。

禿部

【禿】

《說文》：禿，無髮也。从人，上象禾粟之形，取其聲。凡禿之屬皆从禿。王育說：蒼頡出見禿人伏禾中，因以制字。未知其審。

里·第八層 140
○沮丞禿敢告遷陵丞

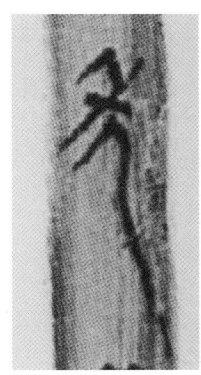

張·脈書 2
○疕爲禿養（癢）

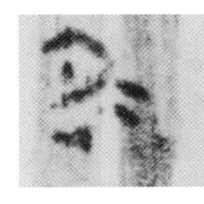

銀壹 953

北壹·倉頡篇 50
○疵疕禿瘦

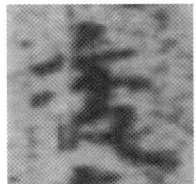

吳簡嘉禾·九四零九
○周禿年五十七

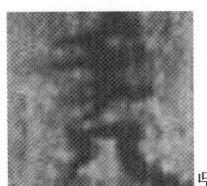

吳簡嘉禾·五·一二

漢印文字徵
○金禿

北魏·源延伯誌
○迄高祖禿發褥

北齊·崔德誌
○樵薪尹禿

【穨（頹）】

《說文》：穨，禿皃。从禿貴聲。

獄·綰等案 240
○穨祜穨

里·第八層 683
○薪奢穨皆有……

張・脈書 11

廿世紀璽印二-SY

○頿

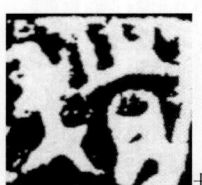

廿世紀璽印二-SP

○左頿

廿世紀璽印三-SP

○宮頿

秦代印風

○王頿

秦代印風

○頿

歷代印匋封泥

○楊工頿

漢印文字徵

○頿

漢印文字徵

○頿況

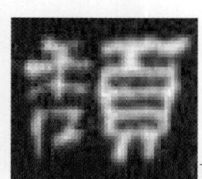

東漢・營陵置社碑

○興廢起頿

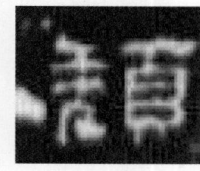

東漢・營陵置社碑

○訖今墻垣頽敗

三國魏·王基斷碑

北魏·吐谷渾璣誌

○祖頭頽

北魏·張孃誌

北魏·元廞誌

○山頽奄及

北魏·元子正誌

○遽等山頽

北魏·爾朱紹誌

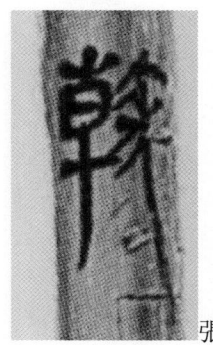

○析翮頽風

【𩕄】

張·脈書 2

○頭農（膿）爲𩕄疕

見部

【見】

《説文》：見，視也。从儿从目。凡見之屬皆从見。

睡·秦律十八種 27

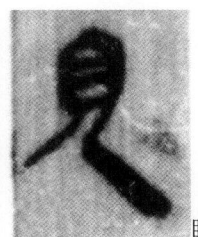

睡·效律 37

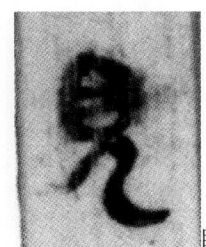

睡·封診式 18

睡・為吏 51

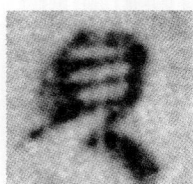

睡・日甲《吏》162

關・日書 246

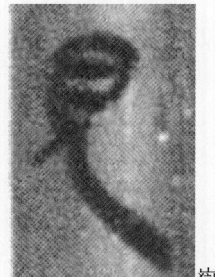

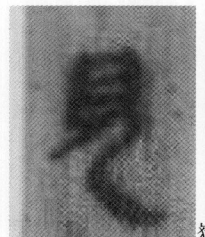

獄・為吏 59

獄・占夢書 33

獄・魏盜案 152

里・第六層 28

里・第八層 1236

里・第八層背 2004

馬壹 173_36 上

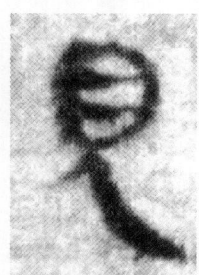

馬壹 104_27\196

馬壹 8_41 下

馬貳 33_19 下

張·興律 405

張·奏讞書 200

銀壹 441

銀貳 1169

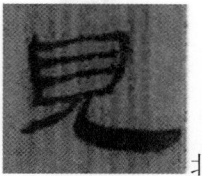

北貳·老子 131

敦煌簡 2332

金關 T23:359A

○不望見舍中起居得

金關 T23:896A

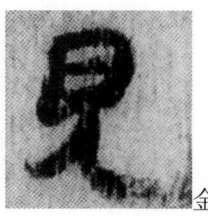

金關 T28:068

金關 T30:143

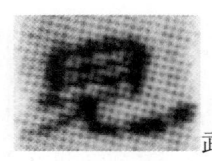

武·儀禮甲《士相見之禮》4

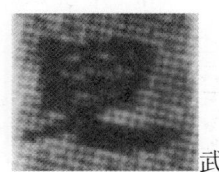

武·儀禮·甲本《服傳》49

武·王杖 4

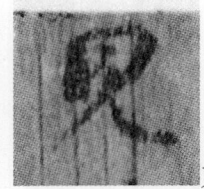

東牌樓 070 背

東牌樓 012

魏晉殘紙

魏晉殘紙

魏晉殘紙

廿世紀墨印二-SP

○見

漢印文字徵

○禾成見平貳疾道

漢印文字徵

○王見

漢印文字徵

○高見

東漢・肥致碑

東漢・鮮於璜碑陰

東晉・筆陣圖

北魏・元順誌

北魏・元延明誌

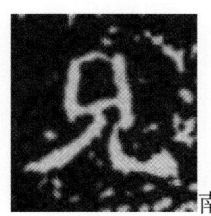

南朝宋・明曇憙誌

〇未見其止

【視】

《説文》：視，瞻也。从見、示。

【𥉙】

《説文》：𥉙，古文視。

【眡】

《説文》：眡，亦古文視。

睡・語書 12

睡・秦律十八種 159

睡・封診式 69

睡・日乙 223

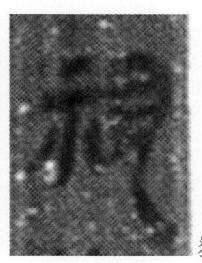

獄・質日 345

獄・為吏 86

獄・芮盜案 64

里・第八層 137

馬壹 101_134

馬壹 128_4 上\81 上

馬壹 7_37 上

馬貳 32_7 上

張·具律 104

張·奏讞書 37

張·脈書 51

銀壹 801

北貳·老子 185

敦煌簡 2253

敦煌簡 0173

○隨養視之聞取從者

金關 T09:025

金關 T23:237A

武·儀禮甲《士相見之禮》11

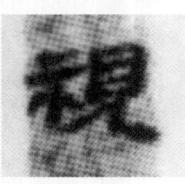

武·甲《泰射》48

北壹·倉頡篇 62

○容鑲顉視歓

第八卷

秦代印風

○陳視

秦代印風

○張視

廿世紀璽印三-SY

○熊視信印

漢印文字徵

○黄視

西漢・楚王墓塞石銘

○視此書

東漢・成陽靈臺碑

東漢・相張壽殘碑

北魏・慧靜誌

北魏・慈慶誌

北魏・鄀乾誌

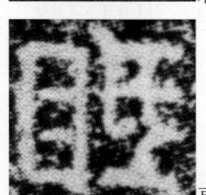

東漢・開母廟石闕銘

○昭眂後昆

北齊・赫連子悅誌

○眂之玉色

北周・董榮暉誌

○眂不遁色

4099

【覴】

《說文》：覴，求也。从見麗聲。讀若池。

【䚈】

《說文》：䚈，好視也。从見委聲。

【覞】

《說文》：覞，旁視也。从見兒聲。

【覶】

《說文》：覶，好視也。从見𢍰聲。

【覗】

《說文》：覗，笑視也。从見录聲。

【覛】

《說文》：覛，大視也。从見爰聲。

【覎】

《說文》：覎，察視也。从見夭聲。讀若鎌。

【覵】

《說文》：覵，外博眾多視也。从見員聲。讀若運。

【觀】

《說文》：觀，諦視也。从見雚聲。

【䕉】

《說文》：䕉，古文觀从囧。

漢銘・上林豫章觀銅鑒

漢銘・上林宣曲宮鼎

漢銘・林華觀行鐙

睡・為吏 34

馬壹 129_3 下\80 下

馬壹 82_59

馬壹 13_85 上

馬壹 177_67 上
○日觀其色

馬貳 262_47/68

馬貳 219_37/48
○八動觀氣所存

張·蓋盧 18

銀壹 687

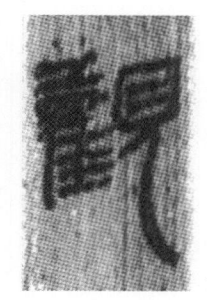

銀貳 1084

北貳·老子 125

北貳·老子 46

北壹·倉頡篇 6
○載趣遽觀

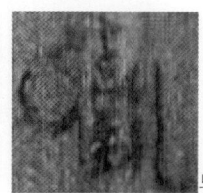

吳簡嘉禾·五·三二五
○丁觀佃田廿四町

廿世紀璽印三-SY

歷代印匋封泥

○觀陽丞印

漢印文字徵

漢印文字徵

漢晉南北朝印風

○觀雀台監

東漢・成陽靈臺碑

東漢・執金吾丞武榮碑

東漢・封龍山頌

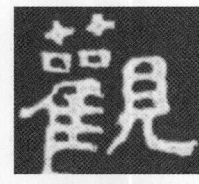

東漢・楊著碑額

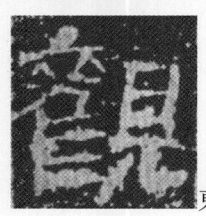

東漢・元嘉元年畫像石題記一

北魏・侯剛誌

北魏・塔基石函銘刻

北魏・陶浚誌

北魏・姚伯多碑

北魏·元秀誌

北魏·元譚妻司馬氏誌

東魏·成休祖造像

○造觀世音像一堀

北齊·孫靜造像

○造觀音像一軀

【尋】

《說文》：尋，取也。从見从寸。寸，度之，亦手也。

【覽】

《說文》：覽，觀也。从見、監，監亦聲。

東牌樓 055 正

○故悉覽公以下府縣

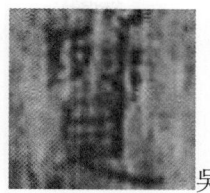

吳簡嘉禾·四·二三五

○謝覽佃田卅一町

秦文字編 1368

漢印文字徵

○王覽

漢印文字徵

○張覽

東漢·燕然山銘

○窮覽其山川

東漢・夏承碑

西晉・臨辟雍碑

北魏・元純陀誌

北魏・元子正誌

北魏・元悌誌

○博覽文史

北魏・堯遵誌

○每覽聖衷

北齊・斛律氏誌

北齊・感孝頌

【覼】

《說文》：覼，內視也。从見來聲。

【睍】

《說文》：睍，顯也。从見是聲。

【覹】

《說文》：覹，目有察省見也。从見票聲。

【覝】

《說文》：覝，覝覹，闚觀也。从見弔聲。

【覷】

《說文》：覷，拘覷，未致密也。从見盧聲。

【覭】

《說文》：覭，小見也。从見冥聲。《爾雅》曰："覭髳，弗離。"

【䚡】

《說文》：䚡，內視也。从見甚聲。

【覯】

《說文》：覯，遇見也。從見冓聲。

北周・李府君妻祖氏誌

○亦既覯止

【覬】

《說文》：覬，注目視也。從見歸聲。

【覘】

《說文》：覘，窺也。從見占聲。《春秋傳》曰："公使覘之，信。"

東魏・張滿誌

○覘彼形勢

北周・韋彪誌

○窺覘神器

【覹】

《說文》：覹，司也。從見微聲。

【覢】

《說文》：覢，暫見也。從見炎聲。《春秋公羊傳》曰："覢然公子陽生。"

【覕】

《說文》：覕，暫見也。從見𡧜聲。

【覵】

《說文》：覵，觀覵也。從見樊聲。讀若幡。

【䚡】

《說文》：䚡，病人視也。從見氐聲。讀若迷。

【覷】

《說文》：覷，下視深也。從見鹵聲。讀若攸。

【覢】

《說文》：覢，私出頭視也。從見肜聲。讀若郴。

【㒸】

《說文》：㒸，突前也。從見、日。

【覬】

《說文》：覬，欽㒸也。從見豈聲。

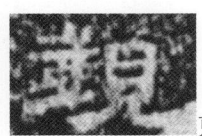

東漢・孔宙碑陰

○故吏泰山華毋樓覬

東漢・禮器碑

○莫不覬（覬）思

北魏・爾朱襲誌

北魏・陳天寶造像

○覯救危隧

北魏・殷伯姜誌

南朝齊・劉覬買地券

【覦】

《說文》：覦，欲也。从見俞聲。

北魏・元顥誌

○仍懷覬覦

北周・獨孤渾貞誌

○窺覦止望

【䁪】

《說文》：䁪，視不明也。一曰直視。从見䐴聲。

【覕】

《說文》：覕，視誤也。从見侖聲。

【覺】

《說文》：覺，寤也。从見，學省聲。一曰發也。

睡・法律答問 10

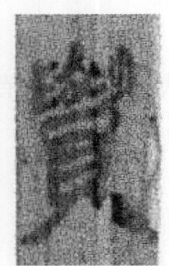

馬貳 206_37

馬貳 91_469/459

張・興律 404

北貳・老子 187

4106

敦煌簡 1676

金關 T21:155

○何發覺昌

北壹・倉頡篇 68

○急邁徙覺驚□

東漢・孔褒碑

十六國北涼・沮渠安周造像

北魏・陳天寶造像

北魏・郭法洛造像

北魏・元純陀誌

北魏・侯太妃自造像

○朗悟旨覺遠除

東魏・杜文雅造像

東魏・道匠題記

○大覺去塵

東魏・惠好惠藏造像

東魏・南宗和尚塔銘

北齊・朱曇思等造塔記

北齊·唐邕刻經記

北齊·無量義經二

北周·僧和造像

【覰】

《説文》：覰，目赤也。从見，䖒省聲。

【靚】

《説文》：靚，召也。从見青聲。

馬壹 97_48
○恆以靚（靜）勝牡

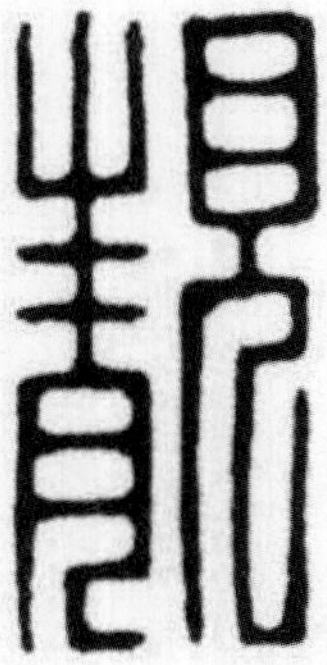

漢印文字徵
○藉靚

漢印文字徵
○彭靚

漢晉南北朝印風
○汲靚之印

【親】

《説文》：親，至也。从見亲聲。

漢銘·永元熨斗

睡·為吏 24

獄·為吏 48

獄·占夢書 22

馬壹 105_66\235

馬壹 144_18/192 上

馬壹 88_200

馬壹 78_90

張・賊律 41

張・亡律 159

張・蓋盧 52

銀貳 1034

北貳・老子 166

敦煌簡 0486

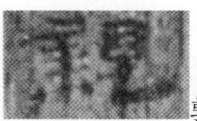

敦煌簡 0845

金關 T31:144
○辛利親七月奉

金關 T05:112
○世佐親

金關 T07:040

○里崔親

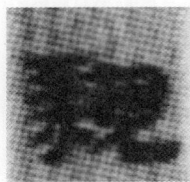

武‧儀禮甲《服傳》53

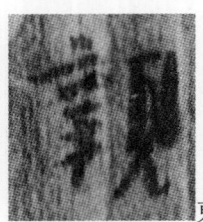

東牌樓 036 背

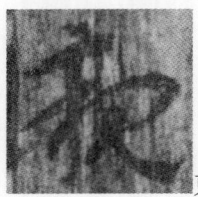

東牌樓 015 背

○上相親

魏晉殘紙

廿世紀璽印三-SY

○臣奉親

漢晉南北朝印風

漢印文字徵

漢印文字徵

漢印文字徵

柿葉齋兩漢印萃

○荊利親印

漢印文字徵

廿世紀璽印四-GY

○親晉羌王

廿世紀璽印四-GY

○親晉歸義胡王

漢晉南北朝印風

漢晉南北朝印風

漢晉南北朝印風

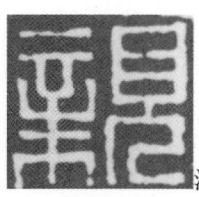

漢晉南北朝印風

詛楚文・巫咸

○親卬大神而質

詛楚文・沈湫

○親卬大神而質

東漢・禮器碑

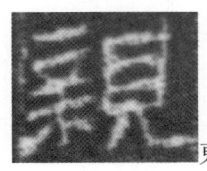

東漢・石祠堂石柱題記

東漢・乙瑛碑

東漢・從事馮君碑

東漢・曹全碑陽

西晉・石尠誌

北魏・元悛誌

○曾祖親南陽張氏

北魏・韓顯宗誌

○親友欷歔

北魏・元始和誌

北魏・馮迎男誌

北魏·山徽誌

北魏·元鸞誌

○惟撫慈親

北齊·智念等造像

北周·崔宣靖誌

【覲】

《說文》：覲，諸矦秋朝曰覲，勞王事。从見堇聲。

魏晉殘紙

○全言覲想戀

東漢·曹全碑陽

○升降揖讓朝覲之階

北魏·寇霄誌

○如州覲問

【頫】

《說文》：頫，諸矦三年大相聘曰頫。頫，視也。从見兆聲。

【覒】

《說文》：覒，擇也。从見毛聲。讀若苗。

【覕】

《說文》：覕，蔽不相見也。从見必聲。

【䙹】

《說文》：䙹，司人也。从見它聲。讀若馳。

【䚈】

《說文》：䚈，目蔽垢也。从見盟聲。讀若䀈。

【覿】

《說文》：覿，見也。从見賣聲。

東漢·張遷碑陽

東漢·熹平石經殘石五

北魏·侯剛誌

北魏·元詮誌

北魏·塔基石函銘刻

【覓】

金關 T03:105

○里衛覓所論在觻得

吳簡嘉禾·一三七零

○琬霸覓解無狀請案

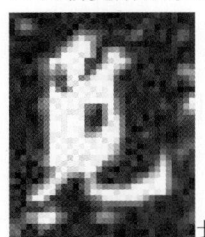

北齊·高叡修定國寺碑

○別房覓崎嶇之岫

北齊·道明誌

○換万壑以覓其處

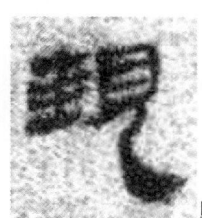

【覎】

馬壹 13_85 上

○覎（閱）覿利女貞

【覍】

張·脈書 17

○夾覍（頰）

【覮】

銀貳 1713

○星辰謀覮（架）衡

【覶】

敦煌簡 1461A

○蒼覶（頡）作書以教後嗣

敦煌簡 1459A

○蒼頡(頡)作書

【覬】

北魏·溫泉頌

○固非人事之所覬覦

【覯】

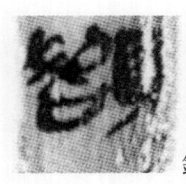

銀貳 1939

○人民覯平

【覦】

北魏·溫泉頌

○非人事之所覬覦

覞部

【覞】

《說文》：覞，竝視也。從二見。凡覞之屬皆從覞。

【覶】

《說文》：覶，很視也。從覞肩聲。齊景公之勇臣有成覶者。

【霓】

《說文》：霓，見雨而比息。從覞從雨。讀若欷。

欠部

【欠】

《說文》：欠，張口气悟也。象气從人上出之形。凡欠之屬皆從欠。

【欽】

《說文》：欽，欠皃。從欠金聲。

睡·效律 11

馬壹 10_61 下

馬壹 9_61 上

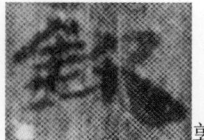

敦煌簡 0283

4114

敦煌簡 0083

金關 T23:353

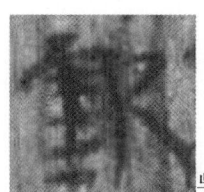

吳簡嘉禾・五・一一三

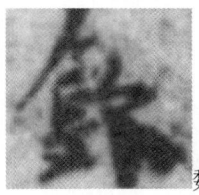

魏晉殘紙

廿世紀璽印三-SY
○王欽私印

漢印文字徵

漢印文字徵
○鑄官欽印

漢印文字徵

漢晉南北朝印風

漢晉南北朝印風
○過欽私印

東漢・肥致碑

東漢・西岳華山廟碑陽

北魏・于纂誌

北魏·郭定興誌

北魏·辛穆誌

北魏·鄘乾誌

【欒】

《說文》：欒，欠皃。从欠䜌聲。

【欯】

《說文》：欯，喜也。从欠吉聲。

【吹】

《說文》：吹，出气也。从欠从口。

馬貳 64_10/44

張·脈書 24

武·儀禮甲《士相見之禮》12

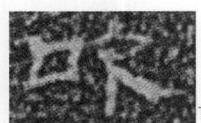

東漢·史晨後碑

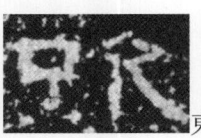

東漢·元嘉元年畫像石題記一

北魏·元維誌

北魏·元馗誌

北魏·元壽安誌

【欨】

《說文》：欨，吹也。一曰笑意。从欠句聲。

【歔】

《說文》：歔，溫吹也。从欠虗聲。

【㰥】

《說文》：㰥，吹气也。从欠或聲。

【歟】

《說文》：歟，安气也。从欠與聲。

4116

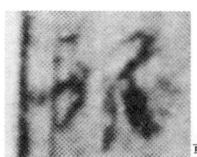

敦煌簡 2386A

○當欹平

北魏·爾朱紹誌

○珥金容歟（與）

北魏·元彝誌

北魏·緱光姬誌

北魏·元熙誌

北魏·馮會誌

【歊】

《說文》：歊，翕气也。从欠高聲。

【歑】

《說文》：歑，吹气也。从欠虖聲。

秦文字編 1369

秦文字編 1369

【歇】

《說文》：歇，息也。一曰气越泄。从欠曷聲。

里·第八層 1523

○言歇手以沅陽印

里·第八層背 755

○歇手

馬貳 212_9/110

○氣歇而女乃大喝

廿世紀璽印二-SP

○左司歇瓦

第八卷

廿世紀璽印三-SY

〇忌歇

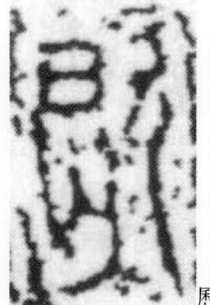

歷代印匋封泥

〇司馬歇

東漢・開母廟石闕銘

北魏・侯剛誌

北魏・高猛妻元瑛誌

北魏・元乂誌

【歌】

《說文》：歌，喜樂也。从欠䧹聲。

東漢・曹全碑陽

北魏・王悅及妻郭氏誌

〇宇文歡

北魏・元瞻誌

〇百民歡心以戴仰

北魏・元信誌

北魏・元新成妃李氏誌

〇歡恚弗形於顏

北齊・劉碑造像

〇生墮歡諧

【欣】

《說文》：欣，笑喜也。从欠斤聲。

4118

漢銘・成山宮渠斗

里・第八層 178

里・第八層背 178

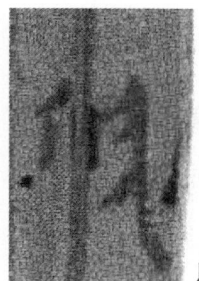

馬貳 206_38

金關 T10:152

〇男子欣

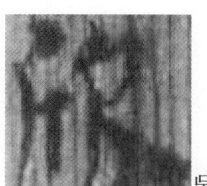

吳簡嘉禾・五・三四〇

廿世紀璽印二-SY

秦代印風

秦代印風

漢印文字徵

漢印文字徵

東漢・從事馮君碑

北魏·鄭君妻誌

東魏·嵩陽寺碑

【欣】

《說文》：笑不壞顏曰欣。从欠，引省聲。

【欲】

《說文》：意有所欲也。从欠，谷省。

【款】

《說文》：款或从柰。

里·第八層145

馬貳211_98

○藏款以玉策

馬貳209_68

○謂款央（殃）

張·脈書56

○皆沈款廿

北壹·倉頡篇5

○嬶姆款餌

魏晉殘紙

○具知款情相

秦代印風

○李款

漢印文字徵
○李款

漢印文字徵
○任款

漢晉南北朝印風
○妾款

西晉・臨辟雍碑

北魏・楊舒誌
○壽春送款

東魏・閻叱地連誌

【欽】

《說文》：㱃，歠也。从欠气聲。一曰口不便言。

【欲】

《說文》：㯌，貪欲也。从欠谷聲。

睡・秦律十八種 31

睡・秦律雜抄 26

睡・法律答問 205

睡・為吏 23

睡・為吏 2

睡・為吏 8

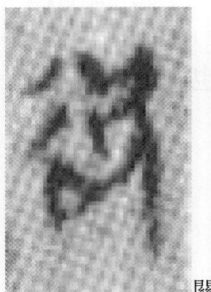

關・病方 322

獄・為吏 40

獄・占夢書 42

獄・數 197

獄・芮盜案 76

獄・得之案 184

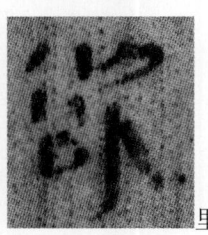

里・第八層 2256

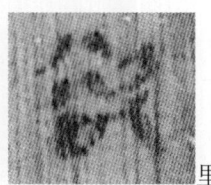

里・第八層背 1442

馬壹 102_166

馬壹 76_58

馬貳 36_55 上

張·具律 115

張·奏讞書 220

張·奏讞書 83

張·蓋廬 46

張·算數書 126

張·脈書 46

張·引書 7

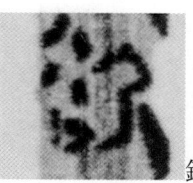

銀壹 915

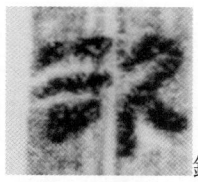

銀壹 533

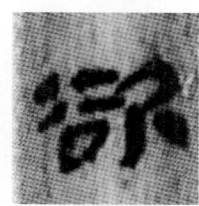

銀貳 1052

北貳·老子 131

敦煌簡 0046

敦煌簡 0047

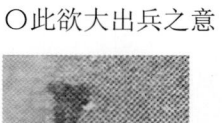

〇此欲大出兵之意

居·EPT20.19A

〇使君欲出相見

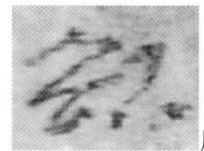

居·EPS4T1.30

〇自言欲與充

居·EPF22.233

居·EPT68.37

○後欲還歸邑中

金關 T24:011

金關 T24:334A

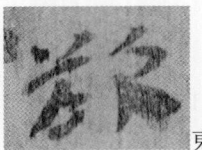

東牌樓 049 正

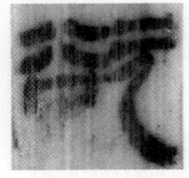

北壹·倉頡篇 30

○腑胆貪欲資貨

魏晉殘紙

○故欲相其賈

魏晉殘紙

○怒欲相殺

漢印文字徵

○趙不欲

漢印文字徵

○鞏莫欲

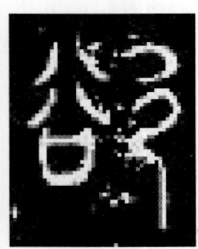

詛楚文·巫咸

○欲劌伐我社稷

東漢·成陽靈臺碑

北魏·元則誌

北魏·元暐誌

北魏·元彥誌

北齊·宋始興造像

北齊·張世寶造塔記

○欲造超色

北周·王榮及妻誌

【歌】

《説文》：歌，詠也。从欠哥聲。

【謌】

《説文》：謌，歌或从言。

漢銘·朝歌鼎

漢銘·聖主佐宮中行樂錢

睡·日甲《稷叢辰》32

睡·日甲《盜者》76

睡·日甲《詰》29

嶽·占夢書11

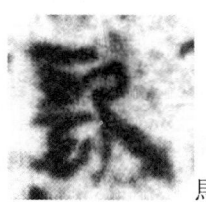

馬壹86_154

馬壹14_88下

馬貳260_31/47

張·脈書 25

敦煌簡 0396A

金關 T05:011

武·甲《燕禮》31

武·甲《泰射》36

北壹·倉頡篇 33

○簡聲鼓歌醵盜

東漢·西狹頌

北魏·王普賢誌

北魏·□伯超誌

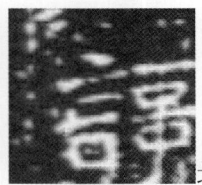

北魏·崔隆誌

○可歌可泣

北齊·元賢誌

○山歌及耳

【歁】

《說文》：𣤶，口气引也。从欠㟒聲。讀若車軥。

【歇】

《說文》：𣤶，心有所惡，若吐也。从欠烏聲。一曰口相就。

戰晚·廿二年臨汾守戈

馬壹 12_73 下

秦代印風

○楊歇

漢印文字徵

○楊歆

漢印文字徵

○郝歆

漢晉南北朝印風

○楊歆

東漢・樊敏碑

東漢・鮮於璜碑陰

東漢・北海相景君碑陽

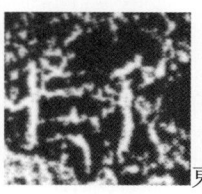

東漢・北海相景君碑陽

【歠】

《說文》：歠，歓歠也。从欠𧮫聲。

【嚽】

《說文》：嚽，俗歠从口从就。

獄・芮盜案 70

○未歠（就）

北壹・倉頡篇 62

○鑲頸視歠豎

漢印文字徵

○弋歠

漢晉南北朝印風

○弋歓

【欪】

《說文》：欪，怒然也。从欠术聲。《孟子》曰："曾西欪然。"

【欦】

《說文》：欦，含笑也。从欠今聲。

睡·日甲《詰》56

○皆死欦鬼之氣入焉

【歔】

《說文》：歔，人相笑相歔瘉。从欠虐聲。

【歊】

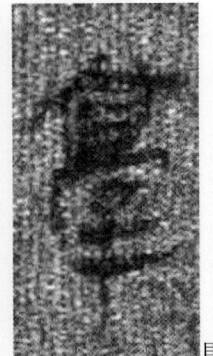

《說文》：歊，歊歊，气出皃。从欠、高，高亦聲。

馬貳 87_383/373

○發歊有（又）復

秦代印風

○歊

北魏·元壽安誌

○威足戡歊

【欻】

《說文》：欻，有所吹起。从欠炎聲。讀若忽。

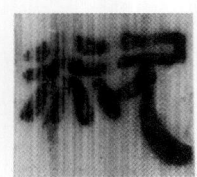

北壹·倉頡篇 38

○貘麞麃欻䐗𦏴

北魏·元誘誌

○欻貽濫酷

【欼】

《說文》：𣢅，欼欼，戲笑皃。从欠之聲。

【歋】

《說文》：𣤏，𣤏𣤏，气出皃。从欠䍃聲。

【歗】

《說文》：𣤶，吟也。从欠肅聲。《詩》曰："其歗也謌。"

【歎】

《說文》：𣥈，吟也。从欠，鷫省聲。

【𪘏】

《說文》：𪘏，籒文歎不省。

東漢·禮器碑

西晉·臨辟雍碑

北魏·元舉誌

北魏·檀賓誌王神虎造

北魏·元崇業誌

北魏·元廣誌

北魏·元純陀誌

北魏·元顯魏誌

北魏·司馬悅誌

北齊·隴東王感孝頌

北齊·斛律氏誌

北齊·崔頠誌

【歖】

《說文》：歖，卒喜也。从欠从喜。

【欵】

《說文》：欵，訾也。从欠矣聲。

北魏·元略誌

○秦音獨欵

【㰥】

《說文》：㰥，歐也。从欠此聲。

【歐】

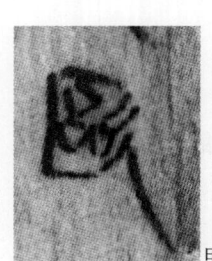

《說文》：歐，吐也。从欠區聲。

里·第八層 1584

馬貳 98_10

○則欲歐（嘔）

張·賊律 38

○父母歐詈

金關 T31∶149

歷代印匋封泥

○都歐

秦代印風

廿世紀璽印三-SY

○歐甲

漢印文字徵
○趙歐

柿葉齋兩漢印萃

漢印文字徵
○劉歐

漢印文字徵
○吳歐

漢印文字徵
○犁歐

漢印文字徵
○田歐私印

漢印文字徵
○笵歐

漢印文字徵
○笵歐

漢晉南北朝印風
○王歐置

漢晉南北朝印風

漢晉南北朝印風

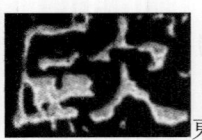

東漢・楊震碑

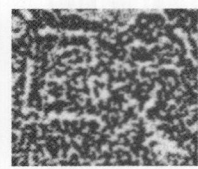

東漢・郎中鄭固碑
○初受業於歐陽

東漢・王舍人碑

北齊・許儁卅人造像
○歐陽桃杖

南朝宋・景熙買地券
○歐陽景熙

【歔】

《説文》：歔，欷也。从欠虛聲。一曰出气也。

東漢・楊震碑

北魏・緱光姬誌

○歔欷

【欷】

《説文》：欷，歔也。从欠，稀省聲。

東漢・鮮於璜碑陰

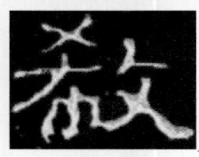

東漢・楊震碑

北魏・韓顯宗誌

【歇】

《説文》：歇，盛气怒也。从欠蜀聲。

里・第八層 938
○鄉守歇佐見

北壹・倉頡篇 33
○歇潘閒簡

第八卷

秦代印風
○楊歜

秦代印風
○享歜

漢印文字徵
○矦歜

東魏・元均及妻杜氏誌

【歐】

《說文》：𣣌，言意也。从欠从鹵，鹵亦聲。讀若酉。

【㰤】

《說文》：㰤，欲歠歊。从欠渴聲。

【歊】

《說文》：歊，所，謂也。从欠，噭省聲。讀若叫呼之叫。

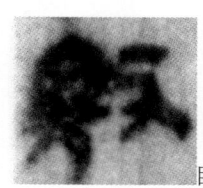

睡・日甲《星》73
○必有敫（憿）不

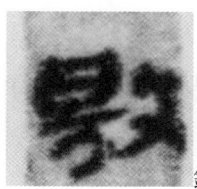

銀壹 391
○所以敫（激）氣

北魏・吐谷渾璣誌
○惠敫（敷）道義

北魏・王紹誌
○早敫（敷）韶歲

【歡】

《說文》：歡，悲意。从欠嗇聲。

【糳】

《說文》：糳，盡酒也。从欠糕聲。

【歠】

《說文》：歠，監持意。口閉也。从欠緘聲。

【欨】

《說文》：㰮，指而笑也。从欠辰聲。讀若蜃。

【⿰鰥欠】

《說文》：⿰鰥欠，昆干，不可知也。从欠鰥聲。

【⿰舌欠】

《說文》：⿰舌欠，歠也。从欠甛聲。《春秋傳》曰："⿰舌欠而忘。"

【欶】

《說文》：欶，吮也。从欠束聲。

【歁】

《說文》：歁，食不滿也。从欠甚聲。讀若坎。

【欿】

《說文》：欿，欲得也。从欠臽聲。讀若貪。

東漢・熹平石經殘石四

〇坎（欿）者

【欱】

《說文》：欱，歠也。从欠合聲。

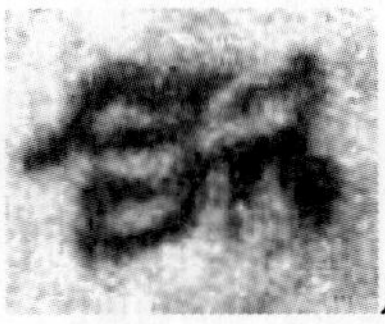
馬壹 142_11/185 上

〇欱欱焉

馬貳 212_3/104

〇筋上欱精神乃能久

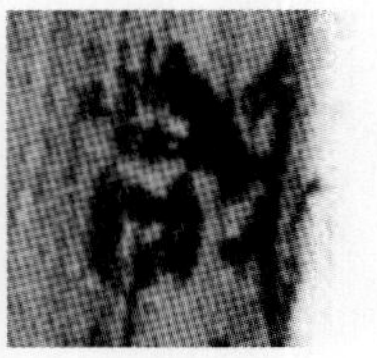
張・引書 86

〇失欱口不合引之

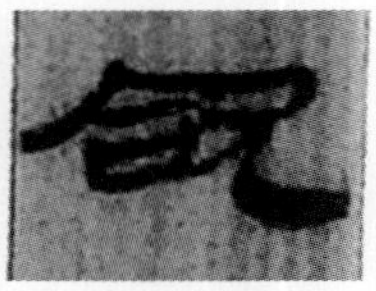
北貳・老子 218

〇將欲欱（翕）之

【歉】

《說文》：歉，歉食不滿。从欠兼聲。

戰中・商鞅量

戰晚・左樂兩詔鈞權

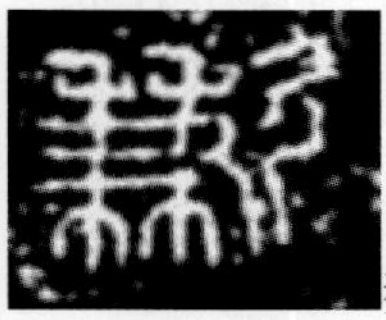
秦代・兩詔銅權三

秦代·大驫銅權

秦代·始皇十六斤銅權四

秦代·始皇詔銅方升一

【骹】

《說文》：骹，咽中息不利也。从欠骨聲。

【欭】

《說文》：欭，嚘也。从欠因聲。

【欬】

《說文》：欬，屰气也。从欠亥聲。

里·第八層 533
○欬城旦

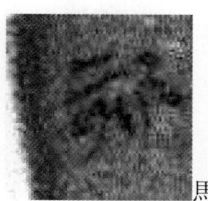

馬貳 98_12
○炶色欬

張·脈書 41

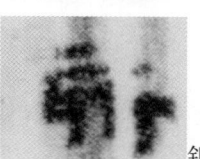

銀壹 458

敦煌簡 2012

北壹·倉頡篇 3
○疢痛遬欬毒藥

廿世紀璽印三-SP
○宮欬

廿世紀璽印二-SP
○欬

秦代印風

秦代印風
○王欱

秦代印風
○苴欱

秦代印風
○橋欱

歷代印匋封泥
○宮欱

歷代印匋封泥
○宮欱

秦代印風

漢印文字徵

漢印文字徵

漢印文字徵

漢晉南北朝印風
○箸胥欱

漢晉南北朝印風
○竇欱

【歈】

《說文》：䫉，且唾聲。一曰小笑。从欠𣪊聲。

【歙】

《說文》：歙，縮鼻也。从欠翕聲。丹陽有歙縣。

秦代印風
○趙歙

漢印文字徵
○汝歙

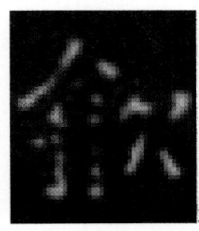

北魏·弔比干文

北齊·李君穎誌

【欯】

《說文》：欯，蹴鼻也。从欠咎聲。讀若《爾雅》曰"麋𤜶短脰"。

【㰍】

《說文》：㰍，愁皃。从欠幼聲。

【欪】

《說文》：欪，咄欪，無憖。一曰無腸意。从欠出聲。讀若卉。

【欥】

《說文》：欥，詮詞也。从欠从曰，曰亦聲。《詩》曰："欥求厥寧。"

【次】

《說文》：次，不前，不精也。从欠二聲。

【㳄】

《說文》：㳄，古文次。

漢銘·新衡杆

漢銘·新常樂衛士飯幘

漢銘·永元鴈足鐙

漢銘·聖主佐宮中行樂錢

4137

漢銘·新嘉量一

漢銘·新銅丈

漢銘·新嘉量二

睡·語書 8

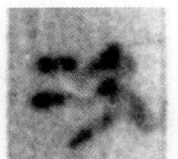

睡·封診式 49

睡·日甲《馬禖》157

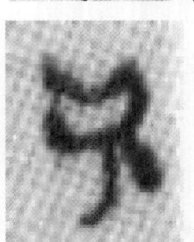

關·病方 369

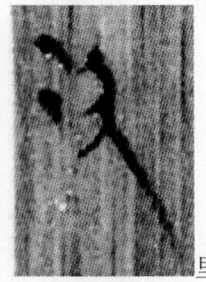

獄·數 131

里·第八層 1329

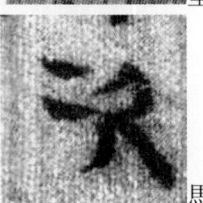

馬壹 77_67

馬壹 80_24

馬壹 48_2 下

馬貳 36_55 上

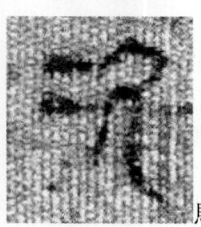

馬貳 69_33/33

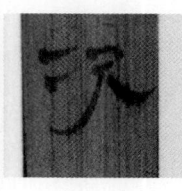

馬貳 212_5/106

第八卷

張·行書律 271

張·奏讞書 187

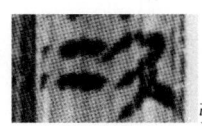

張·蓋盧 5

張·算數書 40

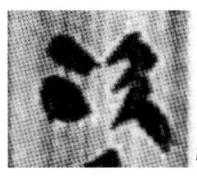

張·引書 6

銀壹 409

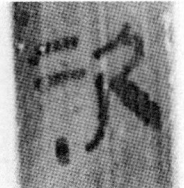

銀貳 2147

北貳·老子 166

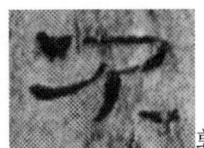

敦煌簡 1219A

金關 T04:102

武·甲本《有司》22

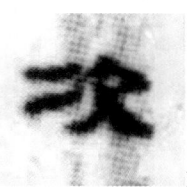

武·甲《泰射》46

東牌樓 146

秦代印風

○李次非

廿世紀璽印三-SY

○傷士次印

廿世紀璽印三-SY

○王驕次

柿葉齋兩漢印萃

○李次翁

漢印文字徵
〇廣次男典祠長

漢印文字徵
〇胡次之印

漢印文字徵
〇王次

漢印文字徵
〇宋次私印

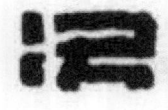

漢印文字徵
〇公孫次孺

漢印文字徵
〇紀於次

漢印文字徵
〇趙次公印

漢印文字徵
〇次純有

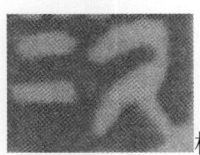

柿葉齋兩漢印萃
〇宋次公印

漢晉南北朝印風
〇武衛次飛武賁將印

漢晉南北朝印風
〇武衛次飛武賁將印

漢晉南北朝印風

○廣次男典祠長

漢晉南北朝印風

○趙次公印

漢晉南北朝印風

○字次青

漢晉南北朝印風

○紀於次

漢晉南北朝印風

○單次君印

廿世紀璽印四-GY

○武衛次飛虎賁將印

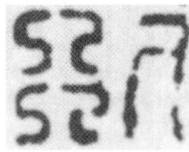

漢晉南北朝印風

○郭敞次康

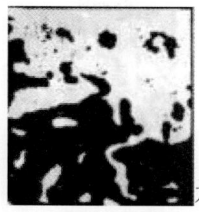

石鼓·車工

東漢·三老諱字忌日刻石

○次子但

西晉·石定誌

北魏·韓顯宗誌

○太和廿三年歲次己卯

北魏·穆亮誌

北魏·陳天寶造像

【歉】

《說文》：歉，飢虛也。从欠康聲。

【欺】

《說文》：欺，詐欺也。从欠其聲。

馬壹87_184

張·奏讞書 194

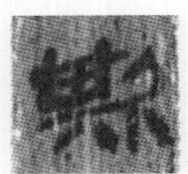

銀貳 1471

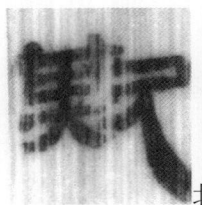

北壹·倉頡篇 44

秦代印風

秦代印風

漢印文字徵

漢印文字徵

北魏·元壽安誌

北齊·袁月璣誌

北周·王榮及妻誌

【歆】

《說文》：歆，神食气也。从欠音聲。

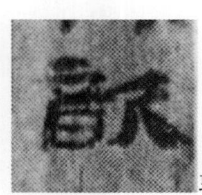

敦煌簡 0512

金關 T23∶467

廿世紀璽印三-SY

漢印文字徵

漢印文字徵

漢晉南北朝印風
〇賈歇私印

漢晉南北朝印風
〇王歇私印

東漢・夏承碑

北魏・元延明誌

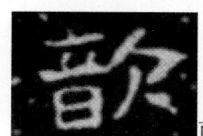

南朝宋・明曇憘誌

【歈】

《說文》：歈，歌也。从欠俞聲。《切

韻》云："巴歈，歌也。"

〚欨〛

秦文字編 1376

秦文字編 1376

〚哥欠〛

孔・叢辰 46
〇祠祀哥（歌）樂

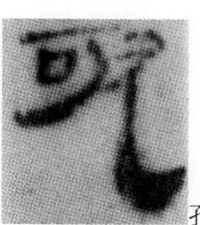

孔・臨日 109
〇畣（飲）食哥（歌）樂

〚欶〛

石鼓・鑾車
〇奔欶旨口

【敎】

里·第八層 761

○醴陽同教禄

【敎】

秦文字編 1376

【歉】

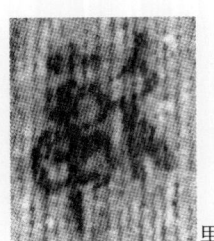

里·第八層 814

○令史歉監

里·第八層 1171

○坡不能歉

里·第八層背 673

○歉手

【欻】

張·引書 54

秦文字編 1376

秦文字編 1376

【歔】

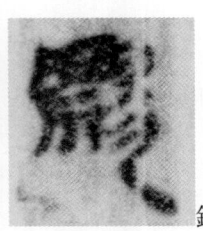

銀壹 414

○歔（剽）陳（陳）

【歕】

秦文字編 1376

歙部

【歙】

《説文》：歙，歙也。从欠酓聲。凡歙之屬皆从歙。

【㱃】

《説文》：㱃，古文歙从今、水。

【㱃】

《説文》：㱃，古文歙从今、食。

漢銘·聖主佐宮中行樂錢

漢銘·聖主佐宮中行樂錢

漢銘·聖主佐宮中行樂錢

睡·效律 46
○試之歙水

睡·法律答問 15
○共歙食之

睡·日甲《衣》121
○坐而歙酉（酒）

關·病方 313
○温歙之

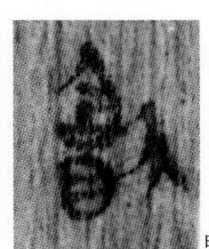

獄·識劫案 114
○通歙食

里·第八層 1766
○已歙如

馬壹 12_77 下
○而歙酉（酒）矢

第八卷

馬壹 106_87\256

○天下美歙食於此

馬貳 69_24/24

○温酒一音（杯）中而歙之

馬貳 211_96

○食松柏歙走獸泉

北壹・倉頡篇 32

○差費歙酺細

廿世紀璽印三-GP

○湯官歙監章

漢印文字徵

○湯官歙監□□

東魏・公孫略誌

○歙至冊勳

【歠】

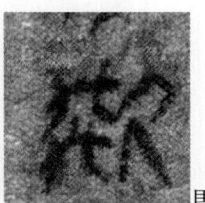

《說文》：歠，歙也。从歙省，叕聲。

【吷】

《說文》：吷，歙或从口从夬。

馬貳 109_16/16

○□□歙若已（巳）

馬貳 82_283/270

○即歙之而已（巳）

次部

【次】

《說文》：次，慕欲口液也。从欠从水。凡次之屬皆从次。

【㳄】

《說文》：㳄，次或从侃。

【㰻】

4146

《説文》：㳄，籀文次。

北魏·楊濟誌

○次（次）子士稱

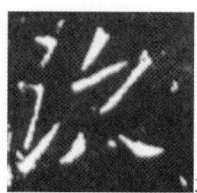

北齊·高次造像

○高次爲父母

南朝宋·謝琰誌

○次（次）伯探遠

【羨】

《説文》：羨，貪欲也。从㳄，从羑省。羑呼之羨，文王所拘羑里。

張·秩律 456

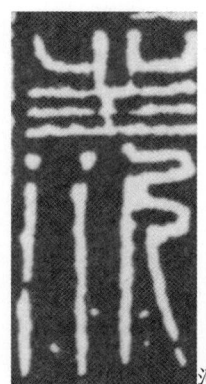

漢晉南北朝印風

○陳羨

秦文字編 1379

東漢·圉令趙君碑

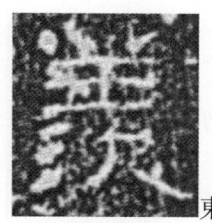

東漢·倉頡廟碑側

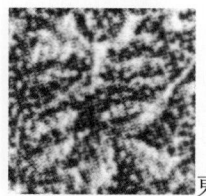

東漢·王孝淵碑

北魏·宋靈妃誌

○閶闔嗟羨

北魏·元熙誌

北魏·元仙誌

北魏·元緒誌

【㳄】

《說文》：㳄，慕欲口液也。从欠从水。

讀若移。

【盜】

《說文》：盜，私利物也。从㳄，㳄欲皿者。

春早·秦公鐘

睡·秦律十八種 119

睡·法律答問 14

關·日書 191

嶽·為吏 17

嶽·癸瑣案 30

里·第八層 573

馬壹 139_14 下/156 下

張·賊律 1

銀貳 1908

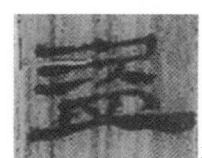

北貳・老子 44

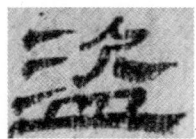

金關 T23：566

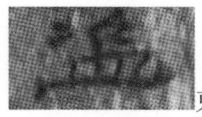

東牌樓 005

北壹・倉頡篇 52

○場寇賊盜殺捕

廿世紀璽印三-GP

○備盜賊尉

漢印文字徵

○備盜賊尉

歷代印匋封泥

○備盜賊尉

東漢・北海相景君碑陰
○故門下督盜賊劇騰頌字叔遠

北魏・元爽誌

北魏・元順誌

北魏・檀賓誌

東魏・叔孫固誌

旡部

【旡】

《說文》：㞋，歓食气屰不得息曰旡。从反欠。凡旡之屬皆从旡。

【旡】

《說文》：㒫，古文旡。

【㱃】

《說文》：㗮，屰惡驚詞也。从旡咼

聲。讀若楚人名多夥。

【𠅃】

《說文》：𠅃，事有不善言𠅃也。《爾雅》："𠅃，薄也。"从亖京聲。